Student Edition

3

Student Edition Authors:
Eduardo Aparicio, Esteban Bayón, Cecilia Bembibre, María Carmen Cabeza, Noemí Cámara, Lourdes Delgado, Francisca Fernández, Patricia Fontanals, Luisa Galán, Amelia Guerrero, Emilio José Marín, Celia Meana, Liliana Pereyra, Francisco Fidel Riva, Donna Slater and Linda Villadóniga

Teacher's Edition Authors:
Julia Caballero, María Carmen Cabeza, Francisca Fernández, Patricia Fontanals, Luisa Galán, Marina García, Amelia Guerrero, Peter Hearn, Debra L. King, Emilio José Marín, Celia Meana, Liliana Pereyra and Francisco Fidel Riva

Coordination Team: Amelia Guerrero, David Isa, Celia Meana, Carlos Oliva, Nazaret Puente and Francisco Fidel Riva

U.S.A. Coordinator: Sharon Sargent, Senior Program Manager

Series Consultant: Linda Villadóniga

ISBN - Student Edition - Plus one year online access: 978-84-9179-260-4
ISBN - Student Edition - Plus six year online access: 978-84-9179-259-8
10 9 8 7 6 5 4 3 2 1 VIL 20
First published 2020
Prind date: 0120
Depósito Legal: M-1447-2020
Printed in Spain

ISBN - Teacher's Edition: 978-84-9179-262-8
10 9 8 7 6 5 4 3 2 1 AKO 20
First published 2020
Print date: 0120
Depósito Legal: M-1451-2020
Printed in Spain

Editorial Coordination:
Mar Menéndez

Cover Design:
Juanjo López

Design and Layout:
Juanjo López, Analia García, Carlos Casado, Dionisio Martín, Susana Fernández, Carlos Yllana and Lucila Bembibre

Illustrations:
Carlos Casado

Photos:
See page 274

Editorial Edinumen
José Celestino Mutis, 4. 28028 Madrid. España
Telephone: (34) 91 308 51 42
Fax: (34) 91 319 93 09
e-mail: edinumen@edinumen.es
www.edinumen.es

Edinumen USA Office
1001 Brickell Bay Drive Suite 2700
Miami 33131, Florida
Telephone: 7863630261
contact@edinumenusa.com

WHY USE *MUNDO REAL SECOND EDITION*?

I. THE MOST MODERN COURSE APPROVED BY THE UNIVERSITY OF SALAMANCA

The University of Salamanca reviewed and gave their seal of approval to *Mundo real Second Edition*. This endorsement certifies *Mundo real Second Edition* employs sound pedagogical methods through a rigorous, authentic Spanish curriculum. Founded in 1218, the University of Salamanca is the oldest university in the Hispanic world and the third oldest university still in operation in the entire world. Additionally, the University of Salamanca was the first institution to focus on Spanish language teaching. Today the university is a top-ranked center for study and research and is particularly known for its Spanish language studies. Along with its dedication to the teaching of Spanish, the University of Salamanca is at the forefront of language assessment, teacher training, and materials writing, cementing its status as a pioneering force in the field of Spanish language instruction. The University of Salamanca's seal of approval verifies that *Mundo real Second Edition* reflects the latest research and is one of the most effective instructional materials available.

II. CREATED BY EDINUMEN USA

Under the direction of the editorial team at Edinumen USA, a prestigious group of very experienced authors and instructional curriculum designers developed *Mundo real Second Edition*. Edinumen USA is part of Editorial Edinumen, a company with more than 30 years of experience creating high-quality Spanish language instructional materials. Millions of students and hundreds of schools throughout the world, including many schools and districts in the United States, have praised Edinumen's pedagogical methods and seen vast improvement in their students' Spanish proficiency after implementing their curriculum materials.

III. MADE TO EXCEED STANDARDS

Mundo real Second Edition exceeds the new World Language Standards established in the United States for world languages by the four-level, communicative course focuses on performance and proficiency to help students develop the language they need to interact confidently in Spanish, while meeting the ACTFL recommendation of conducting at least 90% of world language instruction in the target language.

Pair icon: indicates that the activity is designed to be done by students working in pairs.

Group icon: indicates that the activity is designed to be done by students working in small groups or as a whole class.

Audio icon: indicates recorded material either as part of an activity or a reading text.

From the corpus icon: All of the regional linguistic variations that appear with this icon are based on Real Academia Española (Royal Spanish Language Academy) reference materials (Corpus CREA).

Language icon: provides additional language and grammar support in presentations and for activities.

Recycling icon: provides a reminder of previously taught material that students will need to use in an activity.

Strategy Box Icon: This last icon shows students how "to learn to learn" (metacognition) by providing helpful strategies and suggestions. The strategy box provides students with a step-by-step process to correctly perform the activity.

SCOPE AND SEQUENCE

Unit	Page	Title	Hablamos de... / Comunica / Communication	¡Acción! / Video	Palabra por palabra / Vocabulary	Gramática / Grammar	
0	18	¡VOLVEMOS A VERNOS!	• Talking about everyday activities in the past • Relating a story or anecdote • Giving orders • Expressing opinions • Talking about trips and vacations	• Ocio y tiempo libre • Los viajes y las vacaciones	• The present progressive • The verbs *ser / estar* • Informal affirmative commands • Contrast of the preterite, the imperfect and the present perfect	• Tesoros latinoamericanos	
			HABLAMOS DE... **COMUNICA** COMMUNICATION	**¡ACCIÓN!** **VIDEO**	**PALABRA POR PALABRA** VOCABULARY	**GRAMÁTICA** GRAMMAR	
1	34	CONSTRUYENDO UN FUTURO	Page 36 • Making future plans • Making guesses and assumptions • Making promises • Describing future actions and conditions	Page 42 • *Una cita con Morgana*	Page 44 • El medioambiente • La política	Page 48 • The future tense • *Si* + present + future	
2	60	COSAS DE CASA	Page 62 • Asking for, giving, and denying permission • Offering and encouraging others to accept • Asking for and giving advice, orders and instructions	Page 66 • *El señor Don Limpio*	Page 68 • Las tareas domésticas • Los deportes	Page 72 • Affirmative and negative commands • Commands and pronouns	
3	88	DE CINE	Page 92 • Talking about movies and theater • Giving information and expressing curiosity, surprise and skepticism • Expressing motive and purpose of an action (*por / para*)	Page 96 • *La casa de las paredes negras*	Page 98 • El cine y el teatro • Géneros de cine	Page 100 • Review of past tenses • Narrating in the past • The pluperfect tense	
4	114	¡SUPERESPACIO!	Page 116 • Talking about pop culture • Asking for and giving advice • Asking for favors and permission • Expressing probability in the past	Page 122 • *Paella con curry*	Page 124 • La comida • ¡A cocinar!	Page 127 • The conditional tense	
5	144	¡OJALÁ!	Page 146 • Expressing the moment when an action takes place • Expressing purpose, wishes and social conventions • Expressing emotional reactions to events	Page 150 • Casting *en Somalia*	Page 152 • Las ONG y el voluntariado	Page 155 • The present subjunctive: regular verbs • The present subjunctive: irregular verbs • The subjunctive with adverbial conjunctions	
6	170	¡HOY ME SIENTO BIEN!	Page 172 • Talking about feelings and emotions • Describing feelings and changing moods	Page 176 • *Tu voz es lo más dulce*	Page 178 • Adjetivos calificativos, de carácter y formación de contrarios • El arte y la música	Page 183 • Verbs followed by infinitives or present participles • Verbs that express change	
7	198	¡QUE NO TE ENGAÑEN!	Page 200 • Asking and giving opinions • Expressing agreement and disagreement • Making value judgements	Page 206 • *Galletas Segismundo*	Page 208 • Internet • La publicidad en Internet	Page 211 • Transition words and phrases • Other sentence connectors	
8	224	¿QUÉ DICE?	Page 226 • Relaying what another person said or asked • Expressing probability in the present, past and future	Page 230 • *¡Hasta siempre mis amigos!*	Page 232 • Cartas formales y teléfonos celulares • Los correos electrónicos	Page 235 • Hypothetical expressions with the indicative and subjunctive • Forms and uses of the imperfect subjunctive	

RESUMEN Y EXPANSIÓN GRAMATICAL 256

TO THE STUDENT

¡Hola y bienvenido a ***Mundo real Second Edition***!

This second edition of ***Mundo real Second Edition*** will help you learn Spanish more quickly and easily than ever before. We have included many activities that will help you communicate with more than 577 million Spanish speakers throughout the world.

Being fluent in more than one language in today's global economy and ever-shrinking world is very important, especially if we want to take advantage of all the benefits worldwide communication and travel have to offer. The ability to communicate, whether orally or in writing, is becoming more and more important every day.

Our ***Taller de lectura*** lessons in every unit give you an easy and fun way to increase your vocabulary and expand your knowledge of the many facets that make up Hispanic culture: a culture that varies from country to country and even region-to-region in the 22 countries where Spanish is the official language. You will also enhance your skills in picking out the main idea and supporting details, comparing and contrasting, and other strategies needed to be a good reader in any language.

Our ***Taller de escritura*** lessons give you the opportunity, in every unit, to hone both your informal and formal writing. Informal writing includes texts, emails, online posts, and letters to friends and family. Formal writing includes proposals, reports, narratives, and essays. You will learn how to write in order to communicate your ideas, an important component of your academic success.

There are many resources available to you as your advance through the year. Included with this Student Edition are the online resources in ELEteca, with many activities that make learning fun while increasing your confidence in using the language. These practice activities are automatically graded, giving you immediate feedback. In addition, your grades on these activities go directly to the gradebook, allowing you to keep track of your progress.

Using *Mundo real Second Edition*, you will communicate in Spanish from the beginning. ACTFL, the American Council on the Teaching of Foreign Languages, recommends that at least 90% of the time you spend in the classroom should be in the target language. Though this may sound scary to you, *Mundo real Second Edition* allows you begin to use the language in a natural way from day one.

We are certain that you will find *Mundo real Second Edition* to be an effective yet fun way to learn Spanish, the second most widely spoken language in the world! Become a part of this growing number.

¡Bienvenidos a la aventura!

Linda Villadóniga

Mundo real Second Edition
Series Consultant

Linda Villadóniga has taught Spanish for over 40 years. She taught at the Defense Language Institute in Monterey, California, and at the middle school, high school, and university level in Florida. She is past president of Florida chapter of AATSP and the Florida foreign language Association. Linda is the Series Consultant for *Mundo real Second Edition*.

WHY STUDY SPANISH?

Learning to communicate in Spanish can help you achieve a more vibrant and prosperous future, especially in today's globalizing world. **More than 577 million people speak Spanish** as a native language, making Spanish the second most common native language in the world. According to a study by the Instituto Cervantes, **45 million people in the United States** speak Spanish as a first or second language. That's a Spanish-speaking community the size of the whole country of Spain!

Spanish is the most widely spoken language in the Western Hemisphere, and an official language of the European Union, making it an important language for international business. By learning Spanish, you'll be joining **20 million other students worldwide** who are learning to speak Spanish. You'll also be gaining a valuable professional skill on an increasingly bilingual continent.

¡Bienvenidos!

HOW DO I ACTIVATE MY DIGITAL CONTENT?

Today, it is more important than ever for students to develop digital fluency. ELEteca is the ancillary learning management system for ***Mundo real Second Edition***. The digital resources offered with ***Mundo real Second Edition*** allow you to engage with Spanish in the same multifaceted manner you engage with the world outside the classroom.

In ELEteca, you can

- Enhance your learning in each unit through online practice provided by the program or created by your teacher
- Become a more confident learner by monitoring your grades and seeing your own progress
- Receive assignments, messages, and notifications from teachers
- Extend your learning beyond the classroom
- Access the accompanying audio and video for every unit

- **¡Acción!** – a video series aligned to every unit
- **Grammar Tutorials** – short clips introduce new grammar concepts and reinforce difficult skills
- **Voces latinas** – cultural video segments expand upon the student edition's cultural sections
- **Casa del español** – authentic street interviews in a variety of accents target grammar and vocabulary

WHAT MAKES *MUNDO REAL SECOND EDITION* SPECIAL?

How did you learn to ride a bike? Did you sit in a chair while someone explained the fundamentals of bike riding to you, or did you go outside and give it a try yourself? Did you get better by memorizing a set of expert techniques, or did you suffer a few skinned knees until you improved?

Whether it's riding a bike or learning a language, **people learn best by doing!** Out-of-context grammar and vocabulary skills or exercises designed to perfect isolated language functions can be difficult to use when you want to express yourself or understand something new. Even more importantly, this kind of instruction can make us forget Spanish is a living language that people speak creatively and individually all over the world.

Mundo real Second Edition supports communicative, empowered learning through these five instructional pillars:

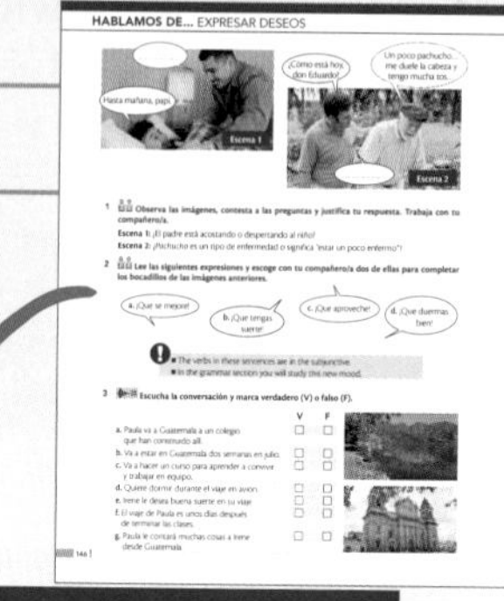

INDUCTIVE LEARNING

Students stay invested in the inductive learning approach from the first page of every unit in *Mundo real Second Edition*. The motivation for students to learn vocabulary and grammar is driven by the language functions students need in order to talk about subjects they care about. ***Inductive learning*** helps students deepen their understanding of language through discovery and inference, keeping students actively involved.

HABLAMOS DE... EXPRESAR DESEOS

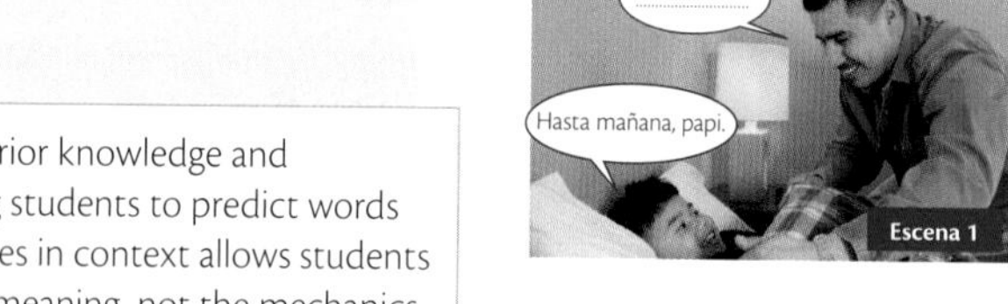

1 **Observa las imágenes, contesta a las preguntas y justifica tu respuesta. Trabaja con tu compañero/a.**
Escena 1: ¿El padre está acostando o despertando al niño?
Escena 2: ¿*Pachucho* es un tipo de enfermedad o significa "estar un poco enfermo"?

2 **Lee las siguientes expresiones y escoge con tu compañero/a dos de ellas para completar los bocadillos de las imágenes anteriores.**

Activating prior knowledge and empowering students to predict words and structures in context allows students to focus on meaning, not the mechanics of the language.

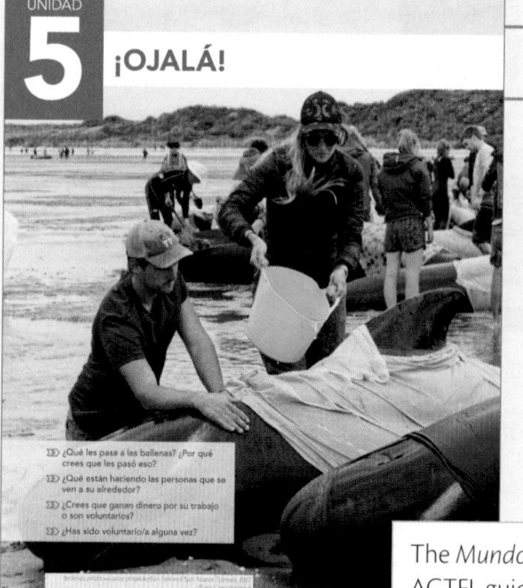

REAL-LIFE LEARNING

Real-life learning gives immersive, relatable scenarios and provides a framework for communication. In preparation for a workforce that is evolving, students need to develop more higher-level thinking skills. The ability to listen, memorize, and repeat is no longer sufficient to succeed. Nurturing in-depth understanding and a passion for connection, *Mundo real Second Edition* maximizes real-world learning experiences to develop the skills needed to communicate in a rapidly evolving world.

The *Mundo real Second Edition* requirement that teachers conduct their classes in Spanish, per the ACTFL guidelines, allows students to experience more closely immersion in the target language.

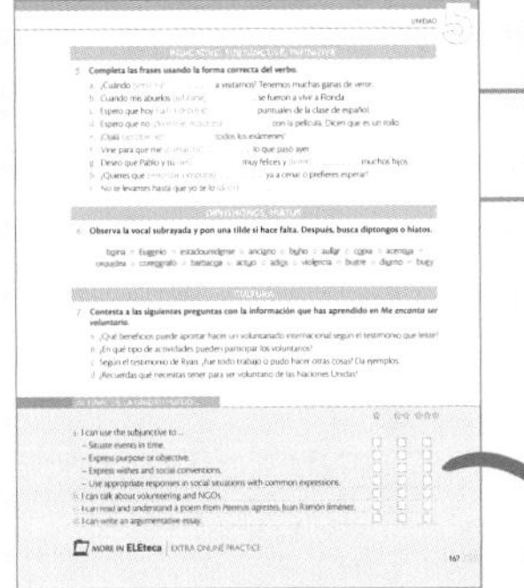

LEARNING STRATEGIES

Learning strategies reinforce learning as students understand the processes and methods that work best for them. Working smarter with self-developed strategies can have a profound influence on learning outcomes. Students who have developed these skills better exploit classroom-learning opportunities and can more easily expand their language learning outside the classroom.

AL FINAL DE LA UNIDAD PUEDO...

	☆	☆☆	☆☆☆
a. I can use the subjunctive to...			
– Situate events in time.	☐	☐	☐
– Express purpose or objective.	☐	☐	☐
– Express wishes and social conventions.	☐	☐	☐
– Use appropriate responses in social situations with common expressions.	☐	☐	☐
b. I can talk about volunteering and NGOs.	☐	☐	☐
c. I can read and understand a poem from *Poemas agrestes*, Juan Ramón Jiménez.	☐	☐	☐
d. I can write an argumentative essay.	☐	☐	☐

MORE IN **ELEteca** | EXTRA ONLINE PRACTICE

167

Metacognitive strategies include self-assessment, monitoring, and evaluation, helping students to coordinate their efforts to plan, organize, and evaluate their language performance.

SOCIAL AND EMOTIONAL RELEVANCE

Social and emotional relevance increases students' motivation to learn a language, boosting acquisition and retention. Research shows that engaging students increases their attention and focus, motivating them to practice higher-level critical thinking skills, and promotes meaningful learning experiences. *Mundo real Second Edition* does this by tapping into their interests while embedding speaking, listening, reading, and writing skills to achieve learning objectives and bring the Spanish language to life.

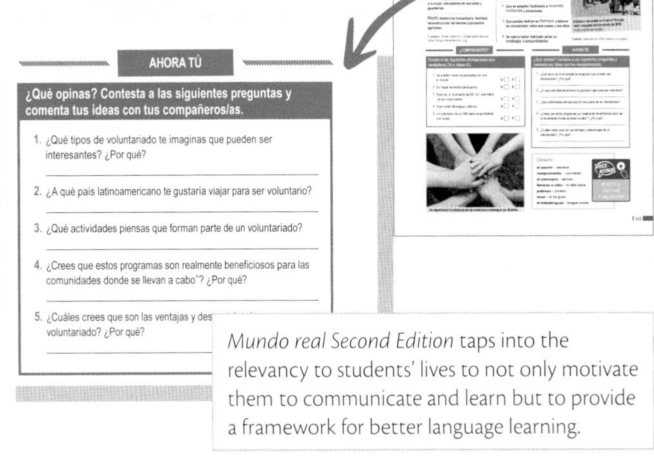

AHORA TÚ

¿Qué opinas? Contesta a las siguientes preguntas y comenta tus ideas con tus compañeros/as.

1. ¿Qué tipos de voluntariado te imaginas que pueden ser interesantes? ¿Por qué?
2. ¿A qué país latinoamericano te gustaría viajar para ser voluntario?
3. ¿Qué actividades piensas que forman parte de un voluntariado?
4. ¿Crees que estos programas son realmente beneficiosos para las comunidades donde se llevan a cabo? ¿Por qué?
5. ¿Cuáles crees que son las ventajas y des... voluntariado? ¿Por qué?

Mundo real Second Edition taps into the relevancy to students' lives to not only motivate them to communicate and learn but to provide a framework for better language learning.

CULTURAL AND INTERCULTURAL LEARNING

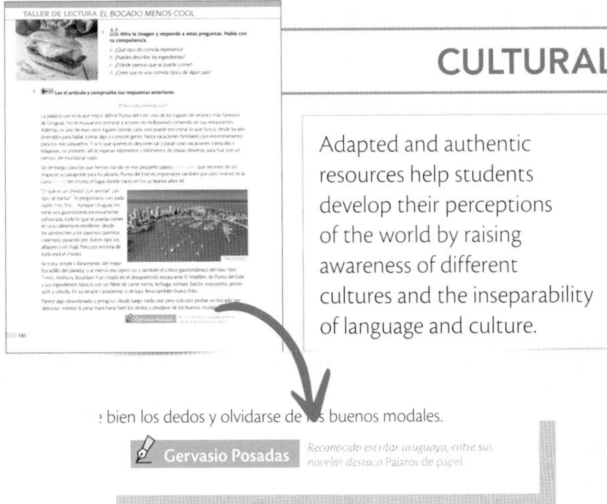

...bien los dedos y olvidarse de los buenos modales.

Gervasio Posadas *Reconocido escritor uruguayo; entre sus novelas destaca Pájaros de papel*

Adapted and authentic resources help students develop their perceptions of the world by raising awareness of different cultures and the inseparability of language and culture.

Cultural and intercultural learning builds cultural awareness while teaching authentic, global communication skills. By calling attention to the rich diversity of Spanish-speaking cultures around the world, *Mundo real Second Edition* engages students by helping them have a wider vision of the world. It is as important to learn how and when to use a language as it is to learn the language itself, and the different ways in which the Spanish-speaking world communicates is a focus of *Mundo real Second Edition.*

TALLER DE LECTURA

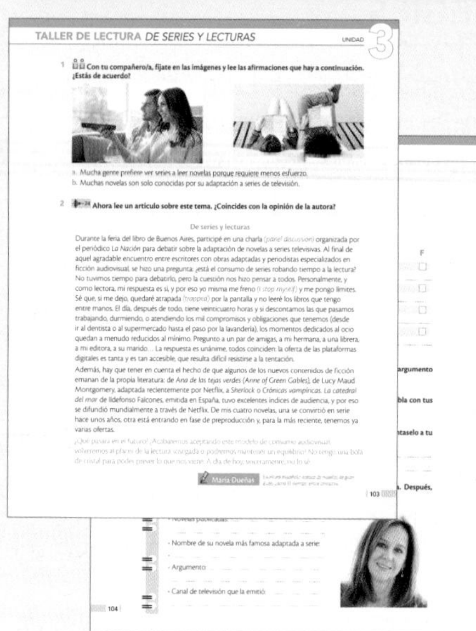
TALLER DE LECTURA *DE SERIES Y LECTURAS* UNIDAD 3

1 **Con tu compañero/a, fíjate en las imágenes y lee las afirmaciones que hay a continuación. ¿Estás de acuerdo?**

a. Mucha gente prefiere ver series a leer novelas porque requiere menos esfuerzo.
b. Muchas novelas son solo conocidas por su adaptación a series de televisión.

2 **Ahora lee un artículo sobre este tema. ¿Coincides con la opinión de la autora?**

De series y lecturas

Durante la feria del libro de Buenos Aires, participé en una charla *(panel discussion)* organizada por el periódico *La Nación* para debatir sobre la adaptación de novelas a series televisivas. Al final de aquel agradable encuentro entre escritores con obras adaptadas y periodistas especializados en ficción audiovisual, se hizo una pregunta: ¿está el consumo de series robando tiempo a la lectura? No tuvimos tiempo para debatirlo, pero la cuestión nos hizo pensar a todos. Personalmente, y como lectora, mi respuesta es sí, y por eso yo misma me freno *(I stop myself)* y me pongo límites. Sé que, si me dejo, quedaré atrapada *(trapped)* por la pantalla y no leeré los libros que tengo entre manos. El día, después de todo, tiene veinticuatro horas y si descontamos las que pasamos trabajando, durmiendo, o atendiendo los mil compromisos y obligaciones que tenemos (desde ir al dentista o al supermercado hasta el paso por la lavandería), los momentos dedicados al ocio quedan a menudo reducidos al mínimo. Pregunto a un par de amigas, a mi hermana, a una librera, a mi editora, a su marido… La respuesta es unánime, todos coinciden: la oferta de las plataformas digitales es tanta y es tan accesible, que resulta difícil resistirse a la tentación.

Además, hay que tener en cuenta el hecho de que algunos de los nuevos contenidos de ficción emanan de la propia literatura: de *Ana de las tejas verdes* (*Anne of Green Gables*), de Lucy Maud Montgomery, adaptada recientemente por Netflix, a *Sherlock* o *Crónicas vampíricas*. *La catedral del mar* de Ildefonso Falcones, emitida en España, tuvo excelentes índices de audiencia, y por eso se difundió mundialmente a través de Netflix. De mis cuatro novelas, una se convirtió en serie hace unos años, otra está entrando en fase de preproducción y, para la más reciente, tenemos ya varias ofertas.

¿Qué pasará en el futuro? ¿Acabaremos aceptando este modelo de consumo audiovisual, volveremos al placer de la lectura sosegada o podremos mantener un equilibrio? No tengo una bola de cristal para poder prever lo que nos viene. A día de hoy, sinceramente, no lo sé.

María Dueñas

103

- Nombre de su novela más famosa adaptada a serie:
- Argumento:
- Canal de televisión que la emitió:

104

While there is no one teaching practice that can guarantee success with all language learners, there is strong evidence that those students who engage and persevere with a well-designed reading program, like *Mundo real Second Edition's* **Taller de lectura**, will see improvements in their language abilities. Extensive research, conducted across a number of countries, demonstrates the effectiveness of reading as a means of improving language learners' overall reading abilities (not just their reading fluency). There is also evidence that reading leads to vocabulary gains, and this supports the performance of other language skills. Additionally, reading has a positive impact on grammar, which makes sense, as reading is a valuable source of the input necessary for language acquisition. Lastly, the more students read, the more they have the opportunity to increase their knowledge of the world and other cultures in particular. With this in mind, the **Taller de lectura** samples a wide variety of authors to introduce students to the joy of reading in Spanish.

Unit 1

M.ª Fernanda Callejón Ferrer

María Fernanda Callejón Ferrer. Columbian blogger and writer who is as comfortable using digital formats as the more traditional media. She has had work published in *Global Journalist, Columbia Missourian, Buscando un País* y *Prodavinci.*

Unit 2

Federico García Lorca

Federico García Lorca (1898-1936). A universally known poet, one of the most important writers of the 20th century. Besides his poetry, he is a reknown playwright whose works include *Bodas de sangre* and *La casa de Bernarda Alba.* He was assassinated at the beginning of the Spanish Civil War.

Unit 3

María Dueñas

María Dueñas. Spanish novelist who has achieved great popularity and recognition in the last few years thanks to her novels *El tiempo entre costuras* and *Las hijas del capitán.*

Unit 4

Gervasio Posadas

Gervasio Posadas. Uruguyan writer who burst on the scene in 2007 with *El secreto del gazpacho* and is also the author of the novels *El mentalista de Hitler* and *Pájaros de papel.*

Unit 5

Juan Ramón Jiménez

Juan Ramón Jiménez (1891-1958). Spanish poet, received the Nobel Prize for Literature in 1956. He is credited with reviving Spanish poetry. *Platero y yo, Diario de un poeta recién casado* and *Animal de fondo* are among his most famous works.

Unit 6

Álvaro Gallegos

Álvaro Gallegos. Chilean newspaperman, researcher, record producer and lecturer. He has been a music critic whose critiques can be found both in written form and digitally. He has placed emphasis on modern music and in disseminating the works of Chilean composers.

Unit 7

Ricardo Ravelo

Ricardo Ravelo. Mexican newspaperman who has worked for *El Dictamen, La Nación, Sur* (a newspaper) and *Llave* (a magazine). Presently he is investigating drug trafficking, justice and security.

Unit 8

Gabriel García Márquez

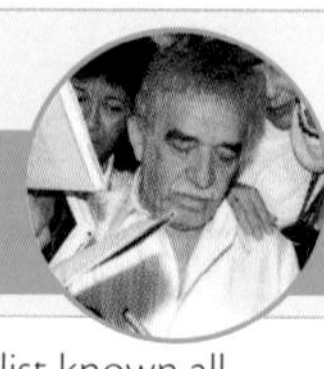

Gabriel García Márquez (1927-2014). Columbian novelist known all over the world. He won the Novel Prize for Literature in 1982. He is the author of such unforgettable works as *Cien años de soledad, El coronel no tiene quien le escriba* or *El amor en tiempos del cólera*, among others.

TALLER DE ESCRITURA

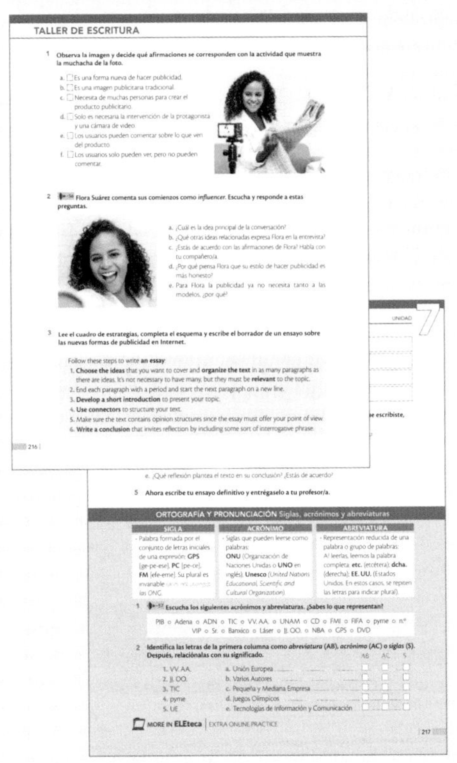

Between texting, e-mail, and social media, writing is required daily. Additionally, the command of good writing skills is increasingly vital to equip students for success in the twenty-first century. The ability to communicate ideas and information effectively is key for academic, professional, and social success.

To help students with this important skill, *Mundo real Second Edition* focuses both on the product–a piece of writing with a particular form and the expectation of "correctness"–and the process. The journey guides writers through the writing process as they discover they have something to say and find their voice. *Mundo realSecond Edition's* **Taller de escritura** builds better writers through

- Clear writing strategies, guiding students step-by-step through the writing process
- A variety of writing tasks, enabling students to write for different audiences and purposes
- Peer Review, supporting students in both giving, receiving, and applying constructive feedback from a broader audience
- Explicit instruction and practice, helping students achieve language proficiency while sharing their ideas

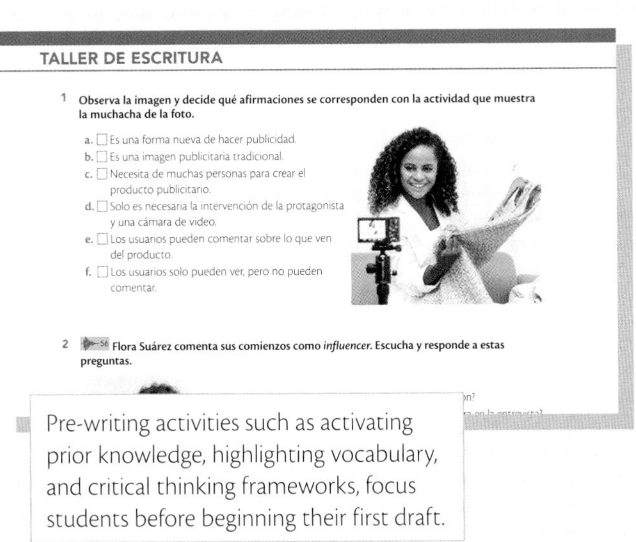

TALLER DE ESCRITURA

1 **Observa la imagen y decide qué afirmaciones se corresponden con la actividad que muestra la muchacha de la foto.**

a. ☐ Es una forma nueva de hacer publicidad.
b. ☐ Es una imagen publicitaria tradicional.
c. ☐ Necesita de muchas personas para crear el producto publicitario.
d. ☐ Solo es necesaria la intervención de la protagonista y una cámara de video.
e. ☐ Los usuarios pueden comentar sobre lo que ven del producto.
f. ☐ Los usuarios solo pueden ver, pero no pueden comentar.

2 **Flora Suárez comenta sus comienzos como *influencer*. Escucha y responde a estas preguntas.**

Pre-writing activities such as activating prior knowledge, highlighting vocabulary, and critical thinking frameworks, focus students before beginning their first draft.

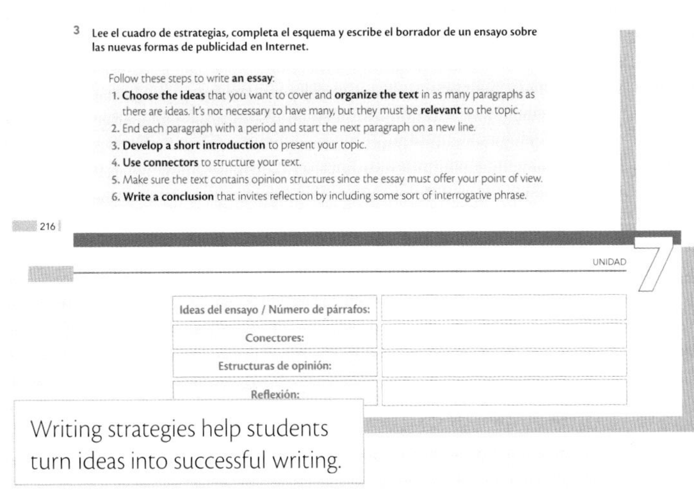

3 **Lee el cuadro de estrategias, completa el esquema y escribe el borrador de un ensayo sobre las nuevas formas de publicidad en Internet.**

Follow these steps to write **an essay**:
1. **Choose the ideas** that you want to cover and **organize the text** in as many paragraphs as there are ideas. It's not necessary to have many, but they must be **relevant** to the topic.
2. End each paragraph with a period and start the next paragraph on a new line.
3. **Develop a short introduction** to present your topic.
4. **Use connectors** to structure your text.
5. Make sure the text contains opinion structures since the essay must offer your point of view.
6. **Write a conclusion** that invites reflection by including some sort of interrogative phrase.

216

UNIDAD 7

Ideas del ensayo / Número de párrafos:	
Conectores:	
Estructuras de opinión:	
Reflexión:	

Writing strategies help students turn ideas into successful writing.

4 PEER REVIEW **Intercambia con tu compañero/a el borrador del ensayo que escribiste, responde a estas preguntas y reflexionen juntos.**

a. Separa y cuenta los diferentes párrafos. ¿Cuáles son las ideas principales del ensayo?
b. Marca el párrafo introductorio. ¿Presenta el tema?
c. Rodea con un círculo los conectores utilizados. ¿Emplearon los mismos?
d. Subraya las expresiones de opinión. ¿Cuántas hay diferentes?
e. ¿Qué reflexión plantea el texto en su conclusión? ¿Estás de acuerdo?

As they tap into their creativity, students also polish their grammar, organize their thoughts, and make sure their writing is appropriate for its purpose.

AUTHENTIC LANGUAGE, AUTHENTIC LEARNING

In the creation of *Mundo real Second Edition*, Edinumen has made extensive use of its access to the largest Spanish language corpus in the world, *CREA (Corpus de Referencia del Español Actual)*, created by *RAE (Real Academia Española)*. This corpus is a pan-Hispanic project: 70% of its contents come from the Americas (plus Philippines and Equatorial Guinea) and 30% from Spain. The corpus consists of thousands of texts including novels, plays, film scripts, press releases, newspapers, essays, plus transcriptions of radio and television news, conversations, and speeches.

Use of this corpus ensures that ***Mundo real Second Edition*** teaches Spanish as it is actually used naturally. In addition, corpus-based language teaching helps prioritize what to teach by providing real-life information about the frequency of usage of various linguistic features. Lastly, the corpus provides intercultural insight on how words and phrases are used throughout the Spanish-speaking world.

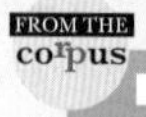

- The most common way to answer the phone in Central America and Argentina is by saying **¿Aló?**
- In Mexico, the expression used is **¿Bueno?**, and in Spain, **¿Dígame?**

An emphasis on Spanish multiculturalism helps students appreciate and better understand cultural and linguistic identities.

PROGRESS TOWARDS THE SEAL OF BILITERACY

Fluency in more than one language has always been an admirable skill and biliteracy is increasingly important for employment in an international and global context. *Mundo real Second Edition* supports students' goals as they journey towards language proficiency.

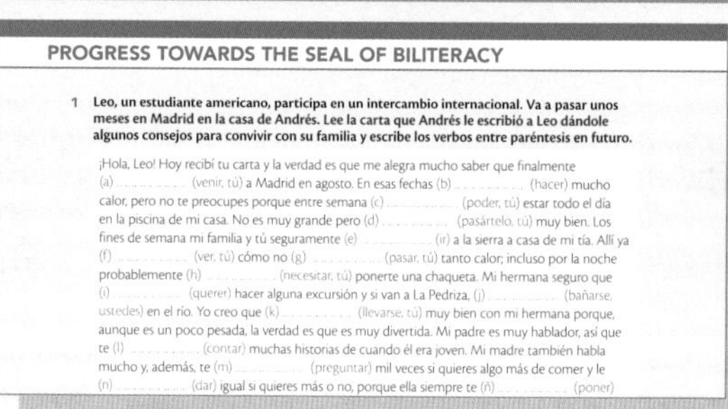

PROGRESS TOWARDS THE SEAL OF BILITERACY

1 **Leo, un estudiante americano, participa en un intercambio internacional. Va a pasar unos meses en Madrid en la casa de Andrés. Lee la carta que Andrés le escribió a Leo dándole algunos consejos para convivir con su familia y escribe los verbos entre paréntesis en futuro.**

¡Hola, Leo! Hoy recibí tu carta y la verdad es que me alegra mucho saber que finalmente (a) .... (venir, tú) a Madrid en agosto. En esas fechas (b) .... (hacer) mucho calor, pero no te preocupes porque entre semana (c) .... (poder, tú) estar todo el día en la piscina de mi casa. No es muy grande pero (d) .... (pasártelo, tú) muy bien. Los fines de semana mi familia y tú seguramente (e) .... (ir) a la sierra a casa de mi tía. Allí ya (f) .... (ver, tú) cómo no (g) .... (pasar, tú) tanto calor; incluso por la noche probablemente (h) .... (necesitar, tú) ponerte una chaqueta. Mi hermana seguro que (i) .... (querer) hacer alguna excursión y si van a La Pedriza, (j) .... (bañarse, ustedes) en el río. Yo creo que (k) .... (llevarse, tú) muy bien con mi hermana porque, aunque es un poco pesada, la verdad es que es muy divertida. Mi padre es muy hablador, así que te (l) .... (contar) muchas historias de cuando él era joven. Mi madre también habla mucho y, además, te (m) .... (preguntar) mil veces si quieres algo más de comer y le (n) .... (dar) igual si quieres más o no, porque ella siempre te (ñ) .... (poner)

NUESTRO PROYECTO

In *Mundo real Second Edition*, students show mastery of the previous units through project-based learning. These projects blend critical thinking, problem solving, and personal connection to create powerful learning experiences. During each project students experience

- **Deeper learning**: Project-based learning leads to greater retention through deeper understanding. Students are better able to apply what they know to new situations.
- **A sense of purpose**: Seeing the real-world impact of their work gives students a sense of agency and purpose.
- **Skills for success**: In these projects, students take initiative, work responsibly, solve problems, collaborate in teams, and communicate ideas to each other and to the larger community.
- **The three modes of communication**: By emphasizing interpretive, interpersonal, and presentational communication, students chart their course towards language and intercultural proficiency.

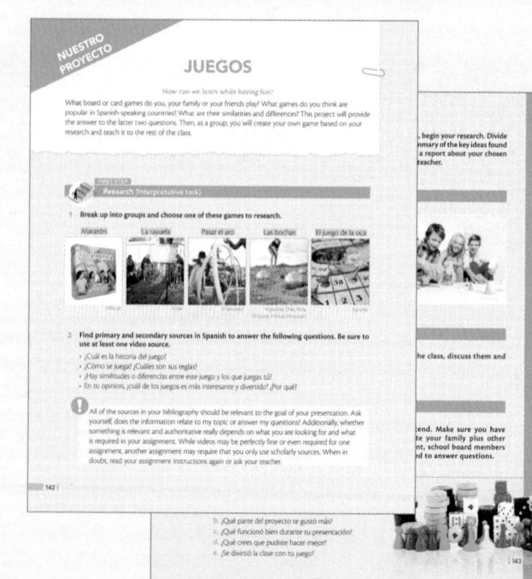

NUESTRO PROYECTO

JUEGOS

How can we learn while having fun?

What board or card games do you, your family or your friends play? What games do you think are popular in Spanish-speaking countries? What are their similarities and differences? This project will provide the answer to the latter two questions. Then, as a group, you will create your own game based on your research and teach it to the rest of the class.

Research (Interpretative task)

1 **Break up into groups and choose one of these games to research.**

Maratón | La rayuela | Pasar el aro | Las bochas | El juego de la oca

2 **Find primary and secondary sources in Spanish to answer the following questions. Be sure to use at least one video source.**

- ¿Cuál es la historia del juego?
- ¿Cómo se juega? ¿Cuáles son sus reglas?
- ¿Hay similitudes o diferencias entre este juego y los que juegas tú?
- En tu opinion, ¿cuál de los juegos es más interesante y divertido? ¿Por qué?

All of the sources in your bibliography should be relevant to the goal of your presentation. Ask yourself, does the information relate to my topic or answer my questions? Additionally, whether something is relevant and authoritative really depends on what you are looking for and what is required in your assignment. While videos may be perfectly fine or even required for one assignment, another assignment may require that you only use scholarly sources. When in doubt, read your assignment instructions again or ask your teacher.

142

b. ¿Qué parte del proyecto te gustó más?
c. ¿Qué funcionó bien durante tu presentación?
d. ¿Qué crees que pudiste hacer mejor?
e. ¿Se divirtió la clase con tu juego?

143

STUDENT EDITION AND ONLINE RESOURCES

Every Student Edition can be complemented with ELEteca, *Mundo real Second Edition's* digital hub. ELEteca features a wealth of resources designed to supplement and enhance the Student Edition. This includes extensive online practice and fully interactive Ebooks for the Student Edition and the *Manual para Hispanohablantes*.

WORKBOOK

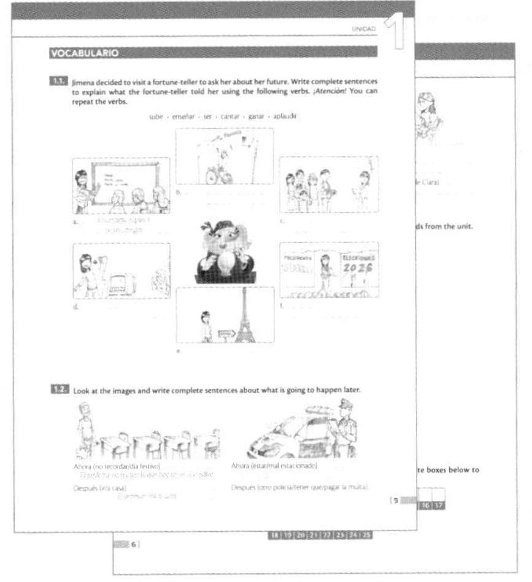

Available in print and online, this resource provides additional practice and extension activities for each lesson in the Student Edition.

MANUAL PARA HISPANOHABLANTES

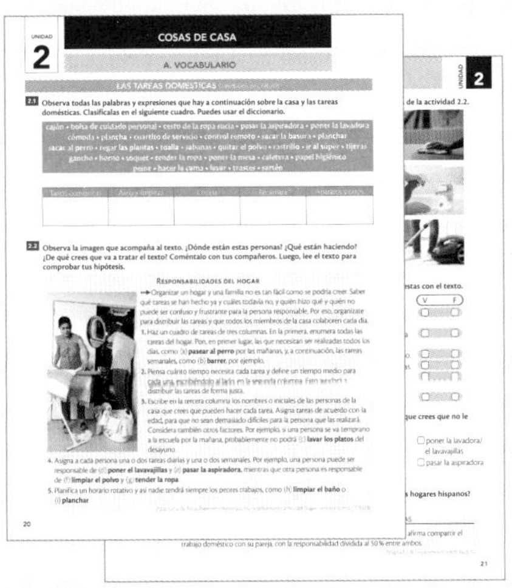

Heritage speakers bring a unique set of experiences and skills to the language classroom. This manual is for their language needs, recognizing that many have a strong understanding of spoken Spanish, but might have less experience reading and writing. This is also an excellent resource for students who need to be more challenged in a particular lesson. Available in print and Ebook.

Instructional Strategies for every lesson guide teachers with best practices for presenting the material.

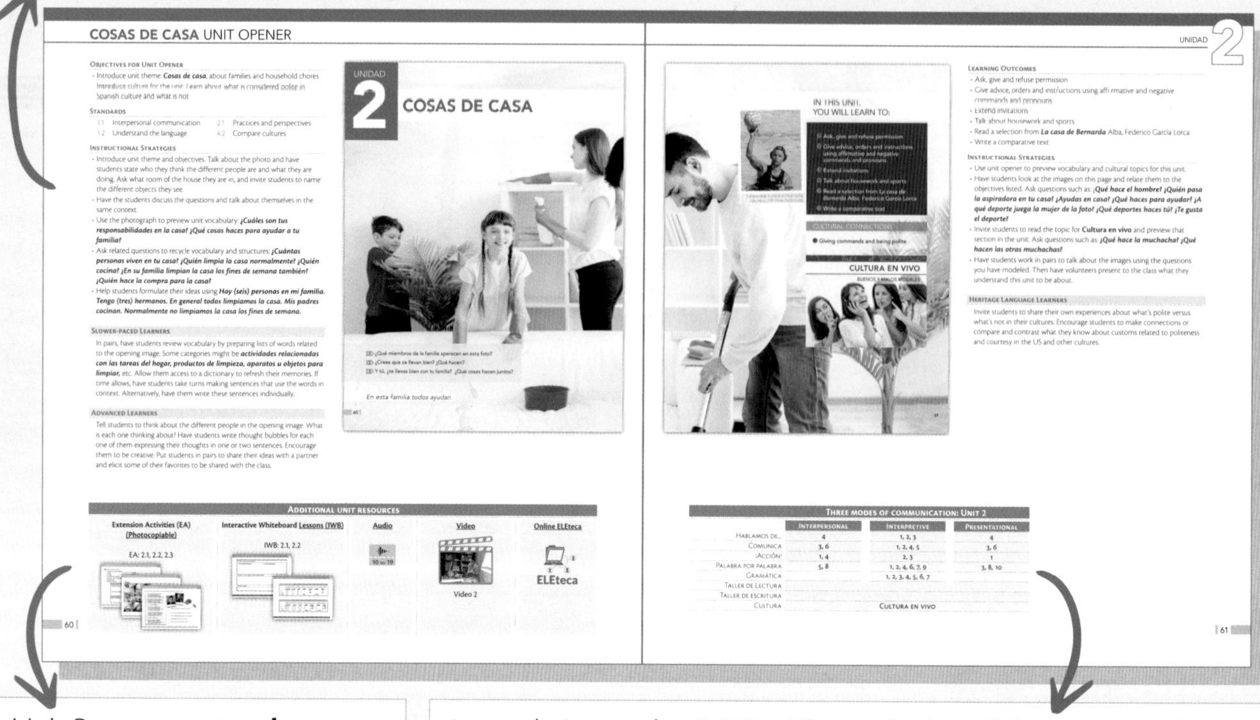

Unit Resources **at a glance** help teachers organize the materials for the unit.

A correlation to the **ACTFL Three Modes of Communication** lists the activities in each section to their corresponding mode.

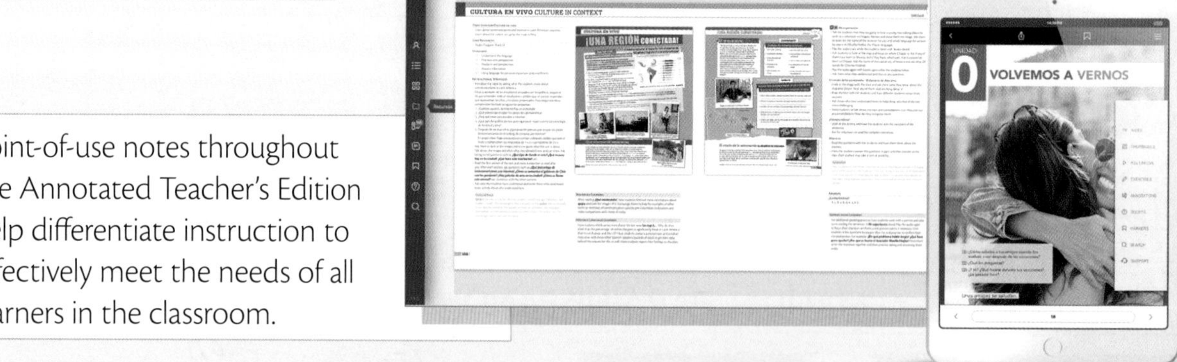

Point-of-use notes throughout the Annotated Teacher's Edition help differentiate instruction to effectively meet the needs of all learners in the classroom.

ONLINE TEACHER RESOURCES

- **Lesson Plans:** Pre-set 50- and 90-minute lessons to help save time
- **Assessments:** Ready-made and editable tests, unit tests and IPAs
- **eBooks:** Access to all student and teacher text for projection in class
- **Video Scripts:** Support for the *¡Accion!* and *Voces latinas* videos
- **Audio Scripts:** Full Student Edition audio organized by unit and available for download
- **Grammar and Vocabulary:** Reference documents including downloadable word lists
- **Extension Activities:** End-of-unit activities to continue the learning
- **Workbook and *Manual para Hispanohablantes*:** Includes Answer Key, Audio Files, and Audio Scripts

AMÉRICA LATINA DATOS DE INTERÉS

MÉXICO
CUBA
REP. DOMINICANA
HAITÍ
JAMAICA
PUERTO RICO
BELIZE
GUATEMALA
HONDURAS
EL SALVADOR
NICARAGUA
COSTA RICA
PANAMÁ
VENEZUELA
GUYANA
GUYANA FRANCESA
SURINAM
COLOMBIA
ECUADOR
PERÚ
BRASIL
BOLIVIA
PARAGUAY
CHILE
ARGENTINA
URUGUAY
Según *National Geographic*, el glaciar Perito Moreno, dentro del Parque Natural Los Glaciares en Argentina, es el cuarto paraje natural más bello del mundo, y el Parque Nacional Canaima, en Venezuela, ocupa el lugar número 15.
México es el el séptimo país del mundo con más lugares declarados Patrimonio de la Humanidad por la Unesco.
UNESCO
¡Hola!
La mayoría de hablantes de español se encuentran en América Latina:
375 millones
de hablantes nativos
Bolivia, además del español, tiene 34 lenguas oficiales. Todas ellas son lenguas precolombinas.
Países más visitados de Hispanoamérica
México ≃ 40 000 000
Argentina ≃ 7 000 000
Chile ≃ 6 500 000
República Dominicana ≃ 6 000 000
Principales culturas precolombinas
Azteca (Sur de México, siglos XIV-XVI)
Maya (México y Guatemala, siglos I-XVII)
Inca (Ecuador, Perú, Bolivia, norte de Argentina y Chile, siglos XV-XVI)
En Guatemala hay 37 volcanes, 8 de ellos aún activos.
El Canal de Panamá mide 82 km.
Chile es el país más largo del mundo: 4200 km (2700 millas).
Argentina es el país latinoamericano de mayor extensión: 2 780 400 km².

ESPAÑA DATOS DE INTERÉS

Número de habitantes
46,5 millones de habitantes
España es el tercer país más visitado del mundo, superado únicamente por Francia y Estados Unidos.
La mayor reserva ecológica de Europa está en España: el Parque Nacional de Doñana.
España
China
Italia
Es el tercer país con más sitios Patrimonio de la Humanidad, por detrás de Italia y China.
Italia (51)
China (50)
España (45)
Ranking de monumentos más visitados en España:
La Alhambra (Granada)
La Sagrada Familia (Barcelona)
La Mezquita (Córdoba)
Catedral de Santiago de Compostela (La Coruña)
Catedral de Burgos (Burgos)
LA CORUÑA
GIJÓN
SANTANDER
OVIEDO
SAN SEBASTIÁN
BILBAO
SANTIAGO
LUGO
VITORIA
PAMPLONA
LEÓN
ORENSE
VIGO
BURGOS
LOGROÑO
PALENCIA
HUESCA
GERONA
SORIA
VALLADOLID
ZAMORA
ZARAGOZA
LÉRIDA
BARCELONA
TARRAGONA
SALAMANCA
SEGOVIA
ÁVILA
GUADALAJARA
MADRID
TERUEL
ISLAS BALEARES
Menorca
CUENCA
CASTELLÓN DE LA PLANA
TOLEDO
PALMA
Mallorca
CÁCERES
VALENCIA
Cabrera
Ibiza
BADAJOZ
MÉRIDA
CIUDAD REAL
ALBACETE
Formentera
ALICANTE
Líder mundial en donación de órganos
CÓRDOBA
JAÉN
MURCIA
SEVILLA
CARTAGENA
HUELVA
GRANADA
ALMERÍA
MÁLAGA
CÁDIZ
ALGECIRAS
CEUTA
MELILLA
ISLAS CANARIAS
SANTA CRUZ DE TENERIFE
Lanzarote
La Palma
Fuerteventura
Tenerife
LAS PALMAS DE GRAN CANARIA
La Gomera
Gran Canaria
El Hierro
Las cuevas de Altamira albergan el arte paleolítico más antiguo de Europa.

¿POR QUÉ ESTUDIO ESPAÑOL?

Más de 577 millones de personas hablan español en el mundo. De ellos, 480,2 millones son nativos.

El español es la **segunda lengua materna del mundo** por número de hablantes, después del chino mandarín.

Es la cuarta lengua más estudiada del mundo después del inglés, el francés y el chino mandarín: actualmente hay 21,8 millones de estudiantes de español en el mundo.

Inglés
Francés
Chino mandarín
Español

La contribución del conjunto de los países hispanohablantes al PIB mundial es del 6,9 %.

6,9 %

El español es la tercera lengua más utilizada en la red.

El 8,1 % de los usuarios de Internet se comunica en español.

El español es la segunda lengua más utilizada en Wikipedia, Facebook y Twitter.

El español es la segunda lengua más importante en el ámbito internacional.

El español ocupa la cuarta posición en el ámbito institucional de la Unión Europea.

Es la tercera lengua en el sistema de trabajo de la ONU: es una de sus seis lenguas oficiales.

España es el tercer país exportador de libros del mundo.

España, Argentina y México se encuentran entre los quince principales países productores de filmes del mundo.

Datos extraídos del informe *El español: una lengua viva*, elaborado y redactado por David Fernández Vítores, y dirigido y coordinado por la Dirección Académica del Instituto Cervantes (2018).

UNIDAD 0 VOLVEMOS A VERNOS

- ¿Cómo saludas a tus amigos cuando los vuelves a ver después de las vacaciones?
- ¿Qué les preguntas?
- ¿Y tú? ¿Qué hiciste durante tus vacaciones? ¿Lo pasaste bien?

Unas amigas se saludan.

IN THIS UNIT, YOU WILL REVIEW HOW TO:

- Talk about activities in the past using past tenses
- Express what you are doing using *estar* + present participle
- Relate a story or anecdote using past tenses
- Give orders using informal comands
- Express opinion
- Talk about trips and vacations
- Talk about what you do during your free time
- Talk about physical characteristics, personality traits, age, nationality, time, date, etc. using *ser* / *estar*

CULTURAL CONNECTIONS

- Vacation time in Hispanic countries

CULTURA EN VIVO

TESOROS LATINOAMERICANOS

Líneas de Nazca (El cóndor)
Patrimonio de la Humanidad Unesco

1 **Carlos y Lucía se reencuentran en la escuela después de sus vacaciones. ¿Qué hizo cada uno? Ordena las palabras para crear frases.**

Carlos

estuve ○ haciendo ○ a ○ ~~Fui~~ ○ y ○ Colorado ○ senderismo

Lucía

surf ○ playas ○ haciendo ○ ~~Fui~~ ○ y ○ California ○ las ○ estuve ○ a ○ de

Carlos: Fui ....

....

....

Lucía: Fui ....

....

....

2 1 **Completa la conversación entre Carlos y Lucía con las siguientes expresiones coloquiales. Después, escucha y comprueba. ¿Cual es la idea principal de la conversación?**

bastante bien ○ cansadísimo ○ cuéntame ○ padrísimo ○ montón ○ nada
no me digas ○ peligrosa ○ vaya, hombre ○ no vuelvo a ir

Carlos: ¡Hola, Lucía! ¿Qué tal tus vacaciones?

Lucía: ¡Chévere! Estuve en las playas de California haciendo surf.

Carlos: ¡(a) ....! ¿Surf? No sabía que practicabas surf.

Lucía: Sí, estuvo (b) .... Las playas son fantásticas y lo mejor es que conocí a un (c) .... de gente joven de muchos países.

Carlos: ¡Qué suerte!

Lucía: ¿Y tú? (d) .... Fuiste a Colorado, ¿no? ¿Qué tal te fue?

Carlos: Bueno, ¡la pasé (e) ....! Pero terminé (f) .... Ya sabes que fui con Luis y Javier y no descansamos nada. Hacer senderismo con ellos fue una experiencia un poco (g) .... Incluso, nos perdimos una noche. (h) .... con ellos.

Lucía: ¡(i) ....!, ¡qué aventura!

Carlos: Sí, creo que las próximas vacaciones las voy a pasar en las playas de California sin hacer (j) ....

3 **¿Cuál es la mejor forma de pasar las vacaciones? Lee los siguientes comentarios y elige la respuesta que mejor expresa tu opinión sobre cada uno. Después, comparte tus opiniones con tu compañero/a. ¿Están de acuerdo?**

a. Ir a un hotel es mejor que ir de *camping*.
b. Pasar las vacaciones en la playa es la mejor manera de descansar.
c. Viajar en avión es la forma más fácil de viajar.
d. Visitar una ciudad y descubrir una cultura nueva es lo mejor de las vacaciones.
e. La montaña es mejor que la playa.
f. Los campamentos de verano son aburridos.

- A mí me parece que sí.
- A mí me parece que no.
- Yo creo que sí.
- Yo pienso que no.
- No sé qué decir.
- ¡Yo qué sé!
- No te puedo decir.

4 **Y tú, ¿adónde fuiste de vacaciones? ¿Qué hiciste? ¿Dónde te alojaste? Habla con tu compañero/a.**

5 **Estas personas están disfrutando de sus vacaciones. Completa las frases como en el ejemplo y relaciónalas con su imagen correspondiente. Luego presenta tus propias experiencias a la clase.**

[10] **a.** (leer) Está leyendo un libro.
[ ] **b.** (dormir) .... la siesta.
[ ] **c.** (entrar) .... a los servicios.
[ ] **d.** (vestirse) ....
[ ] **e.** (construir) .... un castillo.
[ ] **f.** (bañarse) ....
[ ] **g.** (comer) .... un helado.
[ ] **h.** (tomar) .... una foto.
[ ] **i.** (tomar) .... el sol.
[ ] **j.** (salir) .... del agua.

6 **Pedro va a hacer un viaje y sus amigos le dan consejos. Escoge la palabra correcta en cada frase.**

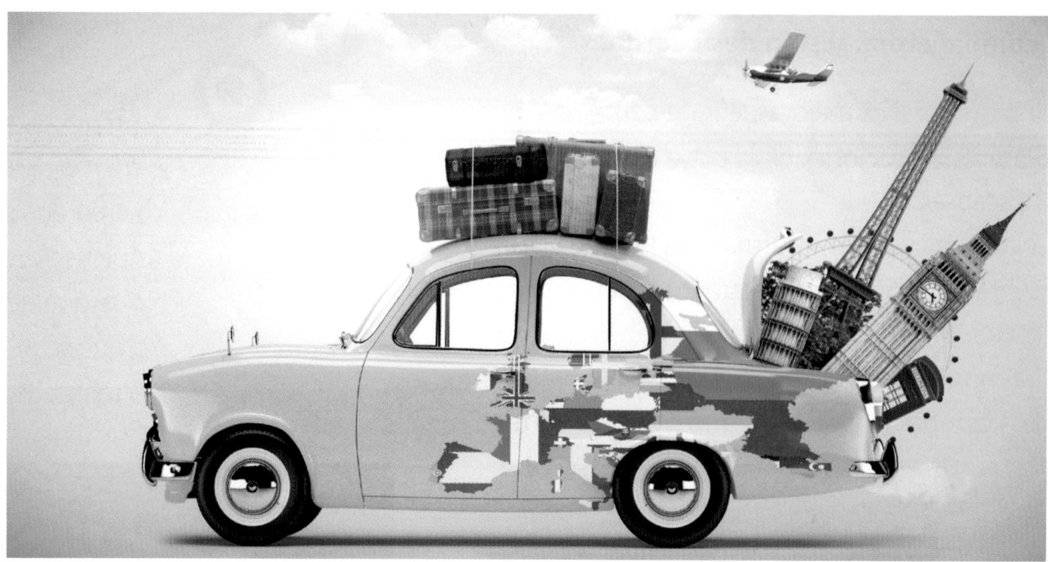

a. Si vas a un país extranjero, necesitas tu **pasaporte** / **cuaderno**.
b. No te olvides de **los boletos** / **las valijas** de avión.
c. Si **entras** / **te alojas** en un hotel, necesitas hacer una **valija** / **reservación**.
d. Si tomas un taxi, no te olvides de darle una **propina** / **llave** al conductor.
e. **El recepcionista** / **El botones** del hotel te puede dar información útil.
f. Puedes pagar el hotel con **tarjeta de crédito** / **equipaje**.

7 **Elige una de las actividades del cuadro y coméntala con tu compañero/a. Usa las preguntas como guía.**

• Ir al cine	¿Qué tipo de películas te gusta ver? Comedias, dramas, de horror, de suspenso, documentales…
• Pasar tiempo con la familia	¿Qué te gusta hacer con tu familia? ¿Ir de vacaciones? ¿Por qué?
• Trabajar como voluntario/a	¿Dónde haces de voluntario/a?
• Jugar a los videojuegos	¿Cuál es tu videojuego favorito? ¿Con quién te gusta jugar? ¿Cuánto tiempo pasas jugando a los videojuegos?
• Tocar un instrumento	¿Tocas algún instrumento? ¿Solo o en grupo?
• Escuchar música e ir a conciertos	¿Qué tipo de música te gusta escuchar? ¿Por qué vas a conciertos?
• Leer	¿Qué te gusta leer? Novelas, noticias, poesía, revistas…
• Ir de compras	¿Dónde te gusta ir de compras? ¿Prefieres ir solo/a o acompañado/a?

8 **Completa el crucigrama con el pretérito para descubrir la palabra secreta.**

1. venir (yo)
2. traer (ustedes)
3. hacer (yo)
4. traducir (ella)
5. conducir (tú)
6. decir (tú)
7. dormir (él)
8. andar (nosotros)
9. leer (ellos)
10. ir (nosotros)

9 **Completa las frases con el verbo en el presente perfecto.**

a. Este verano (hacer, nosotros) .... muchas excursiones al campo.

b. Hace un rato (ver, yo) .... a Luis en la cafetería.

c. ¿(Estar, tú) .... alguna vez en México?

d. Este fin de semana (ponerse, yo) .... morena porque (ir, yo) .... a la playa.

e. Siempre (querer, ellos) .... viajar en barco pero nunca lo (hacer) ....

f. El viento (abrir) .... la ventana y (romperse) .... el cristal.

g. Este año (volver, ustedes) .... de vacaciones antes que el año pasado.

! Remember that the present perfect is a tense that is used more frequently in Spain than in Latin America. It is used to refer to past actions in a present or unfinished timeframe (with time indicators such as *hoy, esta semana, hace un rato…*). In Latin America, in the north of Spain, and in the Canary Islands, the preterite is used more frequently in these cases.

10 **Lee el correo que Elena escribió a su amiga Sara el último día de sus vacaciones. Fíjate en los verbos marcados. ¿Recuerdas lo que expresan y cuándo se usan?**

Asunto: Mis vacaciones en Montana

De: Elena López Para: Sara Martínez

¡Hola, Sara!

¿Qué tal tus vacaciones? ¡Este verano me lo he pasado genial!

Ya sabes que mis padres decidieron ir a visitar a mis abuelos en Montana.

El viaje en auto fue muy largo y aburrido, pero cuando llegué, me gustó mucho el sitio. Los primeros días me aburrí un poco y, además, tuve que ir con mis padres a visitar a toda la familia. Por suerte, hace dos semanas conocí a Fani, la nieta de los vecinos de mis abuelos, y desde ese día nos hicimos muy amigas. El viernes pasado fuimos a la feria del pueblo y nos encontramos a sus primos; estuvimos todo el rato con ellos y nos divertimos mucho. El mayor, Jorge, ¡es guapísimo! Creo que me gusta. Esta mañana Fani me ha dicho que yo también le gusto y que ayer le pidió mi correo electrónico. Hoy es mi último día aquí, así que he estado toda la mañana en la piscina con Fani y después he vuelto a casa y les he escrito a todos. Ahora te dejo porque quiero despedirme de todo el mundo y ¡todavía no he hecho la maleta! Me da lástima irme, pero también tengo ganas de empezar el curso para verles de nuevo a todos. ¡¡Muchos besos!!

¡Hasta pronto!

Elena

11 **Escribe los verbos de la postal de Elena en su cuadro correspondiente según el tiempo del pasado y escribe su infinitivo al lado. Después, completa los espacios para describir el uso de cada tiempo.**

PRESENT PERFECT	PRETERITE
lo he pasado ➡ pasar(lo)	decidieron ➡ decidir

a. Usamos el .... para hablar de acciones pasadas en un **tiempo terminado.**

b. Usamos el .... para hablar de acciones pasadas en un **tiempo no terminado o en relación con el presente.**

1 El abuelo de Elena, Gregorio Fernández, está recordando diferentes momentos de su vida. ¿En qué crees que está pensando? Observa la imagen y completa las frases con tu compañero/a.

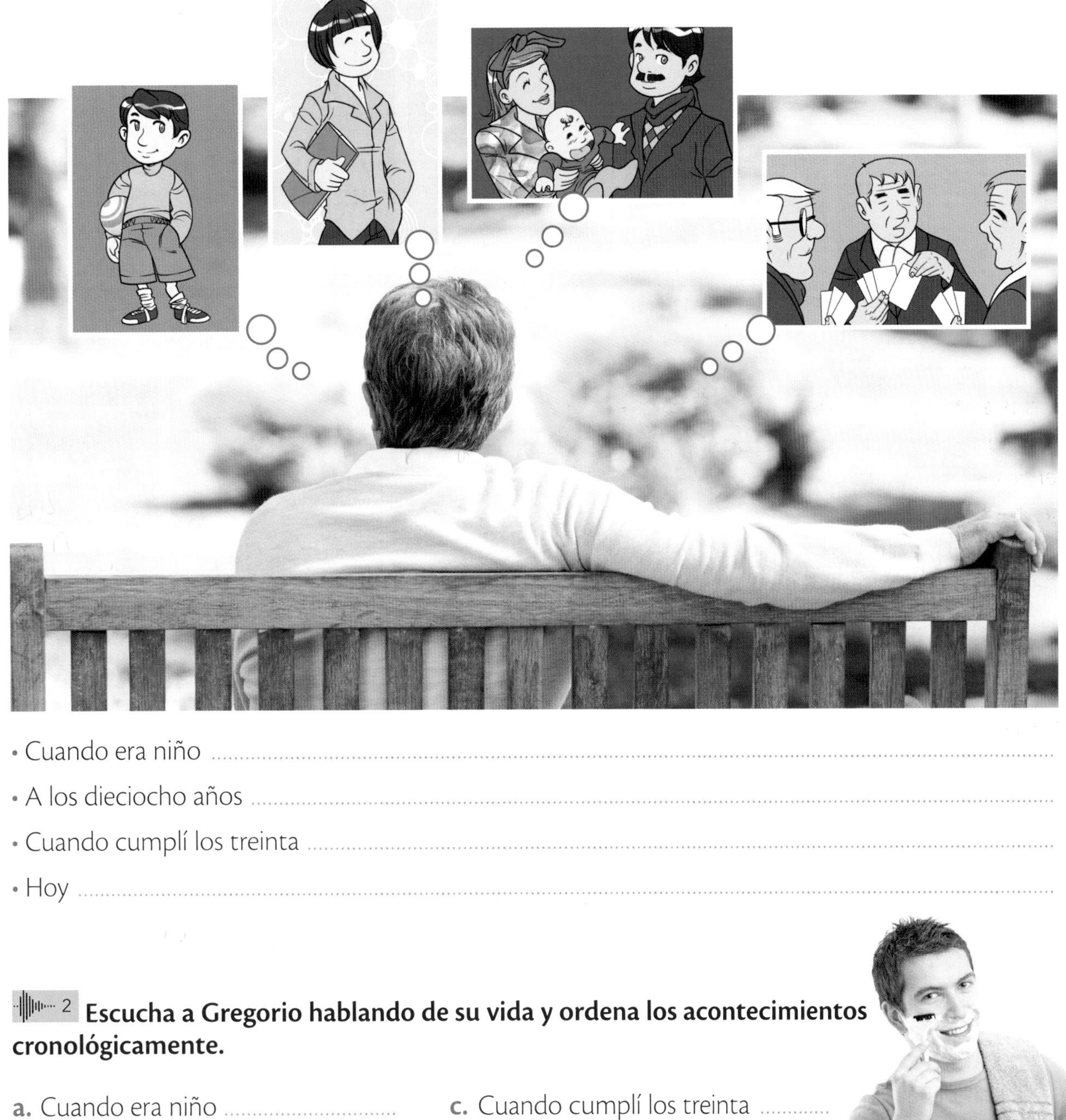

- Cuando era niño ....
- A los dieciocho años ....
- Cuando cumplí los treinta ....
- Hoy ....

2 2 **Escucha a Gregorio hablando de su vida y ordena los acontecimientos cronológicamente.**

a. Cuando era niño ....
b. A los dieciocho años 1..........
c. Cuando cumplí los treinta ....
d. Hoy ....

3 2 **Escucha de nuevo y escribe los siguientes verbos en el tiempo en el que están.**

a. empezar ....
b. jugar ....
c. casarme ....
d. estar ....
e. tener ....
f. trabajar ....
g. aprender ....
h. ir ....
i. afeitarse ....

4 **Gregorio tiene tan buena memoria que incluso se acuerda de su primer día de escuela. Mira los dibujos e intenta imaginar cómo fue ese día. Habla con tu compañero/a.**

5 **Comprueba tus hipótesis. Completa el texto con los verbos del pasado.**

Cuando pienso en mi época de estudiante siempre vienen a mi memoria muy buenos recuerdos… Bueno, menos el de mi primer día de escuela… Se puede decir que para mí (1) .... (ser) toda una experiencia y, aunque ya (2) .... (pasar) muchos años desde entonces, me acuerdo perfectamente de lo que (3) .... (sentir).

Recuerdo que ese día mi mamá me (4) .... (despertar) muy temprano (5) .... (levantarse), (6) .... (vestirse) yo solo y (7) .... (desayunar) muy bien, porque mi mamá siempre (8) .... (decir) que “antes de estudiar, tu barriga debes llenar”. Después mi mamá me (9) .... (ayudar) a peinarme, yo (10) .... (agarrar) mi mochila nueva y (11) .... (salir) hacia la escuela. (12) .... (Estar) muy emocionado porque (13) .... (ser) mi primer día de escuela y ya (14) .... (ser) un niño mayor. Además, como toda mi vida (15) .... (ser) una persona muy curiosa e inquieta, (16) .... (sentir) mucha curiosidad por saber qué (17) .... (ser) eso de la escuela. (18) .... (Ir) todo el camino contento: iba a conocer la escuela, a mis compañeros, a mi maestra… Sin embargo, cuando mi mamá me (19) .... (dejar) en la puerta de la escuela junto a los demás niños, (20) .... (ponerse) tan nervioso que (21) .... (empezar) a llorar y, para mi desconsuelo, ¡los demás niños también (22) .... (llorar)!

Enseguida (23) .... (venir) mi maestra e (24) .... (intentar) consolarme, pero (25) .... (estar) todo el día triste y de mal humor, tanto, que al final la maestra (26) .... (llamar) a mi mamá por teléfono y ella (27) .... (venir) a buscarme a la escuela. Cuando (28) .... (acostumbrarse), la escuela me (29) .... (encantar) y la maestra Margarita (30) .... (ser) la mejor maestra que (31) .... (tener) nunca.

6 **Lee las siguientes frases sacadas del texto. Escribe la letra de cada una en el cuadro correspondiente según el uso del pasado.**

a. Se puede decir que para mí fue toda una experiencia.
b. Ya han pasado muchos años desde entonces.
c. Recuerdo que ese día mi mamá me despertó muy temprano.
d. Mi mamá siempre decía que "antes de estudiar, tu barriga debes llenar".
e. Yo estaba muy emocionado porque era mi primer día de escuela y ya era un niño mayor.
f. Toda mi vida he sido una persona muy curiosa e inquieta.
g. Sentía mucha curiosidad por saber qué era eso de la escuela.
h. Enseguida vino mi maestra e intentó consolarme, pero estuve todo el día triste y de mal humor.
i. Margarita fue la mejor maestra que he tenido nunca.

Acción sin relación con el presente	Descripción de una situación	Acción en un pasado reciente o en relación con el presente	Acción habitual	Valoración

7 **Imagina cómo fue el primer día de escuela de uno de tus compañeros/as y escribe un párrafo detallado describiéndolo en orden cronológico.**

8 **¿Recuerdas tu primer día de escuela? Intercambia experiencias con tu compañero/a. ¿Acertaste en alguna de las frases que escribiste sobre tu compañero/a en la actividad anterior?**

Modelo: *Yo tenía 6 años cuando empecé la escuela.*

9 **Ahora escribe cómo fue el primer día de escuela de tu compañero/a con párrafos conectados y detallados.**

1 **Relaciona las siguientes frases con la imagen correspondiente.**

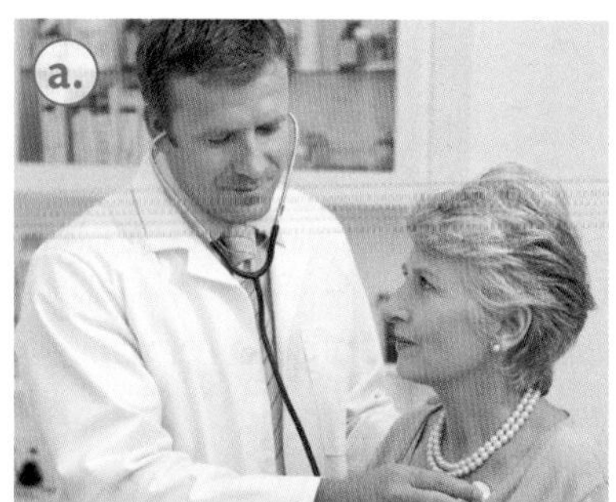

1. ☐ ¡Ordena tu cuarto!
2. ☐ Respire, por favor.
3. ☐ Coman ensalada.
4. ☐ Haz tu tarea.
5. ☐ Entra.

2 **Clasifica las órdenes de la actividad anterior según su uso.**

Dar órdenes	Dar permiso	Invitar	Dar consejos	Dar instrucciones

3 **Observa las imágenes. Imagina que tú eres el/la profesor/a de estos alumnos. Dale a cada uno la orden correspondiente usando los siguientes verbos en imperativo.**

• cerrar  • abrir  ~~• salir~~ • recoger • quitarse • sentarse

a. Sal al pizarrón.
b. ....
c. ....
d. ....
e. ....
f. ....

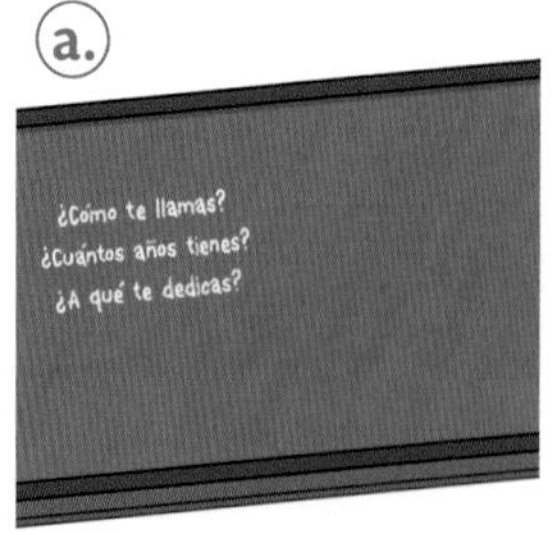

4 **Completa las frases con la forma correcta de *ser* o *estar*. Después, relaciona cada frase con su uso.**

1. Mariela .... argentina.
2. La isla de Pascua ....en Chile.
3. Lola .... una muchacha muy antipática.
4. Roberto .... un muchacho muy guapo.
5. Pedro .... informático.
6. La puerta .... de cristal.
7. Carlos .... el primo de Lucía.
8. .... las diez de la mañana.
9. Laura .... enferma.

a. Decir el material de una cosa.
b. Describir características físicas.
c. Decir la nacionalidad.
d. Describir situaciones temporales.
e. Describir personalidad o rasgos de carácter.
f. Decir la hora.
g. Decir la profesión.
h. Identificar a personas.
i. Expresar localización.

5 **Elige el verbo apropiado según el contexto.**

a. Lima **es** / **está** la capital de Perú.
b. El avión **es** / **está** más rápido que el tren.
c. **Soy** / **Estoy** muy contento porque este año voy a ir de vacaciones a la playa.
d. En esta época del año siempre **es** / **está** nublado.
e. ¿**Eres** / **Estás** cansado?
f. Mi hermano **es** / **está** más listo que yo.
g. Los libros **son** / **están** encima de la mesa.

6 **Completa las frases con *ser* o *estar* y un adjetivo apropiado de la lista.**

aburrido/a ○ abierto/a ○ listo/a ○ malo/a ○ rico/a

a. Pedro .... un muchacho muy ...., por eso habla con todo el mundo.
b. Hoy yo .... en casa, sin saber qué hacer, y he dedicido preparar un pastel que, por cierto, ... muy ....
c. Hoy, cuando he llegado a casa, he visto que la puerta ....

d. Ayer Laura no fue a clase porque ...., tenía un poco de fiebre y dolor de cabeza.
e. Nuestros vecinos ...., tienen mucho dinero, pero tienen un hijo que .... muy ...., ¡y es que no se puede tener todo en esta vida!
f. ¡Muchachos! ¡A comer! La comida ....
g. Esta película .... muy ...., mejor la quitamos y hacemos otra cosa.
h. .... una muchacha muy ...., siempre tiene muy buenas notas en la escuela.

TESOROS LATINOAMERICANOS

Turistas visitan una pirámide en Teotihuacán, México.

Antes de leer

¿Qué aspectos te atraen de los lugares que visitas o que quieres visitar? (La historia, las actividades, las compras, etc.).

¿Qué sabes de las culturas prehispánicas en México?

3 **¿Buscas hacer un viaje diferente? Te invitamos a conocer tres de los sitios más interesantes de Latinoamérica por su originalidad, historia y toque de misterio.**

"Es como estar en la cima* del mundo. Es increíble. ¡Pero lleva zapatos cómodos!", dice Devyn, un turista de Nueva York, después de su visita al sitio arqueológico de Teotihuacán en México.

Es un sitio donde los aztecas construyeron una gran ciudad entre los siglos II y VII. Armando, un visitante* de California, dice: "Era el lugar número uno que quería visitar en México. Recomiendo llegar bien temprano y subir a la Pirámide del Sol y a la Pirámide de la Luna para tener un panorama completo", sugiere en el sitio de viajes Tripadvisor.

Hoy, Teotihuacán es uno de los tres sitios arqueológicos más visitados del mundo. Más de cuatro millones de turistas llegan para admirar las pirámides, los templos y las avenidas.

También pueden ver la recreación de un antiguo ritual azteca, "el ritual de los voladores de Papantla". Consiste en que cinco personas colgadas* a gran altura, hacen impresionantes acrobacias. Originalmente se trataba de una ceremonia asociada a las cosechas* y a la fertilidad.

"El ritual de los voladores de Papantla"

Fuentes: www.abc.es, enero de 2018; visitarteotihuacan.com, noviembre de 2018; blog.xcaret.com, David de la Garza, noviembre de 2018; www.tripadvisor.es, febrero de 2019.

Las líneas de Nazca

Estas líneas son dibujos en el suelo* hechos por la civilización prehispánica nazca. Se conservaron muy bien porque están en una zona donde casi nunca llueve. No se sabe exactamente cuál es la función de las líneas, aunque hay varias teorías. Este es un resumen numérico del lugar:

Están a **200** millas de Lima, capital de Perú.

Son Patrimonio de la Humanidad desde **1994**.

Hay cerca de **800** dibujos de humanos y animales.

Las líneas tienen **30** cm de profundidad*.

Se empezaron a investigar en **1932**.

Fuentes: www.paquetesdeperu.com, Perú Grand Travel; www.eldiario.es, Roberto Ruiz, julio de 2017.

Rapa Nui

Rapa Nui, o Isla de Pascua, es parte del territorio de Chile en el Pacífico Sur. El atractivo turístico de la isla son las esculturas gigantes con forma de cabezas, creadas entre los siglos XII y XVII. No se conoce con certeza* por qué se construyeron.

1. En la isla hay más de 800 estatuas. Se llaman **"moái"**.
2. Las esculturas tienen entre **3**, **5** y **12** metros de alto.
3. Están **tallladas* en piedra** proveniente* de un un volcán extinguido.
4. Se cree que representan a los **antepasados***. de los primeros habitantes de la isla.
5. Hoy viven en la isla **7750** personas.

Los moáis de la isla de Pascua

Fuentes: *La Tercera, Pulso*, Efraín Moraga, agosto de 2018; miviaje.com, enero de 2018.

¿COMPRENDISTE?

Decide si las siguientes frases son verdaderas (V) o falsas (F).

1. Teotihuacán es el sitio arqueológico más visitado del mundo. V ☐ F ☐
2. Los turistas recomiendan ir a primera hora. V ☐ F ☐
3. Los moáis están hechos de piedra volcánica. V ☐ F ☐
4. La función de los moáis fue descubierta en 1932. V ☐ F ☐
5. De momento no se conoce con qué finalidad se crearon las líneas de Nazca. V ☐ F ☐

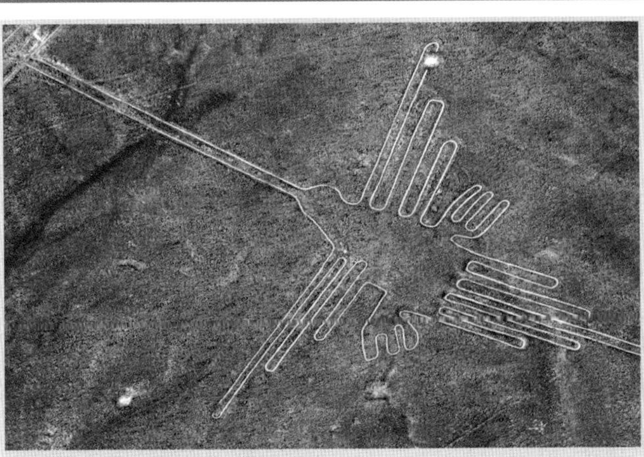

Un colibrí* dibujado en Nazca, Perú

AHORA TÚ

¿Qué opinas? Contesta a las siguientes preguntas y comenta tus ideas con otros/as compañeros/as.

1. ¿Cuál fue el viaje más interesante que hiciste? ¿Por qué?
2. ¿Qué consejo le puedes dar a alguien que quiere hacer ese mismo viaje?
3. ¿Cuál de estos tres sitios recomiendas a alguien interesado en la escultura? ¿Por qué?
4. ¿Cuál de estos tres sitios es ideal para alguien que quiere hacer ejercicio? ¿Por qué?
5. ¿Cuál de estos tres sitios te gustaría visitar a ti? ¿Por qué?

Glosario:

el antepasado – ancestor
la certeza – certainty
la cima – top
colgado/a – hanging
el colibrí – hummingbird
la cosecha – harvest
la profundidad – depth
provenir – to come from
el suelo – ground
tallado/a – carved
el visitante – visitor

Fuentes: *El Cronista*, Tripadvisor, INAH.

Verbos

aburrirse *to be bored*
acostumbrarse *to get used to*
agarrar *to take*
bañarse *to swim*
conocer *to know*
construir (i > y) *to build*

decidir *to decide*
desayunar *to have breakfast*
descansar *to rest*
descubrir *to discover*
despertarse (e > ie) *to wake up*
divertirse (e > ie / e > i) *to have fun*
dormir (o > ue / o > u) *to sleep*
encontrar (o > ue) *to find*
entrar *to come in*
hacer senderismo *to hike*

hacer surf *to surf*
intentar *to try*
leer *to read*
levantarse *to get up*
ordenar *to clean up*
pagar con tarjeta *to pay by credit card*
pedir (e > i) *to ask for*
ponerse moreno/a *to get a tan*
respirar *to breathe*

sentir (e > ie) *to feel*
ser toda una experiencia *to be quite an experience*
tener *to have*
tomar el sol *to sunbathe*
vestirse (e > i) *to get dressed*
volver (o>ue) *to go back*

Los viajes y las vacaciones

el avión *plane*

el boleto / billete *ticket*

el campamento de verano *summer camp*

el extranjero *foreigner*
el hotel *hotel*
la llave *key*
la montaña *mountain*

el pasaporte *passport*
la propina *tip*
la tarjeta de crédito *credit card*
el/la turista *tourist*
la valija / maleta *suitcase*

Ocio y tiempo libre

dormir la siesta *to take a nap*
escuchar música *to listen to music*

ir al cine *to go to the movies*

ir de compras *to go shopping*

jugar al fútbol *to play soccer*
jugar a los videojuegos (u > ue) *to play videogames*
leer un libro *to read a book*
leer el periódico *to read the newspaper*
montar en bici *to ride a bicycle*
pasar tiempo con la familia *to spend time with family*

tocar un instrumento *to play an instrument*

trabajar como voluntario/a *to work as a volunteer*

PRESENT PROGRESSIVE TENSE

(See page 21)

- Use **estar** + present participle to express an action in progress or the continuity of an action:

  *Esta semana **estoy estudiando** mucho.*
  This week, I'm studying a lot.

  *Ahora mismo **estoy comiendo**, te llamo luego.*
  Right now I'm eating, I will call you later.

- The present participle in Spanish is formed by removing the **–ar** ending and replacing it with **–ando** or by removing the **–er** or **–ir** ending and replacing it with **–iendo**:

PRESENT PARTICIPLE		
trabaj**ar**	= trabaj**ando**	*to work = working*
corr**er**	= corr**iendo**	*to run = running*
escrib**ir**	= escrib**iendo**	*to write = writing*

USING THE PRETERITE, IMPERFECT AND PRESENT PERFECT

(See page 23)

Preterite

- The preterite tense is used to talk about actions that were **completed** at a fixed point in the past and have **no relation** with the **present**:
  - *Ayer **fui** en bici a clase.*
  - *El año pasado **fui** de vacaciones a Ecuador.*

Imperfect

- Use the imperfect to describe **ongoing** or **habitual actions** in the past:
  - *Aquel día **llovía** mucho.*
  - *Antes yo siempre **iba** a Florida de vacaciones.*

Present Perfect

- We use the present perfect to say what a person ***has done***. You generally use it in the same way you use its English equivalent:
  - *Ya **he hablado** con mi profesor de Matemáticas.*
  - *Luis y Rob **han comido** aquí.*

INFORMAL COMMANDS

(See page 28)

- Use an imperative **tú** command when you want to order or tell someone to do something. Also it can be used to give advice or suggestions.
- The affirmative **tú** commands are formed the same way as the present-tense forms that you use for **usted**, **él**, *or* **ella**:

Infinitive	Tú → drop s	Affirmative *tú* commands
hablar	habla	*Habla más lentamente.* Speak more slowly.
comer	come	*Come fruta.* Eat fruit.
escribir	escribe	*Escribe la carta.* Write the letter.

The following verbs have irregular **tú** commands in the affirmative:

Infinitive	oír	tener	venir	salir	ser	poner	hacer	decir	ir
Imperative	**oye**	**ten**	**ven**	**sal**	**sé**	**pon**	**haz**	**di**	**ve**

UNIDAD

1 CONSTRUYENDO UN FUTURO

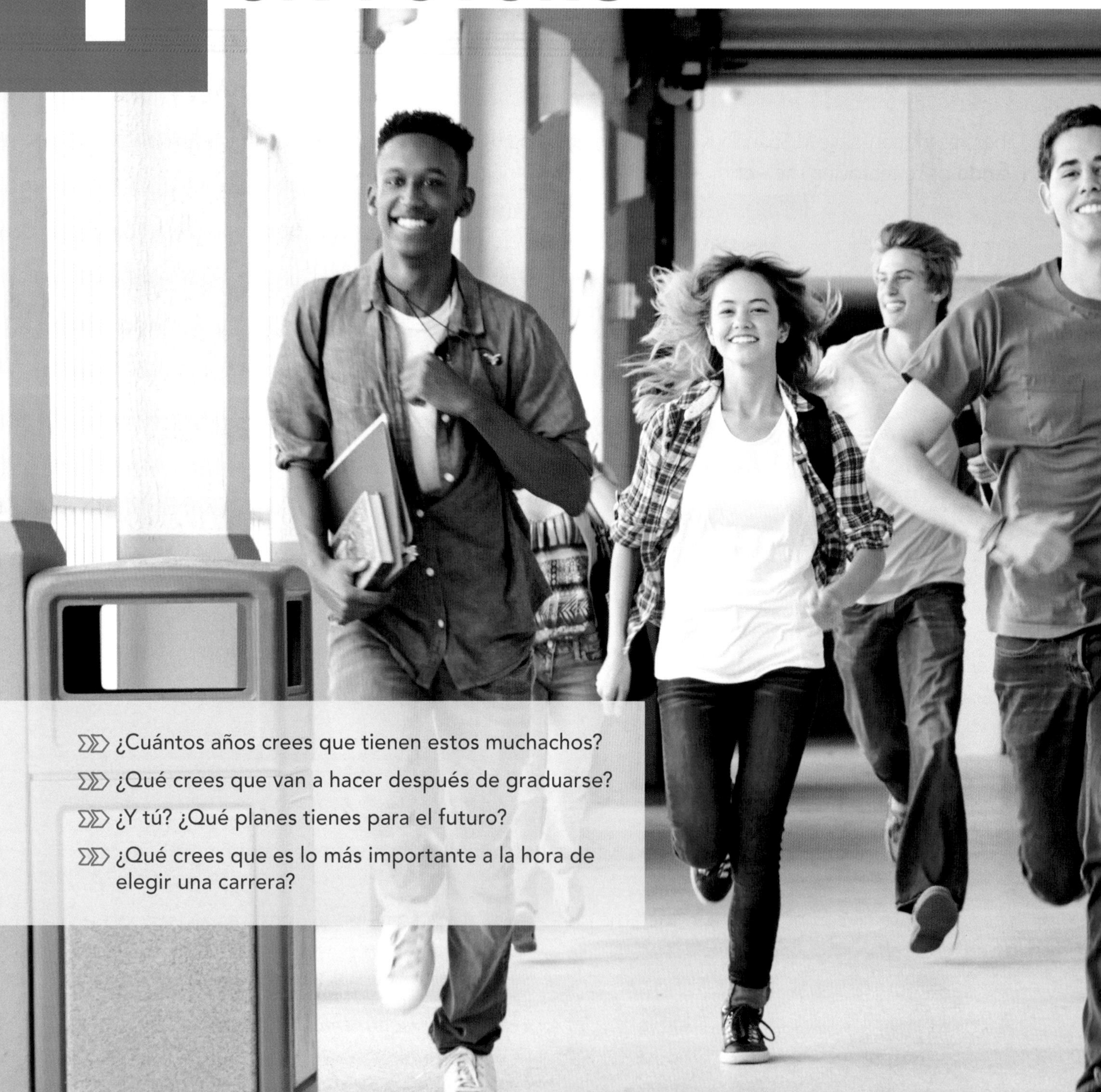

- ¿Cuántos años crees que tienen estos muchachos?
- ¿Qué crees que van a hacer después de graduarse?
- ¿Y tú? ¿Qué planes tienes para el futuro?
- ¿Qué crees que es lo más importante a la hora de elegir una carrera?

¡Hora de salir!

IN THIS UNIT, YOU WILL LEARN TO:

- Make future plans using the future tense of regular and irregular verbs and expressions of time
- Make guesses and assumptions
- Make promises
- Describe future actions and conditions using *si* + present + future
- Talk about the environment and politics
- Read *El pulmón del mundo en peligro*, M.ª Fernanda Callejón Ferrer
- I can write a speech

CULTURAL CONNECTIONS

- Share information about politics and the environment in Hispanic countries and compare cultural similarities

CULTURA EN VIVO

¡BIENVENIDO A LOS PARQUES NACIONALES DE ESPAÑA!

Parque Nacional de Doñana (Andalucía)

1 **Observa las imágenes de Víctor y Marta, dos jóvenes españoles, e indica a quién se refiere cada frase.**

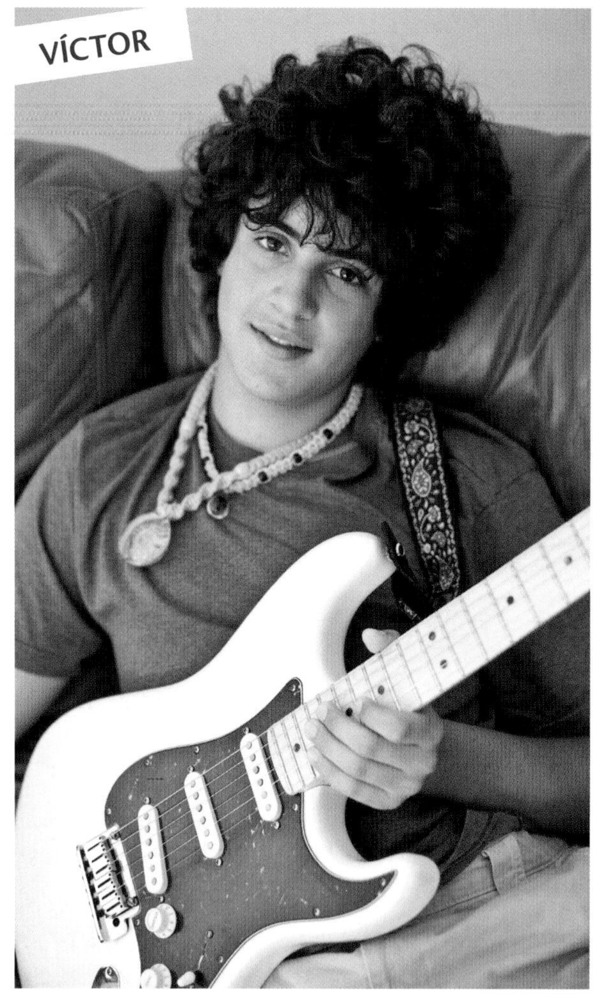

	Víctor	Marta	Los dos	Ninguno
a. Va a hacer deporte.	☐	☐	☐	☐
b. Va a pintar.	☐	☐	☐	☐
c. Va a tocar un instrumento.	☐	☐	☐	☐
d. Lleva una camiseta.	☐	☐	☐	☐
e. No va a jugar al tenis.	☐	☐	☐	☐
f. Va a practicar con su banda.	☐	☐	☐	☐
g. Va a ganar el partido.	☐	☐	☐	☐

2 **Relaciona las dos columnas para saber qué actividades van a hacer Marta y Víctor.**

1. Va a ponerse	**a.** el día.
2. Va a practicar su	**b.** protección solar.
3. Va a ir a clase	**c.** deporte favorito.
4. Va a tocar	**d.** de música.
5. Van a disfrutar	**e.** la guitarra.

3 4 **Marta y Víctor hablan de su futuro. Escucha la conversación y completa.**

Casa de las Conchas, Salamanca

Marta: Todavía no sé qué quiero estudiar cuando empecemos (a) .... ¿Tú ya sabes qué vas a estudiar?

Víctor: Me encanta la música, así que me imagino que estudiaré (b) ...., como mi hermana mayor. Ella está muy contenta y dice que la universidad es genial.

Marta: Pero tu hermana estudia en (c) ...., ¿verdad?

Víctor: Sí, le encanta la ciudad y está muy contenta.

Marta: ¿Y tú también quieres irte a estudiar allí?

Víctor: Bueno, supongo que iré a Barcelona o quizás a (d) .... La universidad de Salamanca es preciosa y muy antigua y la ciudad tiene mucha marcha *(lively)*, porque hay mucha gente joven.

Marta: Yo creo que me quedaré aquí en Zaragoza y estudiaré (e) .... o Enfermería. Víctor, si te vas, ¡qué pena!

Víctor: Bueno, bueno, que solo estoy haciendo (f) .... Todavía no es nada seguro, ¡y faltan unos años! Además, si me voy, te prometo que vendré a verte cada fin de semana.

Marta: ¿Me lo prometes?

Víctor: ¡Prometido!

Parque Güell, Barcelona

Basílica del Pilar, Zaragoza

4 4 **Escucha otra vez y contesta verdadero (V) o falso (F), según lo que dicen Marta y Víctor.**

	V	F
a. Marta no tiene claro qué va a estudiar.	☐	☐
b. La hermana de Víctor estudia Bellas Artes.	☐	☐
c. Víctor ya sabe que va a ir a estudiar a Salamanca.	☐	☐
d. Víctor y Marta viven en Zaragoza.	☐	☐
e. Víctor dice que en Barcelona hay mucha marcha.	☐	☐
f. A Marta le da igual si Víctor se va a estudiar a otra ciudad.	☐	☐
g. Víctor le hace una promesa a Marta.	☐	☐

5 **Relaciona las frases con la imagen correspondiente.**

a. Me imagino que tendré que lavar los platos.
b. Voy a subir a poner la lavadora.
c. Te prometo que todo saldrá bien.
d. Espero tener tiempo de verlo todo.
e. Creo que este año sí aprobaré.
f. Este verano tengo la intención de ponerme en forma.
g. Te juro que te compraré otras.
h. Para mi fiesta de cumpleaños este año pienso ir a un karaoke.

To complete an activity like this one with verb forms that are unfamiliar to you, focus on the context of the sentences, identify words you know, and look for those words in the images. This will help you match correctly.

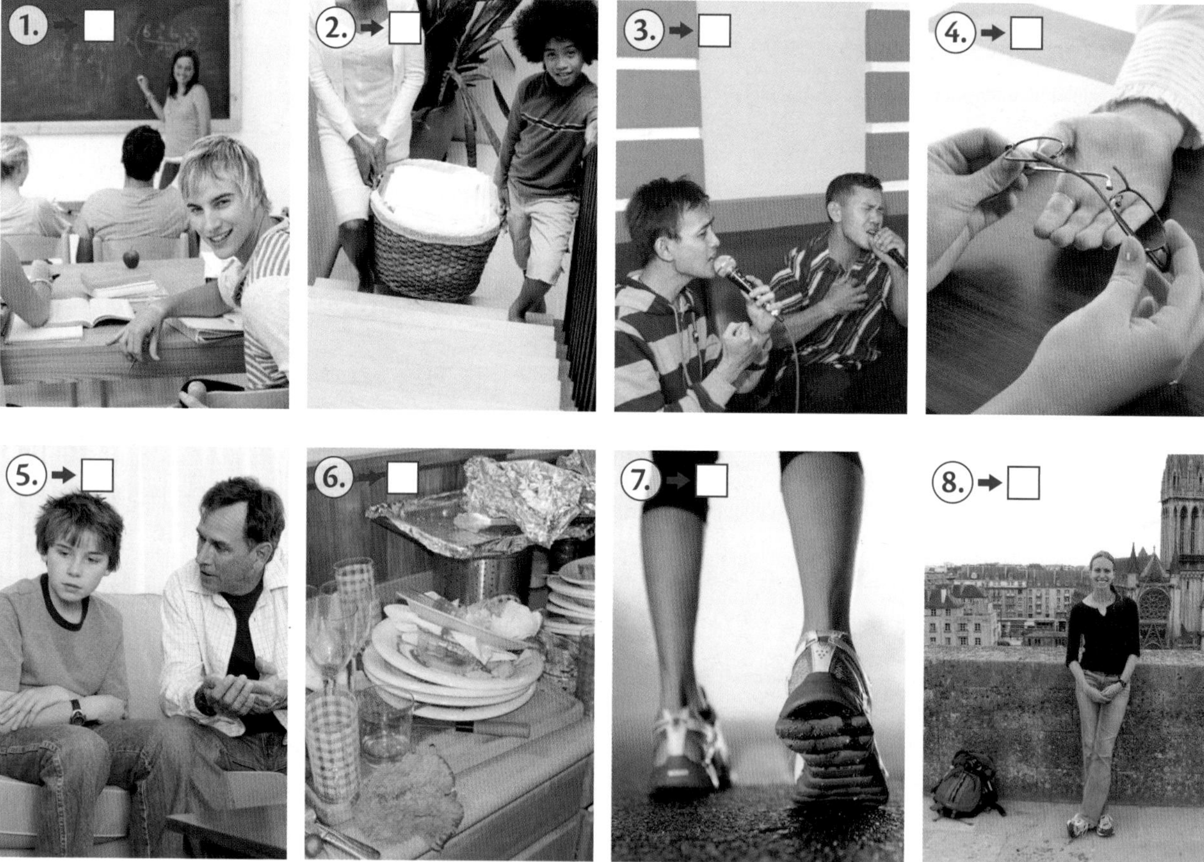

6 **Hazle las siguientes preguntas a tu compañero/a. Después, cambien de papel.**

a. ¿Ya sabes qué vas a hacer después de la escuela secundaria? ¿Qué?
b. ¿Tienes claro qué vas a estudiar en la universidad o escuela técnica? Explica qué es.
c. ¿Quieres ir a otra ciudad para estudiar o trabajar? ¿Por qué?
d. ¿Has ido alguna vez a un karaoke? ¿Cómo fue?
e. ¿Practicas algún deporte? ¿Cuál? ¿Con qué frecuencia?
f. ¿Cuál fue la última ciudad que visitaste? ¿Y la próxima que quieres visitar?

MAKING ASSUMPTIONS

- Para **hacer suposiciones o conjeturas**:

  Creo que *mañana lloverá.* *I believe that it will rain tomorrow.*

  Me imagino que *no podremos ir a la playa.* *I imagine that we won't be able to go to the beach.*

  Supongo que *nos quedaremos en casa.* *I guess that we will stay at home.*

1 **Indica qué hicieron las siguientes personas.**

a.

b.

c.

d.

e.

Alicia (estudiar)	**Paco** (pescar)	**Iván** (hacer excursiones)	**Pepe** (tener un accidente)	**Patricia** (escalar montañas)
Alicia estudió mucho.	....	....	....	....
....	....	....	....	....
....	....	....	....	....

2 **Con tu compañero/a, relaciona las imágenes con las personas de la actividad 1 según lo que van a hacer en el futuro. Luego, completa las frases con las palabras del cuadro.**

1. → ☐

2. → ☐

3. → ☐

4. → ☐

5. → ☐

irá al mecánico ○ irá de expedición a la selva ○ subirá al Everest ○ irá a la universidad ○ cocinará pescado a la plancha

a. Alicia ....

a. Paco ....

c. Iván ....

d. Pepe ....

e. Patricia ....

3 ***Irá, subirá*** **y** ***cocinará*** **son formas verbales de futuro en español que vas a estudiar en la sección de gramática. ¿A qué infinitivos corresponden esas formas? Discútelo con la clase.**

4 **En parejas, hablen sobre lo que creen que van o no van a hacer en su futuro. Completen las tres últimas frases según sus propios planes.**

Modelo: E1: Supongo que viajaré a Argentina.
E2: Yo también. / Yo no. Creo que viajaré a Italia.

Hablaré español perfectamente.

Hablaré muchos idiomas.

Seré un/a deportista profesional.

Escribiré un libro.

Viviré en el extranjero.

Tocaré un instrumento.

Correré maratones.

Conoceré ....

Iré a ....

Estudiaré ....

Me imagino que viajaré por todo el mundo con mi mejor amiga.

5 **Ten la misma conversación con otro compañero/a usando las formas verbales anteriores. ¿Con cuál de ellos crees que tienes más en común? Explica tus razones a la clase.**

MAKING PROMISES

- Para **hacer promesas**:
  - ***Te prometo que***... *I promise you that . . .*
  - ***Te lo prometo / juro***. *I promise / swear it.*
  - ***Te doy mi palabra***. *I give you my word.*
  - ***Te juro que***... *I swear that . . .*
  - ***¡Prometido!*** *Promise!*
  - ***Lo haré sin falta***. *I will be sure to do it.*

¡Prometido!

6 5 **Lee el cuadro de estrategias, escucha y completa las conversaciones. Después, relaciónalas con sus imágenes. ¿La gente de tu cultura se expresa de la misma forma? ¿Crees que es un estereotipo?**

Hispanics are famous for being very expressive and exaggerating with gestures when speaking. Look at the images and guess what the characters are trying to express with their gestures.

1. → ☐

a. **Madre:** ¡El próximo fin de semana estás castigado *(punished)*! Ayer llegaste tardísimo.
Hijo: .... que no volverá a pasar, de verdad.
Madre: Siempre dices lo mismo y nunca haces caso. ¡No hay más que hablar!
Hijo: ¡Pero, mamá...!

2. → ☐

b. **Luis:** ¡Estuve media hora esperándote y la película ya empezó! La próxima vez entro yo solo al cine y no te espero.
Sandra: Anda, no te enfades. Llamé para avisarte... .... que no volverá a pasar.
Luis: ¡Pero si desde que te conozco siempre llegas tarde!

3. → ☐

c. **Pedro:** Tu fiesta estuvo genial. Nos divertimos muchísimo.
Daniel: Me alegro. A ver si celebramos otra para tu cumpleaños.
Pedro: ....

7 **Lee las siguientes promesas y comenta con tu compañero/a qué pudo pasar para motivar cada promesa.**

a. Te prometo que no me meteré en tu correo electrónico.
b. Te juro que tendré mucho cuidado con él.
c. De verdad que lo haré *(I will do it)* sin falta. ¡Prometido!

8 **Elige una de las promesas anteriores y prepara con tu compañero/a una conversación como las de la actividad 6.**

MORE IN **ELEteca** | EXTRA ONLINE PRACTICE

ANTES DEL VIDEO

1 **Todas estas palabras tienen relación con el episodio que vas a ver. Relaciónalas con su definición.**

1. adivina
2. confuso
3. ponerse nervioso
4. planes
5. medioambiente
6. candidato/a de un partido político
7. votos
8. guardabosques
9. ciencias de la naturaleza
10. parque nacional
11. especies salvajes
12. efecto invernadero

a. Perder la tranquilidad y la calma.
b. Es el sistema formado por la naturaleza.
c. Disciplina científica que estudia los árboles, las plantas, etc.
d. Persona que conoce el futuro de las personas.
e. Expresión de las preferencias políticas de los ciudadanos.
f. Trabajador que cuida los bosques.
g. Lugar de la naturaleza protegido.
h. Subida de la temperatura de la atmósfera muy negativa para la vida natural.
i. Animales que viven libremente en la naturaleza.
j. No tener las ideas claras.
k. Tener una intención o un proyecto para el futuro.
l. Persona que se presenta a las elecciones.

2 **Fíjate en las imágenes y relaciónalas con las siguientes frases y conversaciones. Basa tu respuesta en lo que crees que puede ocurrir. Usa tu imaginación.**

a. "Harás un importante estudio sobre el efecto invernadero".
b. » No sé qué estudiar y quiero aclarar mis planes de futuro.
» Divide la baraja en dos y deja que doña Morgana mire tu futuro.
c. "El futuro se mostrará a través de mis cartas. Abran la mente".
d. "Esta carta representa al árbol de la vida. Tu destino está muy claro".
e. » Por fin ya tiene claro lo que va a estudiar.
» ¡Las cosas que se hacen por los amigos!
f. "Tendrás muchos votos por todo el país y ganarás unas elecciones".

Imagen ☐
Imagen ☐
Imagen ☐
Imagen ☐
Imagen ☐
Imagen ☐

DURANTE EL VIDEO

3 Mira el episodio y marca las afirmaciones verdaderas.

a. ☐ La adivina se llama Morgana.
b. ☐ Felipe pregunta por su futuro.
c. ☐ Sebas tiene dos caminos en su futuro.
d. ☐ Sebas prefiere ser guardabosques.
e. ☐ Sebas trabajará en economía.
f. ☐ Según las cartas, Sebas estudiará Ciencias de la Educación.
g. ☐ A Felipe le gustan los dos posibles destinos.
h. ☐ Morgana es una adivina falsa.

4 Ordena las frases cronológicamente de acuerdo a lo que ocurre en el episodio.

a. [1] Los muchachos esperan impacientes en un sitio oscuro iluminado con velas.
b. ☐ Felipe y la adivina se quedan solos y se ríen.
c. ☐ Hay un posible futuro como político para Sebas.
d. ☐ Felipe dice que su amigo quiere saber cosas sobre su futuro.
e. ☐ La adivina pregunta qué quiere saber Sebas sobre el futuro.
f. ☐ La adivina echa las cartas.
g. ☐ Llega la adivina.
h. ☐ Sebas dice que no cree en los adivinos.
i. ☐ Hay un segundo posible futuro como guardabosques.
j. ☐ Sebas explica que tiene dudas sobre qué estudiar.
k. ☐ Hay dos posibles futuros para Sebas.
l. ☐ La adivina pide concentración.
m. ☐ A Sebas le gusta más el futuro como guardabosques.
n. ☐ La adivina pregunta quién quiere saber algo sobre su futuro.
ñ. ☐ Se va muy contento a contarle la novedad a sus padres.
o. [16] En realidad Morgana es una adivina disfrazada para ayudar a Sebas a tomar una decisión.

DESPUÉS DEL VIDEO

5 Contesta a las preguntas y comenta tus respuestas con tu compañero/a.

	Sí	No	¿Por qué?
¿Has ido a visitar a una adivina?	☐	☐	
¿Crees en el tarot?	☐	☐	
¿Es necesario que alguien te ayude a tomar decisiones sobre tu futuro?	☐	☐	
¿Sabes ya qué vas a hacer en el futuro?	☐	☐	

6 Habla con tu compañero/a sobre las siguientes afirmaciones. Expresa tu opinión a favor o en contra. Expresa tus razones y pídele a tu compañero/a las suyas.

a. Personalmente, puedo hacer poco por el medioambiente.
b. Si todos colaboramos podemos cambiar el futuro de la tierra.
c. Considero que hay personas que pueden adivinar el futuro.
d. Tengo muy claro lo que haré en el futuro.

MORE IN **ELEteca** | EXTRA ONLINE PRACTICE

1 **Observa las imágenes y separa los fenómenos y prácticas en positivos o negativos. Lee el cuadro de estrategias y añade a la lista otras palabras que conozcas relacionadas con el medioambiente.**

a. consumo responsable de agua

b. reciclaje

c. contaminación

d. energía renovable

e. sequía

f. transporte ecológico

g. calentamiento global

h. deshielo

i. deforestación

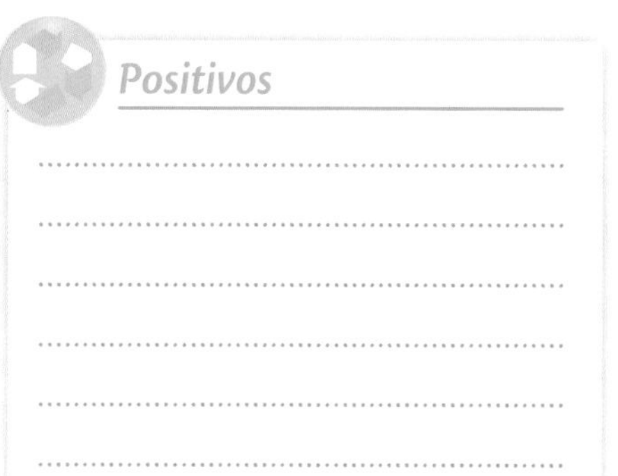

Positivos	*Negativos*
....	....
....	....
....	....
....	....
....	....
....	....
....	....

With a partner, brainstorm a list of words related to this theme. Identify how they fit into this context. Doing so will help you memorize the new vocabulary.

2 **Lean estas descripciones y relaciónenlas con su símbolo correspondiente. ¿Existen estos símbolos en Estados Unidos? ¿Significan lo mismo?**

a. 	b. 	c. 
1. → ☐ Esta ilustración invita al consumidor a ser cívico y dejar la basura en un lugar adecuado para ello, como papeleras, basureros, etc. Lo encontrarás en casi todos los productos con el objetivo de responsabilizar al consumidor.	**2.** → ☐ En este logo cada flecha representa uno de los pasos del proceso de reciclaje: recogida, el proceso mismo del reciclaje y la compra de los productos reciclados, de manera que el sistema continúa una y otra vez, como en un círculo.	**3.** → ☐ Este símbolo está siempre en los envases *(container)* que son reciclables, de modo que si se colocan en un contenedor adecuado, el producto se reciclará. Lo encontramos en envases de plástico, metálicos, de cartón, de papel…

3 Lee el siguiente artículo, describe con tus propias palabras los consejos que se ofrecen y acompaña cada consejo con un dibujo representativo. Después, compara tus recomendaciones e imágenes con las de tus compañeros/as.

Ideas sencillas para salvar el planeta

El día a día nos ofrece muchas posibilidades para poner nuestro granito de arena en la protección y salvación del planeta. Si no sabes por dónde empezar, nosotros te damos algunas sugerencias *(suggestions)*.

Al ir a hacer la compra, infórmate del origen de los productos y las condiciones en que se elaboran: esto te ayudará a comprar con responsabilidad. Además, intenta consumir frutas y verduras orgánicas: mejorarás tu alimentación y ayudarás a mejorar el medioambiente.

Si utilizamos el portátil en lugar de una computadora ya estamos haciéndole un favor al medioambiente pues, por lo general, con él gastaremos aproximadamente la mitad de energía.

Otra idea es evitar *(avoid)* en nuestro buzón la publicidad en papel contactando con las empresas para que nos borren de sus listados. Si necesitamos ver algún catálogo, siempre podemos acudir a la versión *online* para consultarlo en un momento determinado. Piensa, además, que los recursos naturales no son infinitos y compara cuánto se tarda en cortar un árbol y cuánto tardará en crecer. Por eso, no malgastes el papel.

No gastar demasiado en climatización es otra cosa que podemos hacer con un termostato programable y manteniendo una temperatura ni inferior ni superior a 20-25 °C (68-77 °F), así como evitar el transporte privado y elegir la bicicleta o el tren en lugar del coche o el avión. También conviene revisar la temperatura del refrigerador: un par de puntos por encima de lo necesario supone un gasto económico y eléctrico. Cambia también tus electrodomésticos viejos por otros más modernos que causan un menor impacto medioambiental al consumir menos energía.

Debes recordar las famosas "tres erres" como propuesta de hábitos de consumo: Reducir, Reutilizar y Reciclar: consumir menos, darle una segunda o tercera vida a los objetos y separar la basura adecuadamente en contenedores, así podrá ser reciclada en nuevos materiales y objetos. Lógicamente, el trabajo en equipo resulta totalmente imprescindible. Como ves, se pueden hacer más cosas de las que parece sin mucho esfuerzo. ¿Colaboras?

Texto adaptado de: *http://www.ecologiaverde.com/ideas-sencillas-para-ayudar-a-salvar-el-planeta/*

4 Relaciona las frases sacadas del texto con la imagen correspondiente.

a. Infórmate del origen de los productos y las condiciones en que se elaboran.
b. Intenta consumir frutas y verduras orgánicas.
c. Compara cuánto se tarda en cortar un árbol y cuánto tardará en crecer; no malgastes el papel.
d. Usa un termostato programable y y mantén una temperatura constante.
e. Elige la bicicleta o el tren en lugar del coche o del avión.
f. Si utilizamos el portátil en lugar de una computadora, ya estamos haciéndole un favor al medioambiente.
g. Cambia tus electrodomésticos viejos por otros más modernos que causan un impacto medioambiental menor al consumir menos energía.
h. Separa la basura adecuadamente en contenedores. Así podrá ser reciclada en nuevos materiales y objetos..

5 Habla con tu compañero/a sobre la información del artículo. Usa las siguientes preguntas como modelo.

- ¿Qué ideas prácticas de las que están en el artículo ya conocías?
- ¿Qué información es nueva para ti?

6 En grupos pequeños, habla con tus compañeros/as sobre las cosas que haces para proteger el medioambiente. Apoya tus ideas y pídeles detalles a tus compañeros/as para mantener la conversación.

- ¿Qué cosas haces ya para proteger el medioambiente?
- ¿Crees que vas a hacer alguna más después de leer el artículo? Explica por qué.

7 Lee este artículo que ha salido en un periódico.

Unas elecciones muy reñidas *(close)*

Mañana se celebrarán las elecciones a la presidencia del país. Las encuestas de estos días señalan *(indicate)* que los dos principales partidos están muy igualados y que puede pasar cualquier cosa. Pablo Tomeu y Amelia Torres, los dos principales candidatos a presidente, están optimistas ante estas elecciones, aunque habrá que esperar hasta contar todos los votos para conocer el resultado final.

Los dos partidos *(parties)* prometieron hacer grandes cambios en el país si consiguen ganar las elecciones. El candidato Pablo Tomeu dijo que si gana, hará una gran reforma en educación. También dijo que mejorará *(will improve)* la salud pública y que abrirá varios hospitales nuevos.

El programa del partido de Amelia Torres apuesta por *(supports)* el medioambiente. Como dijo la candidata durante su campaña, este será un punto fundamental: si su partido sale elegido, mejorará el transporte público, bajará el precio de los autos eléctricos, desarrollará más energías renovables, etc.

Hasta mañana por la tarde no sabremos quién será el futuro presidente del país ni qué cambios viviremos en los próximos cuatro años.

Habrá is the future of *hay*, *será* of *ser* and *sabremos* of *saber*.

FROM THE corpus

- The words **encuesta** and **sondeo** are used interchangeably in all Hispanic countries. In Mexico and Central America they are more frequently used with the verb **levantar**: *Él ganaría las elecciones de gobernador, según una **encuesta levantada** del 30 de marzo al 2 de abril.*
- In Spain they are used with the verb **realizar**: *El director general de Sanidad destacó que, según una **encuesta realizada** durante el primer trimestre por la Comunidad, el 80 % de las mujeres vive más de 82 años.*

8 Contesta verdadero (V) o falso (F).

	V	F
a. El partido de Tomeu es el favorito.	☐	☐
b. Los dos principales candidatos piensan que pueden obtener buenos resultados.	☐	☐
c. Se presentan más de dos partidos a estas elecciones.	☐	☐
d. El partido que quiere mejorar la sanidad, también quiere mejorar el transporte.	☐	☐
e. Las elecciones se celebran cada cinco años.	☐	☐

9 Ordena estos aspectos de tu programa político en función de su prioridad y busca imágenes o noticias en Internet que representen las medidas que vas a tomar sobre cada tema.

medioambiente o educación o trabajo o transporte o salud

10 Presenta y justifica tus prioridades electorales y compáralas con las de otros grupos.

MORE IN **ELEteca** | EXTRA ONLINE PRACTICE

1. THE FUTURE TENSE

- The future tense expresses what will happen. Regular verbs in the future tense are conjugated by adding the following endings to the infinitive form of the verb:

REGULAR VERBS			
	ESTUDIAR	COMER	VIVIR
yo	estudiar**é**	comer**é**	vivir**é**
tú	estudiar**ás**	comer**ás**	vivir**ás**
usted/él/ella	estudiar**á**	comer**á**	vivir**á**
nosotros/as	estudiar**emos**	comer**emos**	vivir**emos**
vosotros/as	estudiar**éis**	comer**éis**	vivir**éis**
ustedes/ellos/ellas	estudiar**án**	comer**án**	vivir**án**

- Irregular verbs in the future tense have irregular stems, but use the same endings as regular verbs:

IRREGULAR VERBS			
caber → **cabr–**	poner → **pondr–**		é
haber → **habr–**	salir → **saldr–**		ás
poder → **podr–**	tener → **tendr–**	hacer → **har–**	á
querer → **querr–**	valer → **vald–**	decir → **dir–**	emos
saber → **sabr–**	venir → **vendr–**		éis
			án

- The future tense is often used with the following expressions of time:
  - El año / el mes / la semana / la primavera **que viene**. — ***El año que viene*** *iré a Guatemala.*
  - **Dentro de** dos años / un rato / unos días. — ***Dentro de*** *unos días vendrá a casa.*
  - El / la **próximo/a** semana / mes / año. — ***El próximo*** *año tendré diecisiete años.*
  - **Mañana** / **Pasado mañana**. — ***Pasado mañana*** *tendré un examen.*

1 Completa conjugando en futuro los verbos entre paréntesis. ¿Qué situación se describe?

Veo... que dentro de poco (conocer, tú) .... a una persona que (ser) .... muy importante para ti. (Salir, ustedes) .... juntos. Un día esta persona (querer) .... hacerte un regalo, pero tú le (decir) .... que no puedes aceptarlo. (Venir, tú) .... otra vez aquí porque (tener, tú) .... muchas dudas y me (pedir) .... consejo.

2 Ordena las siguientes expresiones en la línea de tiempo de la página siguiente. Empieza con la expresión más cercana al presente. Después, túrnate con tu compañero/a para decir qué harás en cada momento del futuro.

el mes que viene ○ dentro de dos años ○ dentro de un rato ○ mañana
pasado mañana ○ el año que viene ○ las próximas Navidades

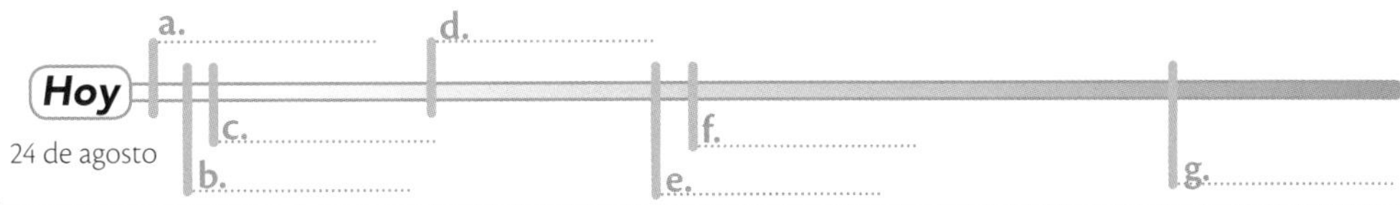

2. *SI* + PRESENT + FUTURE

- The sentence below describes an **action that depends on a certain condition** so that it can take place:
  - ***If I have*** *time* (condition), ***I will go*** *shopping.* (action)
- To talk about **future actions that depend on a condition**, in Spanish use:

  Si + present + future
  Si tengo *tiempo,* ***iré*** *de compras.*
  Si *no* ***llueve, jugaremos*** *al tenis.* *If it doesn't rain, we will play tennis.*

3 **Forma frases relacionando los elementos de las dos columnas.**

1. Si el metro no funciona,	a. te llamaré.
2. Si me invita a su cumpleaños,	b. iré a pie.
3. Si me pongo enferma,	c. no podré ir a la excursión.
4. Si no nos vemos esta tarde,	d. sabrás la respuesta.
5. Si piensas un poco,	e. tendré que comprarle un regalo.

4 **Completa el texto con los siguientes verbos.**

castigan ○ llegaré ○ podré ○ vuelvo ○ veré ○ vemos ○ castigarán ○ salgo ○ aburriré

Si (a) .... la película de las diez de la noche, (b) .... muy tarde a casa. Si (c) .... a llegar tarde, seguro que mis padres me (d) .... Si me (e) .... , no (f) .... salir el fin de semana con mis amigos. Si no (g) ...., no (h) .... a mis amigos y me (i) .... mucho.

5 **Completa las siguientes frases con tu opinión. Después, habla de tus planes en grupos pequeños.**

a. Si ...., daré la vuelta al mundo.
b. Si tengo suerte, ...
c. Si el sábado hace mal tiempo, ...
d. Si ...., aprenderé japonés.
f. Si me toca la lotería, ...

6 **Escribe condiciones para conseguir estos propósitos.**

estar en forma ○ ser feliz ○ ser rico/a ○ tener el mejor trabajo del mundo

Modelo: Si corro cada día, estaré en forma *(be in shape).*

MORE IN **ELEteca** | EXTRA ONLINE PRACTICE   GRAMMAR TUTORIALS 1 AND 2

1 **Esta fotografía ilustra el artículo que vas a leer. Con tu compañero/a responde a estas preguntas.**

a. ¿Sabes qué representa y dónde está?
b. ¿Qué temas crees que trata el artículo que vas a leer?

2 6 **Lee el texto y comprueba tus respuestas.**

El pulmón del mundo en peligro

La Amazonia es la selva tropical más grande del mundo. Tiene unos siete millones de kilómetros cuadrados extendidos por Brasil, Colombia, Ecuador, Perú y Venezuela. La selva amazónica es uno de los lugares con mayor diversidad ecológica del planeta. En ella viven más de un millón de especies de animales y plantas. Pero, hoy en día, la selva está en peligro: más del 60 % de su superficie puede desaparecer antes de 2030.

Deforestación en la Amazonia

Los incendios *(fires)* forestales, que se incrementaron *(increased)* a causa de los largos periodos de sequía *(drought)* y de los cambios ambientales y, sobre todo, la tala *(felling)* de árboles, que creció un 14 % desde 2017, son las principales causas de la deforestación que sufre la selva. Una pérdida tan importante de vegetación tiene como consecuencia la disminución *(decrease)* de oxígeno en la atmósfera y, en consecuencia, el aumento de dióxido de carbono, que acelera el cambio climático.

Detrás de la tala de árboles está la industria del papel, la minería *(minning)*, la agricultura, la ganadería, etc. Algunas de estas actividades contaminan, además, las fuentes de agua de la selva, cien mil kilómetros de ríos que alimentan la selva, pero que necesitan la humedad que la propia selva produce, en forma de abundantes lluvias, para continuar regando *(watering)* toda la región.

La actividad humana amenaza, así, con destruir la principal fuente de oxígeno del planeta, ya que la selva amazónica produce un quinto de todo el aire respirable *(breathable)* que hay en la atmósfera. Sin ella, sin este ecosistema tan rico, el mundo sufrirá un daño de consecuencias imprevisibles *(unpredictable)*.

María Fernanda Callejón Ferrer *Bloguera colombiana que colabora con distintas publicaciones de su país.*

3 **Relaciona las columnas y forma frases sobre la Amazonia.**

1. En ella viven...
2. La tala de árboles aumentó...
3. La Amazonia produce...
4. Tiene una extensión de...
5. La red de ríos de la Amazonia...

a. siete millones de kilómetros cuadrados.
b. un catorce por ciento.
c. más de un millón de especies de animales y plantas.
d. tiene cien mil kilómetros de longitud.
e. una quinta parte del oxígeno del planeta.

4 **¿Cuál de estas frases crees que representa mejor la idea principal del artículo? Habla con tu compañero/a y justifica tu respuesta.**

a. La deforestación en la Amazonia.
b. Los incendios en la selva amazónica.
c. La contaminación en la Amazonia.
d. La actividad humana en el Amazonas.

5 **Subraya las frases del texto que desarrollan los temas expuestos en la actividad anterior.**

6 **Responde, con tu compañero/a, a las siguientes preguntas sobre el texto.**

a. ¿Por qué se le llama a la Amazonia "el pulmón del mundo"?
b. ¿Qué ocurre si disminuye mucho el oxígeno en la atmósfera?
c. ¿Qué actividades humanas perjudican a la selva amazónica?

7 **¿Existe algún área natural importante en tu país o región? ¿Está en peligro como la Amazonia? Cuéntaselo a tus compañeros/as. Acompaña tu exposición con imágenes y noticias relacionadas extraídas de Internet.**

Vista de la Amazonia vía satélite

1 Con tu compañero/a, ordena las palabras de estas frases y, luego, léelas. ¿Quién crees que las puede decir?

a. y / ofrecer / zonas verdes. / Espero / a los ciudadanos / más parques

....

b. de que / Les doy / en la ciudad / el empleo / mi palabra / si nos votan. / aumentará /

....

c. Prometo / si ganamos / que / un nuevo / construiremos / hospital / las elecciones.

....

d. para / Si / nuestros hijos. / sin falta / mi partido / nuevas escuelas / gana, / haremos

....

2 7 **Escucha al candidato a alcalde, Arnold Sánchez y responde a las preguntas.**

a. ¿En qué objetivo o tema centra su discurso?
b. ¿Qué medida quiere tomar con el tráfico?
c. ¿Cuál de las promesas del ejercicio anterior menciona el candidato?
d. ¿Es similar a cómo presentan los candidatos los programas en tu país?
e. ¿Crees que los políticos son iguales en todos los países?

3 **Lee el cuadro de estrategias, completa el esquema y escribe el borrador de tu discurso político.**

Follow these steps to write a **speech**:

1. In the first paragraph, use *yo* to introduce yourself and *nosotros* to talk about the political party you represent.
2. **Order and present** in different paragraphs the objectives of your platform and the actions you are going to take. Include at least three.
3. Order and introduce each paragraph with connecting phrases: *en primer lugar, en segundo lugar..., por último / para terminar.*
4. **Connect your actions with the objectives** you want to meet: *para ello, con este objetivo, por eso, de esta manera...*
5. **Use familiar terms** for a more direct message: *familia, niños, compañeros, amigos, comunidad...*
6. Address the citizens using *ustedes* and use *nosotros* when talking about the actions you are going to take.
7. Dedicate more time to the action you consider most important.
8. **Close the speech with a conclusion** in the last paragraph.

Introducción:	
Objetivos / número de párrafos:	
Medidas:	
Conclusión:	

4 PEER REVIEW **Intercambia con tu compañero/a el borrador del discurso que escribiste, responde a estas preguntas y reflexionen juntos.**

a. Rodea la presentación del candidato y la de la formación política.
b. ¿Cuántos objetivos tiene? Cuenta los párrafos. ¿Tienen los mismos?
c. Subraya las medidas y los conectores que emplea para relacionarlas con los objetivos ¿Hay al menos tres?
d. ¿Qué medida es la más importante? ¿La desarrolló más extensamente?
e. ¿Empleó un lenguaje natural y familiar?
f. ¿Cómo se dirige a los ciudadanos? Rodea los pronombres o los verbos que marcan la persona, el número y la forma de tratamiento (*yo / nosotros/as, tú / usted, ustedes*).

5 Ahora escribe tu discurso definitivo y entrégaselo a tu profesor/a.

ORTOGRAFÍA Y PRONUNCIACIÓN

As you know, all words in Spanish have a syllable that is pronounced with more stress than the other syllables in the word, and in some cases, a written accent is needed to identify the stressed syllable.

1 8 **Escucha las siguientes palabras y subraya la sílaba en la que recae el acento en cada una de ellas.**

- cuéntamelo
- corazón
- sábado
- pensar
- salió
- joven
- historia
- carácter
- música
- cómic
- fábrica
- canción
- ciudad
- después
- dáselo
- devuélvemelo
- gracias
- palo
- lápiz
- verano
- maravilla
- jardín
- dímelo
- difícil
- aquí
- rápido
- político
- casa
- envíanoslas
- genial

2 Ahora, clasifica las palabras de la actividad 1 según la sílaba tónica.

- Palabras **agudas** □□□́ ....
- Palabras **esdrújulas** □́□□ ....
- Palabras **llanas** difícil □□́□ ....
- Palabras **sobreesdrújulas** □́□□□ ....

3 Observa las palabras que tienen tilde (*written accent*) y completa las reglas de acentuación.

a. Las palabras agudas se acentúan cuando terminan en ...., ... o ....
b. Las palabas llanas se acentúan cuando terminan en una consonante distinta de ....o ....
c. Las palabras esdrújulas o sobreesdrújulas se acentúan ....
d. Recuerda que las palabras **qué**, **cómo**, **dónde**, **cuándo** y **cuánto** tienen tilde solamente en las frases .... y .... Por ejemplo: *¿De dónde eres? ¡Qué calor!*

MORE IN **ELEteca** | EXTRA ONLINE PRACTICE

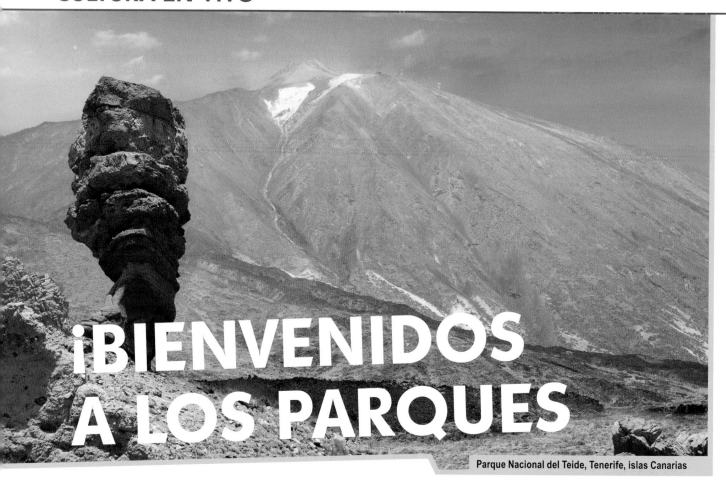

¡BIENVENIDOS A LOS PARQUES NACIONALES DE ESPAÑA!

Parque Nacional del Teide, Tenerife, islas Canarias

Antes de leer

¿Hay parques nacionales en tu país?

¿Has visitado alguno?

¿Qué características tienen estos parques?

9 **Naturaleza espectacular, flora única y fauna salvaje*. Estos son algunos de los elementos de los parques nacionales. ¡Visítalos!**

El Parque Nacional del Teide es el que recibe más turistas de toda Europa y el octavo más visitado del mundo. Además, en él está el tercer volcán más alto del mundo. Situado en las islas Canarias, España, es uno de los quince parques nacionales de este país.

Los parques nacionales se caracterizan por su impresionante naturaleza y su fauna. A menudo están formados por cordilleras o montañas, volcanes, lagos, desiertos, cascadas*, bosques, rocas, barrancos*, calderas* o glaciares.

"No es suficiente con tener hectáreas de terreno. Para que una extensión sea declarada Parque Nacional, esta debe tener una belleza, fauna y flora especiales. El gobierno de un país la acota* y protege para que no se construya en ella", dicen desde el Ministerio para la Transición Ecológica de España.

Canarias es la comunidad autónoma de España con más parques nacionales, tiene cuatro en total. Le siguen Castilla y León, Andalucía y Castilla la Mancha, con dos parques cada una. Finalmente, las comunidades que cuentan con un parque son Galicia, Asturias, Cantabria, Cataluña, Aragón, Extremadura, Baleares y la Comunidad de Madrid.

Muchos de estos parques han sido declarados Patrimonio de la Humanidad por la Unesco.

Fuentes: Parques Nacionales de España, 25 de mayo de 2018; concienciaeco.com, Diana, mayo de 2017; okdiario.com, febrero de 2019.

Parque Nacional de Ordesa y Monte Perdido, Aragón

Parques Nacionales

Estos son algunos de los cinco parques nacionales más importantes de España:

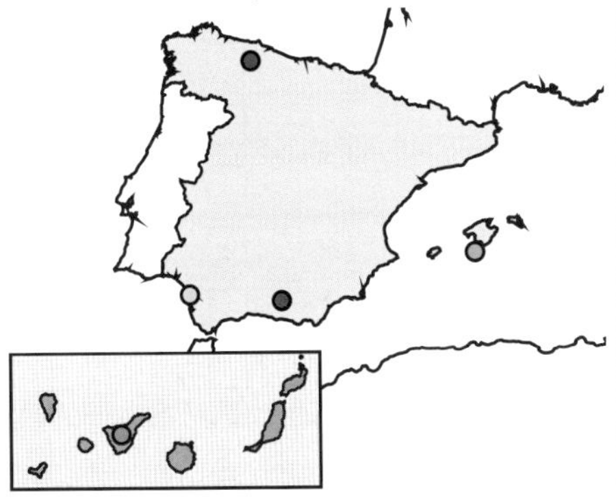

- Parque Nacional del Teide
- Parque Nacional de Doñana
- Parque Nacional de Sierra Nevada
- Parque Nacional Marítimo-Terrestre del Archipiélago de Cabrera
- Parque Nacional de los Picos de Europa

Datos básicos

En **2018** se celebra el centenario de la instauración de los primeros parques nacionales españoles.

El más antiguo es el de los **Picos de Europa** en el norte de la península ibérica. ¡Y el segundo más antiguo del mundo!

Cuatro parques son Patrimonio de la Humanidad, según la UNESCO.

El número de visitantes es de más de **quince millones** cada año.

El **más grande** es el Marítimo-Terrestre del archipiélago de Cabrera, al sur de Mallorca.

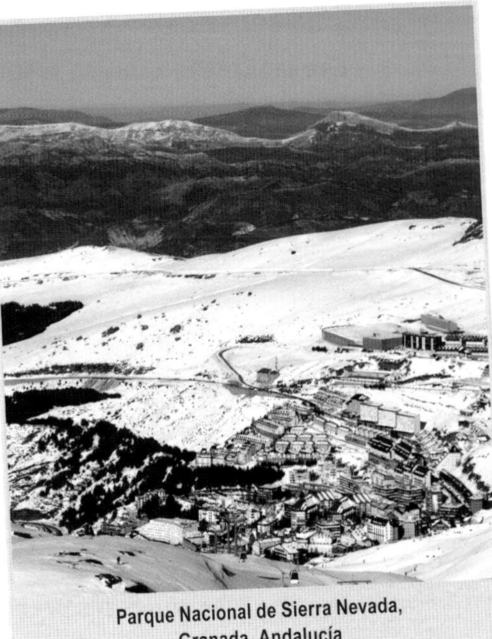

Parque Nacional de Sierra Nevada, Granada, Andalucía

Fuentes: www.esdiario.com, julio de 2018; *ABC Sociedad*, Josep María Aguiló, febrero de 2019; efeverde.com, Marta Martínez, agosto de 2018; *El Tambor*, diario de La Gomera, febrero de 2019.

¿COMPRENDISTE?

Relaciona las siguientes frases.

1. Los parques nacionales...
2. En el Parque Nacional de Sierra Nevada...
3. El Parque Nacional del Teide...
4. En los parques nacionales a menudo hay...
5. El Parque Nacional de los Picos de Europa...

a. está en el norte de España.
b. está en una isla.
c. nieva mucho.
d. son terrenos protegidos por el gobierno.
e. montañas, barrancos y bosques.

Parque Nacional de Los Picos de Europa, Asturias

AHORA TÚ

¿Qué opinas? Contesta a las preguntas y comenta tus ideas con tus compañeros/as.

1. ¿Es importante para un país tener parques nacionales? ¿Por qué?
2. ¿Crees que el número de visitantes a un parque nacional es positivo o negativo para el parque? ¿Por qué?
3. ¿Crees que un parque nacional aporta riqueza* a un país? ¿Cómo?
4. ¿Conoces otros parques nacionales? ¿Por qué son famosos?
5. ¿Qué parque te gustaría visitar? ¿Por qué?

VOCES LATINAS — EL MISTERIO DE RAPA NUI

Glosario:

acotar – enclose
el barranco – ravine
la caldera – crater
la cascada – waterfall
la riqueza – wealth
salvaje – wild
el tesoro – treasure

Fuentes: *El viajero* (*El País*); *Viajar* (*El Periódico*); sitio web oficial de la Oficina de Turismo de España; *El Mundo*; *La Nación*; Red de Parques Nacionales - Ministerio para la Transición Ecológica, www.miteco.gob.es/es/red-parques-nacionales; sitio web oficial del Gobierno de Canarias; sitio web oficial del Gobierno de España.

MAKING GUESSES, ASSUMPTIONS AND PROMISES

1 Lee las frases e indica si son conjeturas (C) o promesas (P).

	C	P
a. Me imagino que mañana tendré que ir a hacer la compra.	☐	☐
b. Te prometo que no lo volveré a hacer.	☐	☐
c. Me imagino que no irá a la fiesta.	☐	☐
d. Mañana te traeré el libro sin falta.	☐	☐
e. Te juro que no lo contaré.	☐	☐
f. Supongo que esta tarde cenaremos en casa de Juan.	☐	☐

THE FUTURE TENSE

2 Escribe los siguientes verbos en el futuro.

a. Tener, yo ....

b. Caber, ella/él ....

c. Poder, Uds. ....

d. Saber, ellos ....

e. Venir, nosotros ....

f. Ir, Uds. ....

g. Salir, usted ....

h. Valer, ellos/ellas ....

i. Ser, yo ....

j. Haber, él/ella ....

k. Poner, tú ....

l. Hacer, Uds. ....

m. Decir, yo ....

n. Querer, tú ....

3 Ordena estas expresiones de más a menos cercanas en el futuro y escribe una frase con cada una.

a. ☐ Pasado mañana ....

b. ☐ El año que viene ....

c. ☐ El próximo verano ....

d. ☐ Dentro de poco ....

e. ☐ Dentro de diez años ....

f. ☐ Mañana ....

SI + PRESENT + FUTURE

4 Completa las frases con el verbo entre paréntesis en el tiempo correspondiente.

a. Si todo (ir) .... bien, dentro de dos años (ir, yo) .... a la universidad.

b. (Llegar, nosotros) .... tarde si (perder, nosotros) .... el autobús.

c. Si no me (llamar) .... Juan, lo (llamar, yo) ....

d. (Ir, yo) .... a la fiesta si tú (ir) ....

EL MEDIOAMBIENTE Y LA POLÍTICA

5 Completa las frases con las siguientes palabras.

partidos ○ programa ○ consumo responsable ○ energías renovables ○ votos victoria ○ elecciones ○ calentamiento global ○ contaminación ○ deshielo ○ candidato

a. Hasta que no se cuentan los .... no se puede saber qué .... ha conseguido la ....
b. Los países deberían apostar por las .... y el .... para reducir la ....
c. Antes de las ...., los .... políticos presentan su .... para dar a conocer sus proyectos.
d. El .... del planeta está provocando el .... de los polos.

WORD STRESS

6 Elimina la palabra intrusa y clasifica el resto de las palabras según la sílaba tónica: agudas, llanas, esdrújulas o sobreesdrújulas.

a. café / amor / mesa / ratón / color ....
b. médico / fábula / manzana / sábado / fábrica ....
c. árbol / cárcel / mesa / cosa / azul ....
d. ábremelo / tómatelas / corrígemelos / llámame ....

CULTURA

7 Contesta a las preguntas según la información que has aprendido en *¡Bienvenidos a los parques nacionales de España!*

a. ¿Qué aspectos necesitan tener los parques para clasificarlos como parques nacionales?
b. ¿Cuáles son los parques nacionales más importantes de España y dónde están?
c. Según los visitantes de los parques, ¿cuáles son los elementos más atractivos? ¿Y para ti?
d. ¿Cómo son los parques nacionales de tu estado? ¿Qué puedes hacer allí?

AL FINAL DE LA UNIDAD PUEDO...

	☆	☆☆	☆☆☆
a. I can make future plans using the future tense of regular and irregular verbs and expressions of time.			
b. I can make guesses and assumptions.	☐	☐	☐
c. I can make promises.	☐	☐	☐
d. I can describe future actions and conditions using *si* + present + future.	☐	☐	☐
e. I can talk about the environment and politics.	☐	☐	☐
f. I can read and understand *El pulmón del mundo en peligro*, M.ª Fernanda Callejón Ferrer.	☐	☐	☐
g. I can write a speech.	☐	☐	☐

MORE IN ELEteca | EXTRA ONLINE PRACTICE

Verbos

aburrirse *to be bored*

aprobar (o > ue) *to pass (a test, a course), to approve (a law, etc.)*
caber *to fit*
castigar *to punish*

dar igual *to care less*
desarrollar *to develop*
eliminar *to eliminate*
estar en forma *to be in shape*
mejorar *to improve*
prometer *to promise*
quedarse *to stay*
tener la intención de *to intend to*
valer *to be worth*

Expresiones temporales

dentro de... (periodo de tiempo) *within a (period of time)*
dentro de un rato *in a moment*
el mes que viene *next month*
pasado mañana *day after tomorrow*

Hacer conjeturas y promesas

Creo que... *I believe that . . .*
Lo haré sin falta. *I 'll be sure to do it.*
Me imagino que... *I imagine that . . .*
¡Prometido! *Promised!*
Supongo que... *I guess that . . .*
Te juro que... *I promise you that . . .*
Te prometo que... *I promise you that . . .*
Te doy mi palabra. *I give you my word.*

El medioambiente

la basura *garbage*

el calentamiento global *global warming*

la climatización *heating and cooling systems*

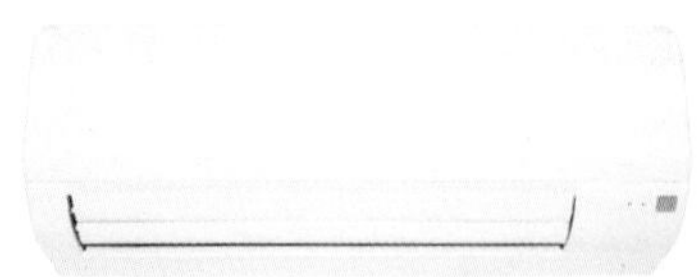

la calefacción *heating*
cambio climático *climate change*
consumir *to consume*
la contaminación *pollution*

la deforestación *deforestation*

el deshielo *melting*
el efecto invernadero *greenhouse effect*
la energía renovable *renewable energy*
evitar *to avoid*
el incendio forestal *forest fire*
malgastar *to waste*
reciclar *to recycle*
los recursos naturales *natural resources*
reducir *to reduce*
reutilizar *to reuse*
la sequía *drought*

la tala de árboles *felling of trees*
el transporte ecológico *ecologically friendly transportation*

La política

el alcalde *mayor*
la campaña *campaign*
el candidato *candidate*
las elecciones (reñidas) *(close) elections*
la encuesta *survey, poll*
el partido político *political party*
el presidente *president*
la propuesta *proposal*
el programa *platform*
la reforma *reform*

MAKING ASSUMPTIONS (See pages 39 and 40)

- **Creo que...**
- **Me imagino que...**
- **Supongo que...**

MAKING PROMISES (See pages 40 and 41)

- **Te prometo que...**
- **Te lo prometo / juro.**
- **Te doy mi palabra.**
- **Te juro que...**
- **¡Prometido!**
- **Lo haré sin falta.**

THE FUTURE TENSE (See page 48)

- The future tense expresses what will happen. Regular verbs in the future tense are conjugated by adding the following endings to the infinitive form of the verb: **–é, –ás, –á, –emos, –éis, –án**:

	ESTUDIAR	COMER	VIVIR
yo	estudiar**é**	comer**é**	vivir**é**
tú	estudiar**ás**	comer**ás**	vivir**ás**
usted/él/ella	estudiar**á**	comer**á**	vivir**á**
nosotros/as	estudiar**emos**	comer**emos**	vivir**emos**
vosotros/as	estudiar**éis**	comer**éis**	vivir**éis**
ustedes/ellos/ellas	estudiar**án**	comer**án**	vivir**án**

- There are twelve common verbs that are irregular in the future tense. Their endings are regular, but their stems change:

IRREGULAR VERBS			
caber → **cabr–**	poner → **pondr–**		é
haber → **habr–**	salir → **saldr–**		ás
poder → **podr–**	tener → **tendr–**	decir → **dir–**	á
querer → **querr–**	valer → **valdr–**	hacer → **har–**	emos
saber → **sabr–**	venir → **vendr–**		éis
			án

- The future tense is often used with the following expressions of time:

- El año / mes / la semana / primavera **que viene** — *El año que viene iré a España.*
- **Dentro de** dos años / un rato / unos días — *Dentro de unos días vendrá a casa.*
- El/la **próximo/a** semana / mes / año — *El próximo año tendré diecisiete años.*
- **Mañana** / **Pasado mañana** — *Pasado mañana tendré un examen.*

SI + PRESENT + FUTURE (See page 49)

To talk about **future actions that depend on a condition**, use the following:

- **Si** + present + future

Si no llueve, iremos a la playa.

UNIDAD

2 COSAS DE CASA

¿Qué miembros de la familia se pueden ver en esta imagen?

¿Crees que se llevan bien? ¿Qué hacen?

Y tú, ¿te llevas bien con tu familia? ¿Qué cosas hacen juntos?

En esta familia todos ayudan.

Campeonato Mundial de Waterpolo, Barcelona, 1999 (Foto: Paola Bona)

IN THIS UNIT, YOU WILL LEARN TO:

- Ask, give and refuse permission
- Give advice, orders and instructions using affirmative and negative commands and pronouns
- Extend invitations
- Talk about housework and sports
- Read a selection from *La casa de Bernarda Alba*, Federico García Lorca
- Write a comparative essay

CULTURAL CONNECTIONS

- Giving commands and being polite

CULTURA EN VIVO

BUENOS Y MALOS MODALES

1 **Completa el cuadro con la información de las imágenes y la del texto.**

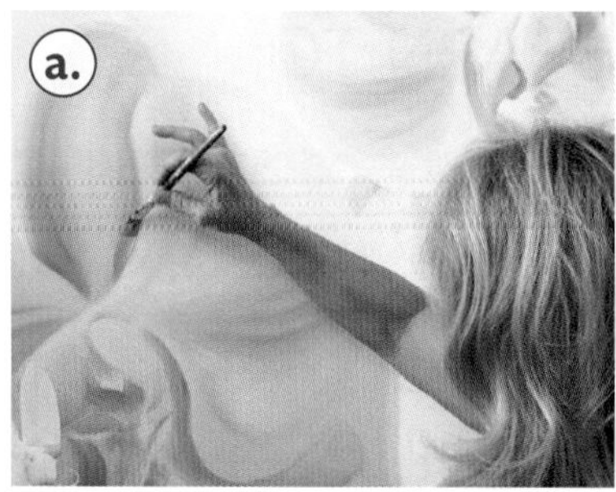

Pilar

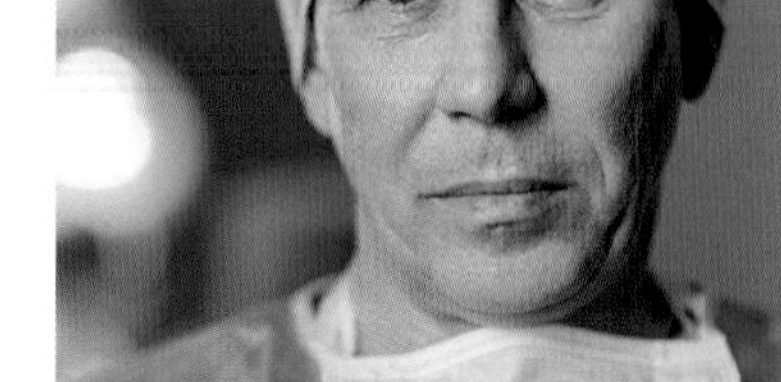

Antonio

Daría

Fernando

Marcos

Juan

Pilar Garrido, que es informática, tuvo a Fernando con veintiséis años. Ella tiene tres años más que su marido, **Antonio Pérez**. A él le gusta la música clásica, pero a su hija Daría le gusta el rock. **Daría** tiene cuatro años menos que Fernando y cinco más que su hermano Marcos. **Marcos** tiene once años y Juan, el abuelo, que está jubilado y le gusta cantar, tiene setenta y siete años.

Nombre	Profesión o actividad	Edad	Gustos
Juan			
Antonio			
Pilar			ir al cine
Fernando	universitario		
Daría			
Marcos			

2 **Ahora pregúntale a tu compañero/a por su familia y completa la tabla.**

	Nombre	Profesión o actividad	Edad	Gustos
Padre →				
Madre →				
Hermano/a →				
... →				

3 10 **Escucha la conversación y corrige la información de la tabla de tareas domésticas de la familia Garrido.**

Ernesto: ¡Hola, Daría! Te veo un poco enfadada, ¿qué te pasa?
Daría: Pues que mis padres dicen que no hacemos nada en casa y que tenemos que colaborar más.
E.: ¡Uf! ¡Qué pesados! Mis padres igual… El año pasado también hicieron una lista con lo que tenía que hacer cada uno y llevamos ya un año haciendo las tareas de casa.
D.: ¡Pues qué rollo!
E.: Sí, pero es verdad que se reparte más el trabajo. ¿Y cómo se van a organizar?
D.: Pues mi hermano Fernando y yo tenemos que hacer la compra porque somos los mayores, y a mi hermano Marcos le toca sacar la basura por la tarde. Bueno, los fines de semana no, porque no hay que sacarla.
E.: ¿Y tienen que hacer la compra todos los días?
D.: No, solo entre semana, porque el fin de semana la compra grande la hacen mis padres en el supermercado. Nosotros compramos cosas pequeñas: pan, leche…, ya sabes.
E.: Ya… En mi casa la compra siempre la hacen mis padres. ¿Y tu abuelo qué hace?
D.: Mi abuelo es el encargado de pasear al perro los fines de semana. El resto de días lo pasean mi padre y mi madre. Ya sabes que a mi madre le gusta ir a correr a primera hora de la mañana y a mi padre le gusta pasear un rato por la noche antes de acostarse.
E.: ¡Qué suerte! A mí no me gusta nada pasear al perro, pero esa tarea me toca a mí.
D.: Sí, por suerte eso no lo hago yo…
E.: ¿Y no tienen que limpiar nada? Mi hermano y yo limpiamos el salón, la cocina y el baño.
D.: Sí. Cada día mis hermanos y yo nos turnamos para limpiar el baño y la cocina. Pero el domingo descansamos todos de la limpieza, la basura, las compras… Bueno, no, el abuelo no descansa porque Toby tiene que salir a pasear…
E.: Es que tu abuelo es muy activo. Oye, ¿y el resto de tareas?
D.: Pues mis padres están pensando cómo repartirlas… ¡Y espero que tarden mucho!

Tarea	Lunes	Martes	Miércoles	Jueves	Viernes	Sábado	Domingo
Sacar la basura	Marcos	Marcos	Marcos	Marcos	Marcos	Marcos	Marcos
Hacer la compra	Fernando Daría	Papá Mama	Fernando Daría	Papá Mama	Fernando Daría	Papá Mama	
Pasear al perro	Papá	Papá	Papá	Papá	Abuelo	Abuelo	Abuelo
Baño	Daría	Marcos	Fernando	Daría	Marcos	Fernando	Mamá
Cocina	Marcos	Fernando	Daría	Marcos	Fernando	Daría	Papá

4 Contesta a las siguientes preguntas sobre Ernesto.

1. ¿Cuánto tiempo llevan repartiéndose las tareas en casa de Ernesto? ....
2. ¿Quién hace la compra en la casa de Ernesto? ....
3. ¿Quién se encarga de pasear al perro? ....
4. ¿Qué partes de la casa tienen que limpiar Ernesto y su hermano? ....

ASKING, GIVING, AND DENYING PERMISSION

- Para **pedir, conceder o denegar un permiso:**
  - » ***¿Puedo / Podría*** *comer un poco de pastel?* Can / Could I have some cake?
  - » ***Sí, claro / por supuesto.*** Yes, of course.
  - » ***No, (lo siento) es que*** *lo hice para llevarlo a la fiesta de Ana.* No, (I'm sorry) I made it to take to Ana's party.
  - » ***¡Ni hablar! / ¡De ninguna manera!*** No way!

OFFERING AND ENCOURAGING OTHERS TO ACCEPT

- Para **invitar** u **ofrecer**:
  ¿Quieres *un poco de pastel?*
  Do you want some cake?

- Para **responder**:
  Sí, gracias. Yes, thank you.
  No, gracias, es que *no me gustan los dulces.*
  No, thank you, I don't like sweets.

1 11 **Completa las conversaciones con las expresiones del cuadro. Después, escucha y comprueba. ¿Cuál es la idea principal de las conversaciones?**

quieres o no o come un poco o es que o sí, claro o puedo

a. Emilio: Mamá, ya sé que estás leyendo, pero... ¿(a) .... poner la tele?
Mamá: (b) ...., ponla. A mí no me molesta el ruido mientras leo.
Emilio: Vale, gracias, es que ahora hay un programa que me encanta.

b. Marcos: ¿(c) .... probar la *pizza* que hice?
Anabel: (d) ...., gracias, (e) .... acabo de comer.
Marcos: Anda, (f) ...., solo para probarla. Ya verás qué rica me sale.
Anabel: Bueno, la probaré, pero solo un poquito.

2 12 **Escucha las siguientes conversaciones y marca la opción correcta.**

	Diálogo 1	Diálogo 2	Diálogo 3	Diálogo 4
a. Conceder permiso.	☐	☐	☐	☐
b. Denegar permiso.	☐	☐	☐	☐
c. Aceptar una invitación.	☐	☐	☐	☐
d. Denegar una invitación.	☐	☐	☐	☐

3 **Habla con tu compañero/a siguiendo las instrucciones de los cuadros. Incluye expresiones de cortesía para iniciar y terminar la conversación de manera natural.**

Estudiante 1

Situación 1. Empiezas tú.
- Tienes que pedir permiso a tu compañero/a para hacer algo.

Situación 2. Empieza tu compañero/a.
- Tienes que aceptar o rechazar la invitación de tu compañero/a.

Estudiante 2

Situación 1. Empieza tu compañero/a.
- Tienes que conceder o denegar permiso según lo que te pida tu compañero/a.

Situación 2. Empiezas tú.
- Tienes que invitar a algo u ofrecer algo a tu compañero/a.

ASKING FOR AND GIVING INSTRUCTIONS

- Para **pedir** y **dar instrucciones**:
  - » ***¿Puedes / Podrías decirme cómo ir al centro?*** Can/Could you tell me how to get to downtown?
  - » ***Sí, mira, toma / ve...*** Yes, look, take/go . . .
  - » ***Perdone / Perdona,*** *¿para ir a la estación?* Excuse me, how do I go to the station?
  - » ***Sí, tome / toma*** *la primera a la derecha, siga / sigue todo derecho, después cruce / cruza la calle...* Yes, take the first right, keep going straight, then cross the street . . .
  - » ***Sí, tiene / tienes que*** *tomar / hacer / ir...* Yes, you have to take/do/go . . .
- Para **pedir** y **dar consejos**:
  - » *No me concentro cuando estudio,* ***¿qué puedo hacer?*** I can't concentrate when I study, what can I do?
  - » ***Tendrías que / Deberías*** *ir a la biblioteca.* You should go to the library.
  - » ***¿Por qué no vas*** *a la biblioteca?* Why don't you go to the library ?
  - » ***Ve*** *a la biblioteca.* Go to the library.
- Para **dar órdenes**:
  - » *Haz / Ve...* Do/Go . . .
  - » *Pedro, haz las tareas antes de ver la tele.* Pedro, do your homework before watching TV.

4 Lee la primera parte de cada conversación y relaciónala con la respuesta correspondiente.

Perdona, ¿podrías decirme cómo llegar al Palacio de los Deportes?

No sé si voy a aprobar el examen de Historia. Solo leí unas páginas del capítulo. ¿Qué puedo hacer?

Adriana, haz la tarea, deja de mandar textos y baja el volumen de la música.

a. ☐ Sí, claro. Sigue todo derecho y después toma la primera calle a la izquierda...
b. ☐ Que sí, mamá, ¡ya voy...!
c. ☐ ¿Y por qué no empiezas a estudiar ya? Lee una sección del capítulo cada día.

5 Indica las frases de la actividad 4 que reflejan las siguientes situaciones.

	1	2	3	a	b	c
a. Pedir y dar consejos.	☐	☐	☐	☐	☐	☐
b. Pedir instrucciones.	☐	☐	☐	☐	☐	☐
c. Dar instrucciones.	☐	☐	☐	☐	☐	☐
d. Dar y aceptar órdenes.	☐	☐	☐	☐	☐	☐

6 Elige una de estas situaciones y cuéntasela detalladamente a tu compañero/a. Más tarde, sigue sus instrucciones y hazle saber si sus consejos funcionaron.

a. Últimamente duermes poco, solo dos o tres horas. Pide consejo a tu compañero/a.
b. No sabes cómo mandar un mensaje de texto desde tu celular nuevo. Pregunta a tu compañero/a.
c. Necesitas ir a la oficina de tu escuela y no sabes dónde está. Tu compañero/a sí lo sabe.

EXTRA ONLINE PRACTICE

¡ACCIÓN! EL SEÑOR DON LIMPIO

ANTES DEL VIDEO

1 **¿Con qué frase te identificas más? Coméntalo con tu compañero/a.**

a. La casa refleja cómo somos y por eso siempre tiene que estar limpia y ordenada.
b. Solo limpio y ordeno mi casa cuando tengo visita.

2 **Elige una frase para describir cada una de las imágenes y anticipa el contenido del episodio. Basa tu respuesta en lo que crees que puede ocurrir. Usa tu imaginación.**

Imagen 1

a. El salón está muy desordenado, pero el resto de la casa está fenomenal.
b. El salón está como el resto de la casa; todo es un desastre.
c. El salón está muy limpio, solo hay que ordenar la mesa.

Imagen 2

a. Eli pide a Sebas ayuda para ordenar la casa.
b. Eli quiere ver el dormitorio de Sebas ordenado.
c. Eli comunica a Sebas que tiene tres invitados para cenar.

Imagen 3

a. A Sebas no le gusta la idea de tener invitados.
b. Sebas no quiere ayudar con las tareas de casa.
c. Sebas no quiere ordenar su habitación.

Imagen 4

a. Es Alba, una amiga universitaria de Eli.
b. Es Alba, una amiga de Felipe.
c. Es Alba, la hermana de un invitado a la cena.

Imagen 5

a. Sebas está feliz porque a Eli tampoco le apetece limpiar.
b. Sebas está feliz porque Eli le va a ayudar con la limpieza del salón.
c. Sebas está feliz porque Alba es una de las invitadas.

Imagen 6

a. Eli está enfadada porque Sebas no quiere ni ayudar en la casa ni ordenar el salón.
b. Eli está enfadada porque Sebas solo quiere limpiar ya que viene Alba a cenar.
c. Eli está enfadada porque Sebas, para impresionar a Alba, quiere organizar y limpiar toda la casa y a ella no le parece necesario.

DURANTE EL VIDEO

3 Mira el episodio completo y confirma tus hipótesis de la actividad anterior.

4 Vuelve a mirar el episodio y elige las frases que mejor se adaptan a cada una de las actitudes de los personajes. Después, para justificar tu respuesta, relaciona las frases con su explicación (a-f).

Eli

2c

Felipe

Sebas

1. No quiere dar mala impresión a una de las invitadas.
2. No quiere limpiar.
3. Quiere invitar a unos amigos a su casa.
4. Le sorprende ver a su amigo tan preocupado por la limpieza.
5. No puede hacer ese favor.
6. Pide ayuda y da órdenes a todos.

a. Porque son sus compañeros de la universidad.
b. Porque no tienen perro.
c. Porque cree que la casa está limpia.
d. Para tener la casa perfecta.
e. Porque normalmente es algo que no le importa nada.
f. Porque esa persona le gusta.

DESPUÉS DEL VIDEO

5 Identifica las tareas de la casa que no mencionan en el episodio. Vuelve a verlo si es necesario.

a. limpiar el polvo
b. poner la lavadora
c. planchar
d. poner la mesa
e. hacer la cama
f. barrer
g. tender la ropa
h. poner el lavaplatos
i. limpiar el suelo
j. hacer la comida
k. sacar la basura
l. limpiar las ventanas
m. cambiar las sábanas
n. pasar la aspiradora
ñ. fregar los platos

6 ¿Con qué personaje te identificas más? Coméntalo con tus compañeros/as. Explica por qué te identificas con él/ella.

MORE IN **ELEteca** | EXTRA ONLINE PRACTICE

1 13 **Escucha las conversaciones y ordena las imágenes.**

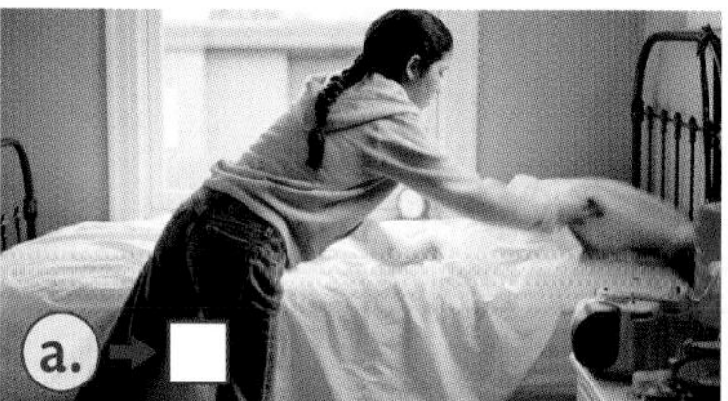

hacer / tender la cama

tender la ropa

hacer la comida

lavar los trastes / fregar los platos

tirar la basura

poner la mesa

poner la lavadora / el lavaplatos

planchar

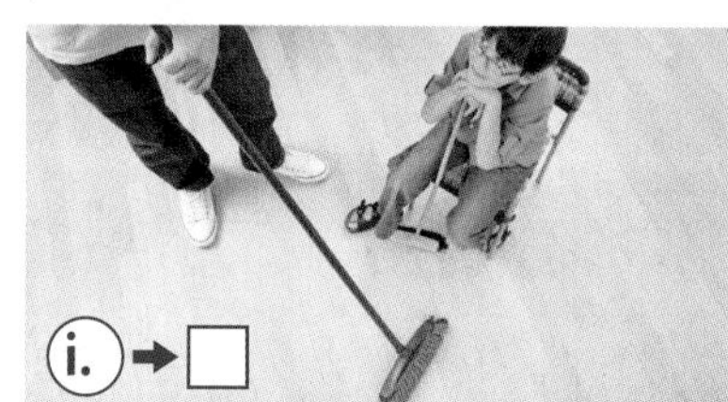

barrer

pasear al perro

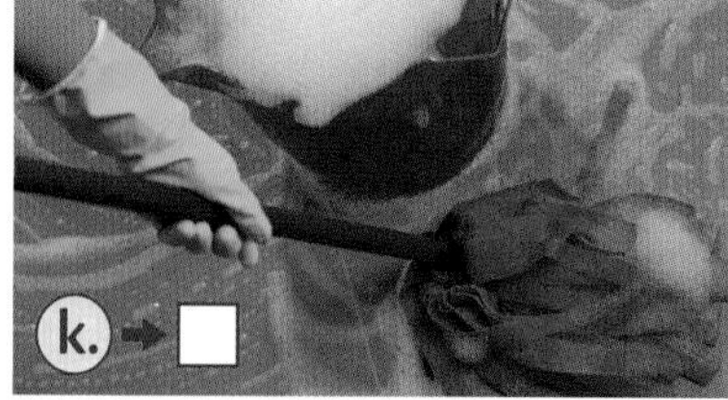

trapear el piso

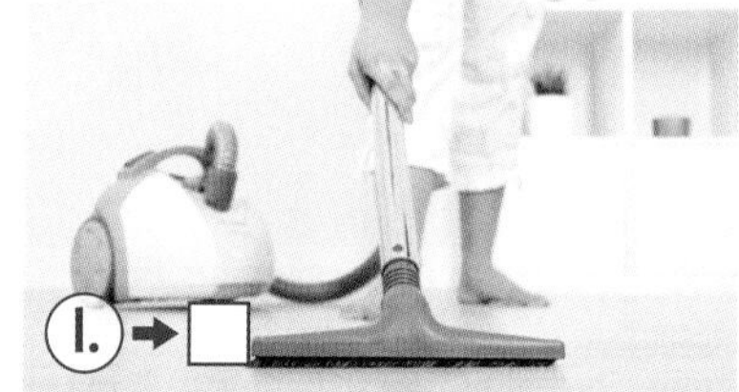

pasar la aspiradora

- In Mexico and Central America they use **lavar los trastes**: *Al entrar en la cocina, decidió **lavar los trastes** de la pila que estaban sucios de la noche anterior.*
- In Spain they say **lavar** or **fregar los platos**: *Ahora vas a **fregar los platos**, lavar la ropa y, luego, cocinar...*

2 **Completa las frases con los verbos del cuadro.**

trapear o tender o poner o limpiar o hacer o planchar o barrer o cambiar o pasar

a. Lo contrario de *quitar la mesa* es .... la mesa.
b. A veces cuando haces la cama también .... las sábanas *(bed sheets)*.
c. Si limpio el piso sin agua, lo ....; si lo limpio con agua y jabón, lo ....
d. Después de poner la lavadora, tengo que .... la ropa.
e. Lo hago con el polvo, los cristales y el baño y es lo contrario de *ensuciar*: ....
f. Antes de comer, ... la comida.
g. Antes de ponerte la ropa, la ....
h. Es más fácil .... la aspiradora que barrer.

3 **Tu familia tiene que hacer estas cosas en casa. ¿Quién debe hacerlas? Escribe la tarea que tiene que realizar cada uno. Sigue el ejemplo.**

a. 

David, pasa la aspiradora.

b. 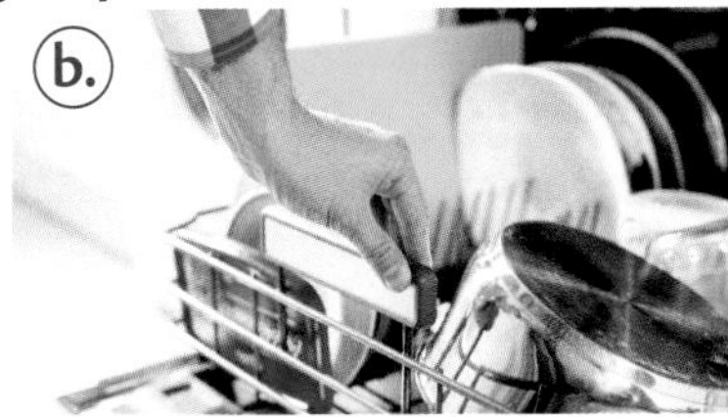

....

c. 

....

d.

....

e. 

....

f. 

....

4 **Lee este artículo, comenta con tus compañeros cada consejo y decide si estas frases son verdaderas (V) o falsas (F). ¿Crees que todas las familias se organizan así?**

Responsabilidades del hogar

Organizar un hogar y una familia no es fácil. Por eso, es importante organizarse para distribuir las tareas y conseguir la colaboración de todos.

Primero, haz un cuadro de tareas de tres columnas. En la primera, escribe todas las tareas del hogar. Pon, en primer lugar, las que se hacen todos los días, como pasear al perro por las mañanas, y luego las tareas semanales, como barrer, a continuación de las anteriores.

A continuación, piensa cuánto tiempo necesita cada tarea y escríbelo al lado, en la segunda columna.

Escribe en la tercera columna los nombres de las personas de la casa que crees que pueden hacer cada tarea. Asigna tareas de acuerdo con *(according to)* la edad, para que no sean demasiado difíciles para la persona que las realizará, o los horarios de cada uno.

Luego, asigna a cada persona una o dos tareas diarias y una o dos semanales.

Finalmente, planifica un horario rotativo y así nadie tendrá siempre los peores trabajos, como limpiar el baño o planchar.

Texto adaptado de: *http://www.ehowenespanol.com/distribuir-tareas-del-hogar-semana-como_206328/*

	V	F
a. La organización de las tareas en un hogar es una labor complicada.	☐	☐
b. Es necesario organizarse por horas.	☐	☐
c. Hay que separar las tareas diarias de las semanales.	☐	☐
d. La distribución de las tareas se hace en función del tiempo que duran *(it takes)*.	☐	☐
e. Cada tarea se asigna a cada miembro por sorteo *(randomly)*.	☐	☐
f. La organización de las tareas debe ser siempre la misma.	☐	☐

5 **Habla con tu compañero/a sobre las tareas domésticas. Hazle las preguntas necesarias para pedir aclaraciones y más información.**

¿Qué tareas domésticas haces en casa? ¿Cuál de ellas te gusta menos? ¿Por qué?

6 **Clasifica las siguientes palabras en la columna correspondiente. ¡Atención! Algunas palabras pueden estar en más de una columna. Si lo necesitas, usa el glosario.**

~~fútbol~~ o golpear o tenis o balón o waterpolo o pelota o falta o portería o pared o red o squash o pase o raqueta o portero o chutar o marcar un gol o set o lanzar o cancha o campo o flotar o botar o ventaja o balonmano o jugador o rebotar

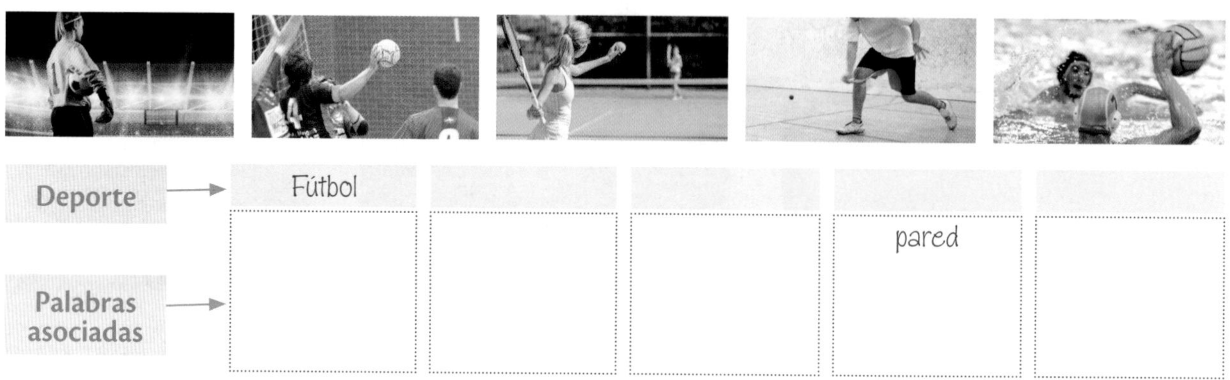

Deporte →	Fútbol				
Palabras asociadas →				pared	

7 **Juega con tu compañero/a. Tienen que adivinar a qué deporte se refiere cada texto. Gana quien necesite leer menos reglas para adivinarlo.**

A

- Consigue una raqueta y una pelota pequeña.
- Busca un adversario para jugar.
- Si el jugador contrario te ha lanzado la pelota, no debes permitir que esta bote dos veces o más en el suelo o él conseguirá el punto.
- Para ganar puntos, intenta que el adversario no pueda responder a tus golpes.
- Para poder jugar, encuentra un espacio cerrado rodeado de paredes.
- Golpea la pelota con la raqueta y haz que rebote *(bounce)* en la pared frontal de la cancha.

Deporte: ....

B

- Forma dos equipos. En cada uno tiene que haber un portero.
- Durante el partido intenta marcar el mayor número de goles al equipo contrario.
- Para marcar un gol, lanza la pelota hacia la portería contraria. Si la metes dentro, habrás marcado.
- Intenta robar el balón al jugador del equipo contrario, pero no lo agarres porque cometerás falta *(foul)*. No cometas faltas porque podrás ser expulsado.
- Para marcar un gol utiliza cualquier parte del cuerpo. Si usas la mano, esta tiene que estar abierta.
- No pises el suelo de la piscina, está prohibido. Tienes que mantenerte flotando durante todo el partido.

Deporte: ....

8 **Seguro que conoces bien otros deportes o juegos. Lee el cuadro de estrategias y juega con tus compañeros/as. ¿Qué compañero/a siguió mejor las instrucciones?**

Explain the rules of a game to your partners using the imperative. Listen carefully to the instructions you are given. This activity will serve as practice for giving and understanding complex instructions in a different language.

9 **Lee la siguiente entrevista a Vicky Alonso, una deportista española, y escribe las preguntas en su lugar correspondiente.**

Preguntas:

1. ¿En estos tiempos están todos los pabellones *(sports centers)* adaptados?
2. ¿Cómo es jugar en un equipo donde los compañeros son hombres?
3. ¿Cómo llegó al mundo del deporte?
4. ¿Qué es lo mejor que le ha dado el deporte?
5. ¿Practicar un deporte adaptado supone un gran trabajo?

Vicky Alonso (Vigo, 1982) es una de las figuras internacionales del deporte español. Lleva diez años en la élite del baloncesto en silla de ruedas, jugando en el Amfiv, un equipo con hombres, y está a punto de *(about to)* iniciar su quinto campeonato de Europa con la selección femenina. Dice que el deporte le ha hecho más fácil su minusvalía *(disability)*.

» (a) ....

» Llegué por casualidad. Cuando comencé a tomar lecciones para sacar el carné de conducir. Mi profesor de la autoescuela, que era entrenador *(coach)*, me lo propuso; fui a probar y me gustó.

» (b) ....

» Yo creo que todo lo contrario; creo que el hecho de hacer deporte te ayuda muchísimo a superar la minusvalía, es todo lo contrario que en la vida cotidiana *(everyday)*.

» (c) ....

» En Vigo nunca hemos tenido dificultades, pero sí en alguna otra ciudad donde los pabellones no eran del todo accesibles.

» (d) ....

» Siempre he jugado sola entre hombres, pero la verdad es que es estupendo. Yo comencé a entrenar *(train)* con ellos y nunca he tenido ningún problema.

» (e) ....

» Lo mejor ha sido conocer a otras personas que están en la misma situación y que se han encontrado con las mismas dificultades que tú, gente que te hace pensar que no es tan trágico estar así y que tampoco es tan difícil salir adelante *(get ahead)*.

Adaptado de Castro Vigo: *http://www.lavozdegalicia.es/coruna/2011/08/23/0003_201108H23P52991.htm*

10 **Haz una presentación breve sobre Vicky Alonso ante tus compañeros/as. Describe qué ha conseguido y qué representa esta figura para ti.**

11 **Busca en Internet información sobre deportistas famosos con discapacidades y preséntasela a tus compañeros/as mostrando imágenes o noticias de Internet relacionadas con el tema.**

1. AFFIRMATIVE COMMANDS

- Affirmative commands are used to give an order, to invite, give advice, make recommendations, or give permission to someone:
*Marcos, **limpia** tu habitación y después **haz** la tarea.*

- For **tú** or informal commands, drop the **–s** from the present tense form of the verb. There are some irregular verbs for the **tú** form (**decir**, **hacer**, **poner**, **tener**...):

	REGULAR VERBS			IRREGULAR VERBS			
	COMPRAR	COMER	SUBIR	DECIR	HACER	PONER	TENER
tú	compra	come	sube	**di**	**haz**	**pon**	**ten**

- For **usted** or formal commands and **ustedes** or plural commands, start with the **yo** form of the present tense, drop the **–o** and switch to the opposite **–ar** or **–er**/**–ir** endings of the verb. For example, verbs ending in **–ar** will use the **–e**/**–en** endings in **usted** and **ustedes** commands. Verbs ending in **–er**/**–ir** will use the **–a**/**–an** endings in **usted** and **ustedes** commands.

> **!**
> - The informal affirmative command for **vosotros/as** has a different ending formed by substituting the **–r** in the infinitive with a **–d**:
>
> Compra**d** / come**d** / subi**d** / deci**d** / hace**d** / pone**d** / tene**d**...
>
> - This form is used in Spain to tell a group of people you normally address as individually **tú** to do something:
> *Niños, **tened** cuidado al cruzar la calle.* Children, be careful when crossing the street.

REGULAR VERBS			
INFINITIVE	yo FORM	usted	ustedes
compr**ar**	compr**o**	compr**e**	compr**en**
com**er**	com**o**	com**a**	com**an**
sub**ir**	sub**o**	sub**a**	sub**an**

***Compren** fruta fresca y **coman** una al día.*

IRREGULAR VERBS			
INFINITIVE	yo FORM	usted	ustedes
decir	dig**o**	dig**a**	dig**an**
hacer	hag**o**	hag**a**	hag**an**
poner	pong**o**	pong**a**	pong**an**
tener	teng**o**	teng**a**	teng**an**

***Ponga** la lavadora y **haga** la cena.*

- With all affirmative commands, object pronouns are attached to the end of the verb:

Pon la mayonesa y la mostaza en el refrigerador.
***Ponlas** allí.*
Put the mayonnaise and the mustard in the refrigerator.
Put them there.

*Compra el pan. **Cómpralo**.*
Buy the bread. Buy it.

1 Completa las frases conjugando en imperativo afirmativo los verbos entre paréntesis.

a. Por favor, (entrar, usted) ....
b. Muchachos, (guardar, ustedes) .... los libros.
c. (Mirar, ustedes) .... por la ventana.
d. (Escribir, ustedes) .... en el cuaderno.
e. Pedro, (leer, tú) .... este libro de poesía.
f. (Escuchar, usted) .... atentamente.
g. Por favor, (poner, tú) .... la mesa.
h. (Hacer, ustedes) .... las tareas para mañana.
i. (Decir, usted) .... lo que piensa.
j. (Tener, tú) .... cuidado al cruzar la calle.
k. (Hablar, tú) .... más alto, por favor, no te oigo bien.
l. (Estudiar, ustedes) .... mucho, mañana tienen un examen muy importante.
m. (Cerrar, usted) .... la ventana, por favor, hace mucho frío.
n. (Poner, ustedes) .... sus abrigos encima de la cama.

2 Los padres de Daría se van de viaje. Lee la nota que dejó la madre al abuelo y a los hijos y escribe en imperativo afirmativo los verbos entre paréntesis.

Fernando, (a) .... (poner) el despertador para no quedarte dormido por la mañana y (b) .... (tener) cuidado de no dejarte el fuego de la estufa encendido. Marcos, puedes jugar un poco a los videojuegos si quieres, pero antes (c) .... (hacer) la tarea. Y Daría, tú (d) .... (sacar) al perro a pasear después de la escuela.
Papá, (e) .... (tener) cuidado si sales a la calle y (f) .... (agarrar) las llaves, que siempre te las olvidas. Y, por favor, (g) .... (dejar, todos) la casa ordenada.

3 **Transforma las siguientes frases en órdenes y sustituye las palabras por pronombres cuando sea posible.**

a. Poner la película en la estantería. (ustedes) Pónganla en la estantería.
b. Comprar la comida al perro. (tú) ...
c. Dejar las cosas en su sitio. (ustedes) ...
d. Meter los tamales en el refrigerador. (usted) ...
e. Poner el despertador a tu hermano. (tú) ...
f. Estudiar la lección para mañana. (ustedes) ...
g. Decir los verbos en imperativo. (tú) ...

2. NEGATIVE COMMANDS

- Negative commands are used to tell someone what not to do.
- To form the negative commands:
  - For **usted/ustedes**, use the same form as the affirmative command:

    (usted) compre → ***no compre***

    (ustedes) compren → ***no compren***
  - For **tú**, add **–s** to the negative command of **usted**:

    (usted) no compre → *(tú)* ***no compres***

REGULAR VERBS			
	COMPRAR	COMER	SUBIR
tú	no compr**es**	no com**as**	no sub**as**
usted	no compr**e**	no com**a**	no sub**a**
ustedes	no compr**en**	no com**an**	no sub**an**

IRREGULAR VERBS				
	DECIR	HACER	PONER	TENER
tú	no **digas**	no **hagas**	no **pongas**	no **tengas**
usted	no **diga**	no **haga**	no **ponga**	no **tenga**
ustedes	no **digan**	no **hagan**	no **pongan**	no **tengan**

! For **vosotros/as** (Spain) drop the **–ar**, **–er**, **–ir** ending of the infinitive and switch to **–éis** (for **–ar** verbs) or **–áis** (for **–er**/**–ir** verbs):

no **compréis** / no **comáis** / no **subáis** / no **digáis** / no **hagáis**...

- With negative commands, pronouns always go before the conjugated verb:
  *No **lo** bebas / no **me lo** digas / no **las** comas / no **lo** pienses / no **te** olvides...*
  Don't drink it / don't tell it to me / don't eat them / don't think about it / don't forget . . .

4 Completa las frases conjugando en imperativo negativo los verbos entre paréntesis.

a. Necesito silencio para estudiar. (Poner, tú) .... música.
b. No nos gustan los productos de ese supermercado. (Comprar, ustedes) .... aquí.
c. En la planta de arriba hace mucho calor. (Subir, ustedes) ....
d. Es un secreto. No (decir, usted) .... a nadie.
e. El pastel está malo. (Probarlo, tú) ....

5 El padre de Daría también escribió una nota. Completa los espacios con los verbos del cuadro usando el imperativo negativo.

pelearse ○ comer ○ ensuciar ○ poner ○ olvidarse ○ quedarse ○ llegar

Marcos, no (a) .... solo pizzas, tienes que comer lo que cocine tu hermana.
Daría, tú eres la encargada de Hueso. No (b) .... de ponerle la comida y el agua todos los días y ¡no (c) .... la cocina!
Fernando, no (d) .... tarde ni (e) .... dormido viendo la tele en el sofá.
Abuelo, no (f) .... la radio muy alta, que después se quejan los vecinos.
Y a todos, por favor, no (g) ....

6 Transforma en imperativo negativo estas frases usando los pronombres cuando sea posible.

a. Poner la película en la estantería. (ustedes) No la pongan en la estantería.
b. Comprar la comida al perro. (tú) ....
c. Dejar las cosas en su sitio. (ustedes) ....
d. Meter los tamales en la nevera. (usted) ....
e. Poner el despertador a tu padre. (tú) ....
f. Hacer la tarea a tu hermano. (tú) ....

7 Ordena las palabras para formar frases en imperativo negativo.

a. le / nada / mi / hermano. / a / No / digas ....
b. Dale / perro. / comida / la / al ....
c. pongas / te / No / ese / jersey. ....
d. Ponte / gafas / las / sol. / de ....
e. se / No / peleen / primos. / sus / con ....
f. compres. / lo / No / me ....

MORE IN **ELEteca** | EXTRA ONLINE PRACTICE

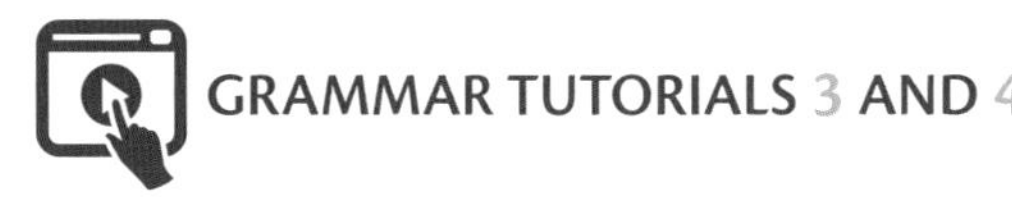
GRAMMAR TUTORIALS 3 AND 4

1 **¿Conoces a Federico García Lorca? ¿Qué sabes de él? En esta breve biografía hay un dato falso. Localízalo. Luego, compara con tu compañero/a. ¿Coinciden?**

BLOG: Federico García Lorca

- Federico García Lorca, famoso escritor colombiano, nació en 1898.
- Estudió en la Universidad de Granada y luego se trasladó a Madrid. Allí conoció a la Generación del 27, un grupo de poetas que escribía sobre el amor, la muerte, las injusticias sociales y las guerras.
- Escribió principalmente libros de poemas y obras teatrales dramáticas.
- El lenguaje de Lorca en sus obras es de una gran belleza y sensibilidad.
- La poesía de Lorca está llena de símbolos. Por ejemplo, la hierba es un símbolo de la muerte, mientras que la luna (que es uno de los símbolos que más usa) significa "belleza" y "deseo".
- Federico García Lorca fue víctima de la guerra. Murió asesinado en Granada el 18 de agosto de 1936, al comienzo de la guerra civil española.

2 14 **La palabra *viuda* es esencial en este fragmento de *La casa de Bernarda Alba*. Lee el texto y trata de averiguar por el contexto su significado.**

Bernarda: Niña, dame un abanico *(fan)*.

Amelia: Tome usted. *(Le da un abanico redondo con flores rojas y verdes).*

Bernarda: *(Tirando el abanico al suelo).* ¿Es este el abanico que se da a una **viuda**? Dame uno negro y aprende a respetar el luto *(mourning)* de tu padre.

Martirio: Tome usted el mío.

Bernarda: ¿Y tú?

Martirio: Yo no tengo calor.

Bernarda: Pues busca otro, que te hará falta. En ocho años que dure el luto no ha de entrar en esta casa el viento de la calle. Haceros cuenta *(imagine)* que hemos tapiado con ladrillos *(walled in with bricks)* puertas y ventanas. Así pasó en casa de mi padre y en casa de mi abuelo. Mientras, podéis empezar a bordaros el ajuar *(embroidery)*.

3 **¿Averiguaste el significado por el contexto? ¿Qué imagen representa mejor la palabra?**

4 **¿Cuál es la idea principal de este fragmento? ¿Qué otras ideas relacionadas crees que hay en el texto?**

....

....

....

5 **Responde a las siguientes preguntas sobre el texto.**

Representación de La casa de Bernarda Alba
(Foto: Criben)

a. ¿Qué relación crees que hay entre Bernarda y los otros dos personajes?
b. ¿Por qué Bernarda tira al suelo el abanico que le da Amelia?
c. ¿Qué quiere decir Bernarda con esta frase?
En ocho años que dure el luto no ha de entrar en esta casa el viento de la calle.
d. Busca en el texto la frase que justifica que el luto es una costumbre.
e. ¿Qué piensa Bernarda que pueden hacer los otros personajes durante esos ocho años?

6 **Lee las definiciones y discute con tu compañero/a si el fragmento que leíste es parte de un poema, una obra de teatro o una novela. Justifica tu respuesta.**

a. Un poema es una obra escrita en verso, que expresa las emociones del autor. Generalmente se usa la rima.
b. Una obra de teatro es una obra que se escribe para ser representada por actores.
c. Una novela es una obra de ficción escrita en prosa *(prose)*.

7 **¿Conoces alguna costumbre de tu país o de otros lugares del mundo relacionada con el dolor por la muerte de alguien? ¿Crees que en España sigue siendo igual que en la época de Lorca?**

8 **¿Has ido alguna vez al teatro? ¿Qué te pareció? ¿Es el teatro tu género literario favorito o prefieres otro? Cuéntaselo a tus compañeros/as.**

9 **La literatura de Lorca nos presenta muchas costumbres y aspectos culturales de la España del pasado, pero su lenguaje es complejo. ¿Crees que se puede conocer la literatura y la cultura de un país hispano sin aprender su lengua? ¿Por qué?**

1 Con tu compañero/a, mira las imágenes y responde a estas preguntas.

a. ¿Qué diferencias ves entre las dos imágenes? ¿Te parece justo?

b. ¿Quién pasa más tiempo haciendo tareas del hogar en tu casa?

2 **Según el informe *Estudio de la Paternidad: América Latina y el Caribe* presentado por la Fundación Mexicana para la Planeación Familiar, en México las mujeres emplean 35 horas a la semana haciendo tareas del hogar y los hombres menos de 10. ¿Qué opinas? ¿Por qué crees que pasa? ¿Cómo es el reparto de las tareas en tu país?**

3 **Lee el cuadro de estrategias, completa el esquema y escribe el borrador de un texto comparativo sobre el reparto de las tareas del hogar en dos países de habla hispana.**

Follow these steps to write a **comparative essay**:

1. **Look for information** on the Internet about the sharing of household chores in two Spanish-speaking countries.
2. **Make a general introduction** to the theme of sharing household chores in the first paragraph. Indicate its influence on society.
3. **Compare the facts** in the second and third paragraphs. State the most important differences.
4. To indicate what is different from one country to another, or between men and women, introduce the different facts with expressions like *aunque; sin embargo; por una parte, aunque por otra parte...*
5. **Write a concluding paragraph** that reflects on the reasons for the differences and what should be done to change the situation. You can use expressions like *en conclusión, por todo lo expuesto, por tanto, para terminar...* Use the pronoun *nosotros* if you want to be more formal: *Pensamos que esta situación solo cambiará cuando...*

Párrafo introductorio:	
Reparto de las tareas en el país 1:	
Reparto de las tareas en el país 2:	
Conclusión:	

4 PEER REVIEW **Intercambia con tu compañero/a el borrador del texto comparativo que escribiste, responde a estas preguntas y reflexionen juntos.**

a. Busca los países y subráyalos. ¿Qué países eligió?
b. Subraya la introducción. ¿Presenta el tema de manera general?
c. Cuenta las diferencias entre los dos países y subraya las expresiones utilizadas para marcar las diferencias. ¿Usaron las mismas?
d. ¿Hay algún dato que te llama la atención? ¿Por qué?
e. ¿Estás de acuerdo con la conclusión del texto? ¿Se parece a la tuya?
f. ¿Usó la primera persona del singular o del plural? ¿Y tú?

5 **Ahora escribe la versión definitiva del texto y entrégasela a tu profesor/a.**

ORTOGRAFÍA Y PRONUNCIACIÓN

■ Intonation refers to the pitch or the rising and falling of one's voice. Intonation is important because it can change the meaning of a sentence. In Spanish, statements end in a falling pitch.

- **Entonación enunciativa.** *Estudio español. Está duchándose.*
- **Entonación exclamativa.** *¡Qué interesante! ¡Ya he terminado!*
- **Entonación interrogativa.** Abierta: *¿Dónde vives?*
  Cerrada: *¿Tienes un diccionario?*
- **Entonación suspendida.** *Pues si no lo sabe él… ¡Es tan lindo…!*

1 15 **Escucha los ejemplos y repite.**

2 16 **Escucha la entonación y elige la frase que oyes en cada caso.**

a.	b.	c.	d.
☐ Ya vino.	☐ No lo quiere.	☐ Habla español.	☐ Es que no puede.
☐ ¡Ya vino!	☐ ¡No lo quiere!	☐ ¡Habla español!	☐ ¡Es que no puede!
☐ ¿Ya vino?	☐ ¿No lo quiere?	☐ ¿Habla español?	☐ ¿Es que no puede?
☐ Ya vino…	☐ No lo quiere…	☐ Habla español…	☐ Es que no puede…

3 17 **Escucha la conversación y pon los signos que faltan según la entonación que oyes.**

» Cuándo vendrá Marcos
» Supongo que el domingo
» Pues si viene el domingo
» Acaso te viene mal
» Cómo dices eso
» Quieres hablar claro
» Déjame que te explique
» Pues habla ya

¿Hablas muy alto por teléfono?

BUENOS Y MALOS MODALES

Antes de leer

¿Qué son los buenos modales*, según tú?

¿Crees que la gente de tu país suele tener buenos modales?

¿Es importante ser educado? ¿Por qué?

18 **Hablar alto, tocarse la nariz, empezar a comer antes que otros, llegar tarde... Mucha gente piensa que estos son malos modales, pero ¿son típicos de una persona maleducada o de una cultura?**

"Cuando me mudé a España me invitaron a una fiesta. La fiesta era a las ocho de la tarde. En Alemania la puntualidad es importante, así que llegué a las ocho en punto. Pero mis amigos españoles no llegaron hasta las ocho y media… ¡Qué vergüenza!", dice Sebastian Rohde, un muchacho de veintiún años de Berlín.

La experiencia de Sebastian no es única. En España no se considera de mala educación llegar tarde a una fiesta. "Si quedo con amigos a una hora determinada, se sobreentiende* que llegar algo más tarde es lo normal", dice Marisa López, una muchacha de Valencia.

"Pero en el ambiente laboral la actitud es muy distinta: con cosas relacionadas con el trabajo, la gente es muy profesional", dice Marisa.

"La primera vez que visité el Reino Unido, me chocó* mucho que la gente empezara* a cenar antes que el resto de comensales*. En España eso se considera de mala educación", dice Samantha Borrás, una estudiante de Madrid que vive en el Reino Unido. "Preferimos empezar a comer cuando la comida está caliente", dice su novio inglés.

"¿Los españoles son maleducados? A veces sí lo parecen", dice Soroya Conti, una muchacha argentina que vive en España: "En mi país la gente que trabaja de cara al público utiliza muchas palabras de cortesía. En España se habla de forma más directa. Por eso, a algunos extranjeros les puede parecer que los españoles son maleducados".

"Creo que los españoles hablan muy alto. En Finlandia hablamos mucho más bajo. Allí se considera de mala educación hablar alto. Por eso algunas personas pueden pensar que los españoles son groseros*", dice Karen Laatvala, una estudiante finlandesa que vive en Salamanca.

Una muchacha llega tarde a una cita.

¿Qué suelen pensar los extranjeros del comportamiento social de los españoles?

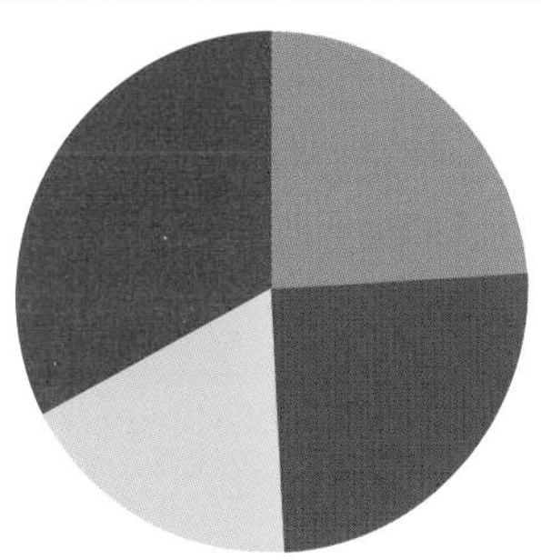

- Que no son puntuales.
- Que hablan alto.
- Que no tienen muy buena atención al cliente.
- Que interrumpen mucho.

5 comportamientos de buena educación en España

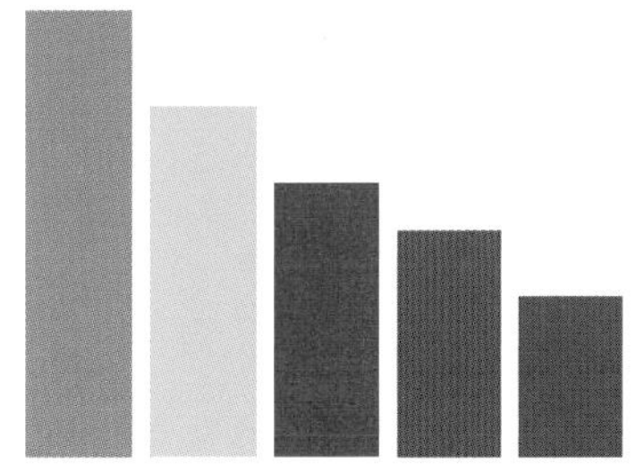

- Utilizar expresiones de cortesía.
- No comer si todos los comensales no tienen su comida servida en la mesa.
- Taparse la boca al toser* o estornudar*.
- No abrir la boca al comer.
- Comer con cubiertos*.

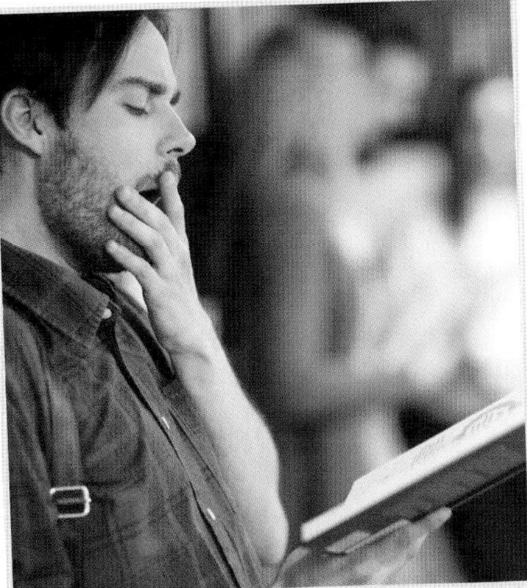

Un muchacho bosteza en público.

¿COMPRENDISTE?

Decide si las siguientes frases son verdaderas (V) o falsas (F).

1. Sebastian y Karen hablan de los modales de los españoles. V ☐ F ☐
2. Soroya piensa que los españoles siempre hablan de forma cortés. V ☐ F ☐
3. Sebastian llegó tarde a la fiesta. V ☐ F ☐
4. Samantha prefiere esperar al resto de comensales. V ☐ F ☐
5. Comer con las manos es señal de buena educación en España. V ☐ F ☐

AHORA TÚ

¿Qué opinas? Contesta a las siguientes preguntas y comenta tus ideas con tus compañeros/as.

1. ¿Qué comportamientos se consideran correctos en tu país?
   ____
2. ¿Qué expresiones corteses usarías en español para pedir información?
   ____
3. ¿Has tenido alguna experiencia con otras culturas en las que has observado alguna señal de mala educación?
   ____
4. ¿Qué comportamientos son de mala educación en tu opinión?
   ____
5. ¿Te has comportado de forma grosera alguna vez? ¿Cuándo?
   ____

Un muchacho come sin cubiertos.

Glosario

chocar – to be in shock
el comensal – dinner guest
el cubierto – cutlery
empezara – imperfect subjunctive of the verb *empezar*
estornudar – to sneeze
grosero/a – rude
modales – manners
sobreentender – understand perfectly
toser – to cough

Fuentes: Entrevistas personales a estudiantes de Erasmus; www.protocolo.org

ASKING, GIVING AND DENYING PERMISSION. EXTENDING OR OFFERING INVITATIONS

1 **Relaciona.**

1. ¿Le importa si abro la ventana? Hace mucho calor.
2. ¿Te importa si uso tu celular?
3. ¿Puedo pasar?
4. ¿Quieres un poco más de sopa?
5. Tome, siéntese aquí.
6. Mamá, si hago toda mi tarea y limpio mi habitación, ¿podría ir esta noche al cine?

a. Gracias, joven.
b. ¡Claro! Pasa, pasa.
c. Llama, llama.
d. No, gracias, ya estoy lleno.
e. No, por favor, ábrala.
f. ¡Ni hablar!

GIVING ADVICE, ORDERS AND INSTRUCTIONS

2 **Relaciona cada frase con la persona que la dice.**

a. Pues llámala.
b. Vale, pero si me voy es para siempre, así que no me llames más.
c. Perdone, ¿para ir al museo Picasso?
d. No llegues tarde, que van a venir tus abuelos a cenar.
e. Ayer me lo pasé genial con Aurora, ¿qué puedo hacer?
f. ¡Que sííííí...! ¡Ya me lo has dicho un montón de veces!
g. Agarra tus cosas y vete. No quiero verte más.
h. Sigue todo derecho y al final de la calle gira a la izquierda.

COMMANDS AND PRONOUNS

3 **Completa los espacios con los verbos entre paréntesis en imperativo.**

Si van a compartir su apartamento con alguien, (a) .... (poner, ustedes) unas normas para las tareas. (b) .... (Repartir, ustedes, las tareas) de forma justa y equitativa. (c) .... (Tener, ustedes) en cuenta los gustos y preferencias de la otra persona. No (d) .... (hacer, ustedes) solo las tareas que más les gustan a ustedes. (e) .... (Ser, ustedes) comprensivos el uno con el otro. Si quieren una casa limpia y ordenada, (f) .... (pasar, ustedes) la aspiradora y (g) .... (limpiar, ustedes) el baño, como mínimo, una vez en semana. (h) .... (Lavar, ustedes) los trastes cada día y (i) .... (lavar, ustedes, los trastes) bien, también por debajo. (j) .... (Sacar, ustedes) la basura todos los días. (k) .... (Sacar, ustedes, la basura), si no, la casa olerá fatal. No (l) .... (obsesionarse, ustedes) con la limpieza. Si un día no hacen la cama, no pasa nada.

LAS TAREAS DOMÉSTICAS Y LOS DEPORTES

4 **Completa las frases con las palabras que has aprendido en esta unidad.**

a. No tengo ropa limpia, hay que ....
b. Mi madre es alérgica al polvo, así que tenemos que .... y pasar .... todos los días.
c. En mi casa se cambian las .... los domingos.
d. Bernardo es muy malo jugando al fútbol. El otro día .... el balón y metió gol en su propia ....
e. Me han regalado una .... para jugar al tenis igual que la que usa Rafa Nadal.

INTONATION

5 19 **Escucha la conversación y elige la respuesta de Paco.**

Antonio: ¡Qué temprano vienes!
Paco: a. ☐ ¡Tú sí que viniste temprano!
b. ☐ ¿Tú sí que viniste temprano?
A.: Es que hoy no perdí el bus. Por cierto, ¿qué hora es?
P.: a. ☐ ¿Es que no tienes reloj?
b. ☐ Es que no tienes reloj…
A.: Lo olvidé en casa. ¿A qué hora viene el jefe?
P.: a. ☐ No lo sé.
b. ☐ ¡No lo sé!
A.: ¿Y si vamos a tomar un café?
P.: a. ☐ ¡Otro café!
b. ☐ ¿Otro café?
A.: Es que no desayuné.
P.: a. ☐ Bueno, ¿te acompaño?
b. ☐ Bueno, te acompaño.

CULTURA

6 **Contesta a las siguientes preguntas con lo que has aprendido en *Buenos y Malos Modales*.**

a. Si llegas tarde a una fiesta, ¿es de mala educación en España? ¿Y en tu país o región?
b. Si estás en España, ¿puedes empezar a cenar si no están todos los comensales? ¿Y en tu país o región?
c. Cuando un español habla en voz alta, ¿está enfadado? ¿Y en tu país o región?
d. ¿Qué hay que hacer en España si toses o estornudas? ¿Y en tu país o región?
e. En España, ¿se puede interrumpir a una persona que está hablando? ¿Y en tu país o región?

AL FINAL DE LA UNIDAD PUEDO...

	☆	☆☆	☆☆☆
a. I can ask, give and refuse permission.	☐	☐	☐
b. I can give advice, orders and instructions using affirmative and negative commands and pronouns.	☐	☐	☐
c. I can extend invitations.	☐	☐	☐
c. I can talk about housework and sports.	☐	☐	☐
d. I can read and understand a selection from *La casa de Bernarda Alba*, Federico García Lorca.	☐	☐	☐
e. I can write a comparative essay.	☐	☐	☐

MORE IN **ELEteca** | EXTRA ONLINE PRACTICE

Verbos

aceptar *to accept*
agradecer *to thank*
botar *to throw away, to bounce*
chutar *to kick*

conceder *to grant*
dar permiso *to give permission*
denegar (e > ie) *to refuse*
flotar *to float*
golpear *to hit*
lanzar *to throw*
limpiar *to clean*

marcar un gol *to score*
pasear *to walk*
quejarse *to complain*

rebotar *to bounce*
rechazar *to reject*
robar el balón *to steal the ball*

Los deportes

el balón *ball*
el campo *field*
la cancha *court*
la falta *fault*
el pase *pass*
la portería *goal*
el portero *goal keeper*
la raqueta *racket*
la red *net*

Las tareas del hogar

la aspiradora *vacuum cleaner*
barrer *to sweep*
la basura *trash*
hacer / tender la cama *to make the bed*
hacer la comida *to cook lunch*

lavar los trastes / fregar (e > ie) los platos *to wash the dishes*
pasar la aspiradora *to vacuum*
pasear al perro *to take the dog out for a walk*
planchar *to iron*
el polvo *dust*
poner la lavadora *to do the laundry*
poner la mesa *to set the table*
las sábanas *bed sheets*

tender la ropa (e > i) *to hang out clothes to dry*
tirar la basura *to throw out the trash*
trapear el piso *to mop the floor*

Organización del hogar

asignar tareas *to assign tasks*
distribuir las tareas *to distribute the tasks*
hacer un cuadro de tareas *to make a chore chart*
horario rotativo *rotating schedule*
organizarse por horas *to organize/plan one's time (hour by hour)*
planificar un horario *to schedule*
responsabilidades del hogar *household responsibilities*
las tareas diarias / semanales *daily/weekly tasks*

Pedir permiso, concederlo y denegarlo

¡De ninguna manera! *No way!*
¡Ni hablar! *Don't even mention it!*
No, (lo siento) es que... *No, (I'm sorry)*
¿Puedo / Podría...? *Can/Could I . . . ?*
¿Quieres...? *Do you want . . . ?*
¿Te / Le importa si...? *Do you mind if . . .*

Pedir y dar instrucciones, órdenes y consejos

Perdone / Perdona, ¿para...? *Excuse me, how do I . . . ?*
¿Por qué no...? *Why don't you . . . ?*
¿Puedes / Podrías decirme cómo...? *Can/Could you tell me how . . . ?*
Sí, mira, toma / ve... *Yes, look, take/go . . .*
Tendrías que / Deberías... *You should . . .*

Otras palabras útiles

apúntate *sign up*
decepcionado/a *disappointed*
equitativo/a *equitable, fair*
fatal *awful*
la obra de teatro *play (theater)*

EN RESUMEN: GRAMÁTICA

AFFIRMATIVE COMMANDS

(See page 72)

- Affirmative commands are used to give an order, to invite, give advice, make recommendations, or give permission to someone.
- Verbs ending in **–ar** will use the **–e**/**–en** endings in **usted** and **ustedes** commands. Verbs ending in **–er**/**–ir** will use the **–a**/**–an** endings in **usted** and **ustedes** commands.
- With all affirmative commands, the object pronouns are attached to the end of the verb:

REGULAR VERBS			
	COMPRAR	COMER	SUBIR
tú	compr**a**	com**e**	sub**e**
usted	compr**e**	com**a**	sub**a**
ustedes	compr**en**	com**an**	sub**an**

IRREGULAR VERBS				
	DECIR	HACER	PONER	TENER
tú	**di**	**haz**	**pon**	**ten**
usted	**diga**	**haga**	**ponga**	**tenga**
ustedes	**digan**	**hagan**	**pongan**	**tengan**

NEGATIVE COMMANDS

(See page 74)

- Negative commands are used to tell someone what not to do.
- To form the negative commands:
  - For **usted**/**ustedes**, use the same form as the affirmative command:
    (usted) compre ➜ ***no compre***
    (ustedes) compren ➜ ***no compren***
  - For **tú**, add **–s** to the negative command of **usted**:
    (usted) no compre ➜ *(tú)* ***no compres***
- With negative commands, pronouns always go right before the conjugated verb:

REGULAR VERBS			
	COMPRAR	COMER	SUBIR
tú	no compr**es**	no com**as**	no sub**as**
usted	no compr**e**	no com**a**	no sub**a**
ustedes	no compr**en**	no com**an**	no sub**an**

IRREGULAR VERBS				
	DECIR	HACER	PONER	TENER
tú	no **digas**	no **hagas**	no **pongas**	no **tengas**
usted	no **diga**	no **haga**	no **ponga**	no **tenga**
ustedes	no **digan**	no **hagan**	no **pongan**	no **tengan**

1 **Leo, un estudiante americano, participa en un intercambio internacional. Va a pasar unos meses en Madrid en la casa de Andrés. Lee la carta que Andrés le escribió a Leo dándole algunos consejos para convivir con su familia y escribe los verbos entre paréntesis en futuro.**

¡Hola, Leo! Hoy recibí tu carta y la verdad es que me alegra mucho saber que finalmente (a) .... (venir, tú) a Madrid en agosto. En esas fechas (b) .... (hacer) mucho calor, pero no te preocupes porque entre semana (c) .... (poder, tú) estar todo el día en la piscina de mi casa. No es muy grande pero (d) .... (pasártelo, tú) muy bien. Los fines de semana mi familia y tú seguramente (e) .... (ir) a la sierra a casa de mi tía. Allí ya (f) .... (ver, tú) cómo no (g) .... (pasar, tú) tanto calor; incluso por la noche probablemente (h) .... (necesitar, tú) ponerte una chaqueta. Mi hermana seguro que (i) .... (querer) hacer alguna excursión y si van a La Pedriza, (j) .... (bañarse, ustedes) en el río. Yo creo que (k) .... (llevarse, tú) muy bien con mi hermana porque, aunque es un poco pesada, la verdad es que es muy divertida. Mi padre es muy hablador, así que te (l) .... (contar) muchas historias de cuando él era joven. Mi madre también habla mucho y, además, te (m) .... (preguntar) mil veces si quieres algo más de comer y le (n) .... (dar) igual si quieres más o no, porque ella siempre te (ñ) .... (poner) más.

2 20 **Escucha las diferentes conversaciones entre los miembros de la familia de Andrés y di qué función tienen.**

	Pedir permiso	Conceder permiso	Denegar o rechazar permiso	Dar órdenes	Dar consejos	Dar instrucciones	Invitar u ofrecer
a.	☐	☐	☐	☐	☐	☐	☐
b.	☐	☐	☐	☐	☐	☐	☐
c.	☐	☐	☐	☐	☐	☐	☐
d.	☐	☐	☐	☐	☐	☐	☐
e.	☐	☐	☐	☐	☐	☐	☐
f.	☐	☐	☐	☐	☐	☐	☐
g.	☐	☐	☐	☐	☐	☐	☐
h.	☐	☐	☐	☐	☐	☐	☐

3 21 **Escucha estas palabras relacionadas con las tareas que hay que hacer en casa de Andrés y clasifícalas en la columna correspondiente.**

HACER	PONER	LIMPIAR	LAVAR	RECOGER

4 **Andrés no tuvo tiempo de ordenar su habitación. Como no está en casa, le escribe un correo a Leo para que ordene la habitación antes de que la vean sus padres. Completa las órdenes con imperativo y con los pronombres necesarios.**

Asunto: Ordenar la habitación

Para: leo@yamail.es

Leo, ¡ayúdame! ¡Con las prisas no me dio tiempo de ordenar la habitación! Esto es lo que hay que hacer:

a. Me dejé un vaso de agua al lado de la cama. Por favor, llévalo a la cocina.

b. No terminé de guardar la ropa en el armario. Por favor, ... tú.

c. Se me olvidó sacar la ropa de entrenar de la bolsa de deporte. .... de la bolsa y .... en la lavadora.

d. No me dio tiempo a tender la cama. ....

e. No limpié el polvo de la estantería. ....

f. Dejé el escritorio muy desordenado. ....

g. Creo que, además, me dejé la computadora encendida. ....

¡Te prometo que te lo agradeceré toda la vida! :)

5 **Mira las imágenes y escribe qué va a hacer el fin de semana la familia de Andrés y cuándo.**

El fin de semana que viene ....

....

6 **Imagina que un estudiante de intercambio va a pasar un mes contigo. Explícale en un correo cómo es tu familia, lo que hacen normalmente y cómo reparten las tareas. Dale consejos para vivir en tu casa y explícale lo que planeaste hacer durante esos días.**

Usa Internet en español para mantenerte al día de lo que ocurre en el mundo. Puedes probar con diferentes fuentes, comenzando por las más fáciles. A medida que avances, vas a poder leer sobre temas más variados e interesantes. Cuando lees en español, tu dominio de la lengua mejora notablemente; la lectura te ayudará, de este modo, a conseguir el Sello de Alfabetización Bilingüe.

UNIDAD

3 DE CINE

- ¿Has filmado algún video con tus amigos/as o compañeros/as de clase?
- ¿Miras los filmes en la televisión o en tu computadora?
- Cuando eras pequeño/a, ¿cuál era tu filme favorito?
- Fíjate en la frase que acompaña a esta imagen. ¿Cuándo crees que se dice? ¿Cómo se dice en tu lengua?

Silencio... Cámara... ¡Acción!

IN THIS UNIT, YOU WILL LEARN TO:

- Express curiosity, surprise, and skepticism
- Give information, tell stories and anecdotes in inexact terms using imperfect, preterite, pluperfect, and time expressions
- Express motive and purpose using prepositions *por* and *para*
- Talk about movies and theater
- Read *De series y lecturas*, María Dueñas
- Write a biography

CULTURAL CONNECTIONS

- Share information about daily life in Hispanic countries and compare cultural similarities

CULTURA EN VIVO

EL CINE MEXICANO... ¡ESTÁ DE MODA!

Salma Hayek en el Festival de Cannes (Foto: Denis Makarenko, 2015)

1 **Observa las imágenes y habla con tu compañero/a.**

- ¿Qué ves?
- ¿Reconoces a alguien?
- ¿Qué crees que pueden tener todas las imágenes en común?

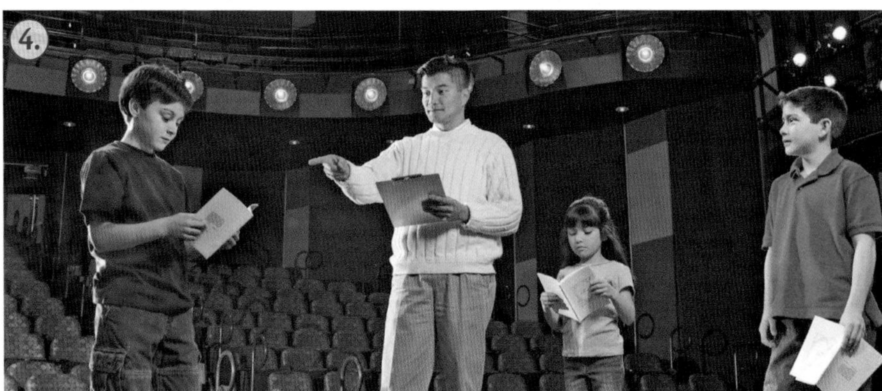

2 **Relaciona estas frases con las imágenes de la actividad 1.**

a. ☐ Es la entrega de un Óscar a un famoso director de cine español.
b. ☐ Es un teatro en la capital uruguaya, Montevideo, que lleva el nombre del descubridor del Río de la Plata.
c. ☐ Es un taller de teatro.
d. ☐ Es un Goya, el premio más prestigioso del cine español.

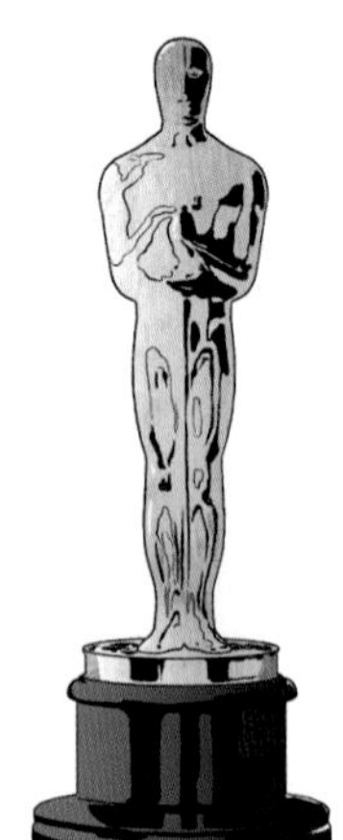

3 **Ahora, relaciona cada titular con los enunciados de la actividad 2.**

1. ☐ Comienza el ciclo de teatro de vanguardia en el Solís.
2. ☐ Este año las actividades extraescolares con más participación han sido los talleres de cine y teatro.
3. ☐ La noche del cine español se viste de gala.
4. ☐ Nunca antes un director español había pisado tantas veces la alfombra de Hollywood.

4 22 **Escucha la conversación y completa.**

Ricardo: ¿Te enteraste de los talleres de este curso? (a) .... van a ser totalmente diferentes.
Daniela: ¿(b) ....?
R.: Pues (c) .... contrataron a dos famosos para organizar un taller con el Departamento de Literatura.
D.: ¡(d) ....! Dos famosos trabajando en una escuela...
R.: Ya, pero, (e) ...., a estos los eligieron por su relación con la cultura y por su carrera profesional. Oí que son amigos del nuevo profesor de Literatura. Parece que se conocieron cuando trabajaban juntos en una escuela de idiomas; creo que enseñaban español.
D.: ¡(f) ....! Dos profesores famosos, ¡(g) ....! Pero, (h) ...., que (i) .... ¿De qué es el taller? ¿Quién lo va a impartir *(teach)*?
R.: (j) ...., es un taller de cine y teatro...
D.: ¡(k) .... !
R.: La parte de cine la va a impartir la directora y guionista Anamar Orson y la parte de teatro el actor Cristian Pascual.
D.: ¿(l) ....? Pero si los dos son conocidísimos... ¡Cristian Pascual en la escuela! ¡(m) ....! ¿(n) ....?
R.: Sí, Daniela, sí, ¡claro que hablo en serio! Estamos en una escuela muy importante, ja, ja, ja...

5 22 **Contesta verdadero (V) o falso (F). Después, escucha de nuevo y comprueba.**

	V	F
a. Daniela y Ricardo están hablando del nuevo profesor de Literatura.	☐	☐
b. Ricardo oyó que este curso van a tener un taller de cine y teatro.	☐	☐
c. El taller lo va a impartir un importante director de cine.	☐	☐
d. El taller lo va a organizar el profesor de Literatura con dos amigos que son muy famosos.	☐	☐

6 **Clasifica ahora las expresiones que escribiste en la actividad 4 según su significado.**

1. Expresa sorpresa positiva o negativa.
   ....
2. Le parece difícil creer lo que le cuenta la otra persona.
   ....
3. Nunca dice quién le ha contado esa información.
   a, ...
4. Pide más información para continuar la conversación y expresa curiosidad. b, ...

GIVING INFORMATION AND EXPRESSING CURIOSITY, SURPRISE AND SKEPTICISM

- Para **dar una información** sin hablar de la fuente *(source)*:
  - **Pues parece que...**
  - **Al parecer...**
  - **Según dicen...**
  - **Oí que...**
  - **¿Te enteraste de...?**

- Para expresar **sorpresa**:
  - **¿De veras?** *(sorpresa positiva)*
  - **¡Qué fuerte!**
  - **¡No me digas!**

- Para mostrar **interés** o **curiosidad** y pedir más información:
  - **Cuenta, cuenta... / Dime, dime...**
  - **Estoy intrigadísimo/a.**
  - **¿Y eso?**

- Para expresar **incredulidad** y extrañeza:
  - **¡Anda ya!**
  - **¡Imposible!**
  - **¡No me lo puedo creer!**
  - **¡Qué raro / extraño!**
  - **¿(Hablas) En serio?**

1 **Fíjate en las imágenes y reacciona ante esas situaciones con las expresiones anteriores. Justifica tus reacciones, ya que pueden ser varias.**

Esta semana Marcos llegó tarde cuatro veces.

a.

Tengo que contarles algo muy fuerte que me pasó ayer.

b.

Cuando mi abuela era joven ya usaba Internet.

c.

El año pasado nadie suspendió Matemáticas.

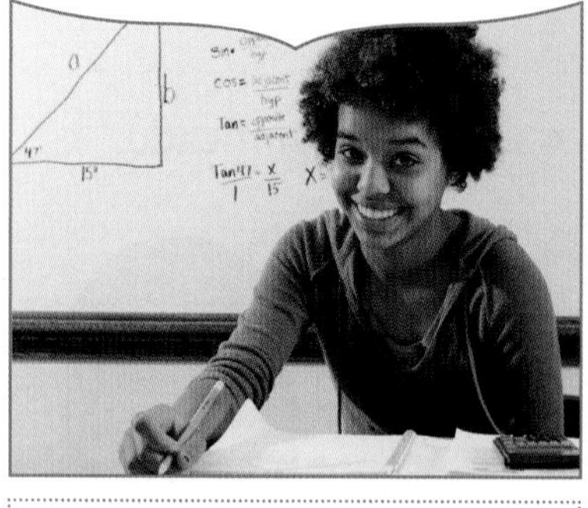

d.

¿Te enteraste de que este año no hay excursión de fin de curso?

e.

El sábado conocí a un muchacho superinteresante.

f.

2 **Crea tres situaciones similares a las anteriores para que tu compañero/a reaccione.**

3 **Escribe dos experiencias o situaciones en dos hojas de papel sobre lo que crees que hicieron otros/as compañeros/as la semana pasada. Tu compañero/a leerá el comentario y reaccionará usando alguna de las expresiones que ya practicaste. Después, cambia de papel.**

Modelo: E1 *(writes)*: Juan finalmente le ganó a Rosario en la competencia de Ciencias.
E2 *(reads and reacts)*: ¡No me lo puedo creer!

4 **Lee el cuadro de estrategias, elige una de las situaciones y cuéntasela a tus compañeros/as. Ellos/as deben reaccionar adecuadamente. Después, túrnense escuchando y reaccionando a las situaciones presentadas.**

Modelo: E1: Al parecer...
E2: Cuenta, cuenta...

These types of expressions typically require special expressivity in intonation, especially for those that indicate surprise, disbelief, and curiosity. Listen to the conversation again if necessary and practice the expressions, imitating and emphasizing the intonation.

Situación 1

- Ayer alguien tomó tus apuntes, hizo fotocopias y ahora los está vendiendo en Internet.

Situación 2

- Esta mañana te llamaron de tu compañía telefónica para informarte de que ganaste una computadora.

Situación 3

- Anoche, cuando estabas en la cama, escuchaste ruidos extraños en una casa vecina en la que no vive nadie.

Situación 4

- Ayer te pasó algo muy fuerte y todavía no se lo has dicho a nadie...

Situación 5

- Hoy el director de la escuela comunicó que este año no van a poder usar las computadoras en ninguna clase.

Situación 6

- Mañana tienen que empezar la primera clase de la mañana dos horas antes.

Situación 7

- Las navidades pasadas todos los compañeros de tu madre se hicieron millonarios, pero ella no, porque olvidó de comprar la lotería de su empresa.

Situación 8

- ¡Los boletos que compraste para el concierto son falsos!

Situación 9

- El viernes, en la clase de español, nos van a poner una película.

Situación 10

- Alguien dice que te vio en un centro comercial en horario de clase.

EXPRESSING MOTIVE AND PURPOSE OF AN ACTION

- Use **por** to express:
  - The **motive** behind an action
    *Los eligieron **por** su relación con la cultura y **por** su carrera profesional.* They were selected because of their association with culture and because of their professional careers.
- Other uses:
  - **Duration** of an event
    *Estuvieron viviendo en Chile **por** años.* They had been living in Chile for years.
  - **Means** (teléfono, correo electrónico...)
    *Me enteré del premio de Ana **por** la tele.* I found out about Ana's prize on (by means of) television.
  - **Movement through**
    *Fuimos **por** la autopista para llegar antes.* We took the highway to get there sooner.
    *Ana y Matilde viajaron **por** muchos países.* Ana and Matilde traveled through many countries.
  - **Frequency**
    *Vamos al cine dos veces **por** semana (dos veces a la semana).* We go to the movies two times a week.

- Use **para** to express:
  - The **purpose**, **end goal** or **objective** behind an action
    *Contrataron a dos famosos **para** organizar un taller.* They contracted two famous people to organize a workshop.
- Other uses:
  - **Deadline**
    *La tarea es **para** el próximo lunes.* The homework is due by next Monday.
  - **Recipient** of an action
    *Estos talleres son **para** estudiantes.* These workshops are for students.
  - **Opinion**
    ***Para mí**, las películas románticas son muy aburridas.* For me, romantic movies are very boring.

!

- Use an infinitive after **por**:
  *Llegó tarde **por** estar en un atasco.*
  She arrived late due to being stuck in traffic.
- Use a conjugated verb after **porque** and **como** (since):
  *Llegó tarde **porque** estuvo en un atasco.* She arrived late because she was stuck in traffic.
  ***Como** estuvo en un atasco, llegó tarde.*
  Since she was stuck in traffic, she arrived late.

!

- Use an infinitive after **para**:
  *Estudió **para** ser directora de cine.*
  She studied in order to be a director.
- Other expressions that express **purpose**:
  *Estudió **con el objetivo** / **el fin** / **la finalidad de** ser directora de cine.*
  She studied for the purpose of being / in order to be a movie director.

5 **Completa con *por* o *para*.**

a. Esta carta no es .... mí, creo que ha habido un error.
b. Ayer el profesor de Matemáticas se enojó conmigo .... ser impuntual.
c. .... mi padre, el cine comercial es de mala calidad.
d. Estudio español .... viajar .... países hispanos.
e. Los documentos los enviaron .... correo electrónico.

6 **Elige *por* o *para*. Luego, relaciona cada imagen con la frase correspondiente. ¡Atención! Hay una frase que no tiene imagen, márcala.**

a.

b.

c.

d.

e.

f.

1. ☐ Creo que el hotel está **por** / **para** el centro.
2. ☐ En vacaciones nos comunicamos **por** / **para** correo electrónico.
3. ☐ **Por** / **Para** los hispanos reunirse **por** / **para** comer es muy importante.
4. ☐ Tenemos que estar listos **por** / **para** las ocho.
5. ☐ Gracias **por** / **para** todo, estas flores son **por** / **para** ti.
6. ☐ Llamo **por** / **para** teléfono a mi abuela una vez **por** / **para** semana.
7. ☐ No me sonó el celular, es que estábamos pasando **por** / **para** un túnel.

7 **Completa el siguiente cuestionario con *por* o *para*. Después, hazle las preguntas a tu compañero/a. Incluye expresiones de cortesía para iniciar y terminar la conversación de manera natural.**

Estudiante 1

a. ¿Qué haces .... mejorar tu español?
b. .... ti, ¿qué es mejor, ver una película en tu casa o en el cine?
c. ¿Has viajado mucho .... tu país?
d. ¿Cómo te comunicas más con tus amigos: .... Internet o .... teléfono?
e. ¿................ quién piensas que deberían ser los descuentos en los teatros y los cines?

Estudiante 2

a. ¿Cuál es la mejor película .... ti?
b. ¿Cómo sueles entregar los trabajos de clase: .... correo electrónico o .... escrito?
c. ¿................ qué piensas que se estrenan más películas que obras de teatro?
d. ¿................ qué países te gustaría viajar?
e. ¿Cuáles son los mejores consejos .... sacar buenas notas?

MORE IN **ELEteca** | EXTRA ONLINE PRACTICE

¡ACCIÓN! LA CASA DE LAS PAREDES NEGRAS

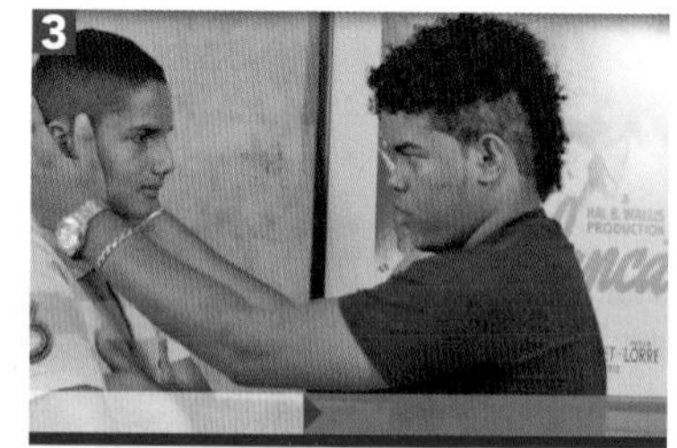

ANTES DEL VIDEO

1 Mira la imagen 1 y responde a las preguntas.

a. ¿Vas mucho al cine?

b. ¿Cuál es la última película que has visto en el cine?

c. ¿Te gustó? ¿Por qué?

d. ¿Compras algo para comer o para beber cuando vas al cine?

2 Relaciona.

1. tráiler	**a.** Bebida que puede ser de naranja, limón…
2. taquilla	**b.** Cada una de las habitaciones del cine.
3. butaca	**c.** Lugar donde compramos las entradas.
4. refresco	**d.** Publicidad de una película.
5. sala	**e.** Comida de maíz que podemos comprar en el cine.
6. palomitas	**f.** Silla en el cine.

DURANTE EL VIDEO

3 00:10 - 01:25 **Mira la imagen 2 y marca verdadero (V) o falso (F).**

	V	F
a. Alba es nueva en la ciudad.	☐	☐
b. Las tres muchachas odian el cine de terror.	☐	☐
c. Van a ver una comedia con muchos efectos especiales.	☐	☐
d. Las muchachas creen que se reirán mucho.	☐	☐

4 01:30 - 03:50 **Mira la imagen 3. Luego, mira la secuencia y toma nota del plan que tienen Felipe y Sebas. Escríbelo con tu compañero/a.**

....

5 03:50 - 04:50 **Mira la imagen 4. Clasifica estas frases. ¿Quién las dice, Alba o Sebas? Basa tu respuesta en lo que crees que puede ocurrir. Usa tu imaginación. Luego, mira la secuencia y comprueba tus respuestas.**

a. Yo sé que te encanta el cine de terror.
b. Pensé que no te gustaba el cine de terror.
c. A mí me encantan las comedias.
d. Me encanta pasar mucho miedo.
e. Una bolsa de palomitas y un refresco, por favor.
f. Algunas películas de terror sí me gustan.

Alba	Sebas

6 **Fíjate en la imagen 5 y habla con tu compañero/a. ¿Qué película crees que van a ver los muchachos? Basa tu respuesta en lo que crees que puede ocurrir. Usa tu imaginación. Después, continúa viendo el episodio y escribe el título de la película de terror que ponen en el cine.**

....

DESPUÉS DEL VIDEO

7 **Mira la imagen 6. ¿Por qué pone Felipe esa cara? ¿Qué pasó? Habla con tu compañero/a.**

8 **Escribe un texto en el que cuentas qué crees que va a pasar después de la película.**

....

....

9 **Marca si estas frases son verdaderas (V) o falsas (F) y, después, da tu opinión. Apoya tu opinión con claridad y detalladamente, y comparte lo que has escrito con la clase.**

	V	F	A mí me gustan	A mí no me gustan	Razones
a. A Eli le gustan las películas de terror.	☐	☐	☐	☐	
b. A Alba le gustan las películas con mucha fantasía.	☐	☐	☐	☐	
c. A Sebas le gustan las películas románticas.	☐	☐	☐	☐	
d. A Alba le gustan las palomitas.	☐	☐	☐	☐	

10 **En grupos de tres, compartan sus gustos y opiniones. ¿Están de acuerdo?**

MORE IN **ELEteca** | EXTRA ONLINE PRACTICE

1 **Con tu compañero/a, habla de tus preferencias y experiencias sobre el cine y el teatro. Hazle las preguntas necesarias para pedir aclaraciones y más información. Luego, describe tus preferencias y experiencias a toda la clase.**

- ¿Qué prefieres: el cine o el teatro?
- ¿Cuándo fuiste por última vez?
- ¿Qué obra de teatro o filme viste?
- ¿Sobre qué trataba? ¿Te gustó?

FROM THE corpus

- In Mexico and Central America they use **filme** or ***film***: *Llegaba Rodolfo Usigli, notable dramaturgo, cuya única novela inspiró un* ***filme*** *de Luis Buñuel.*
- In Spain they usually use **película**: *¿Ha visto la* ***película*** Silencio Roto?

2 **Clasifica las siguientes palabras en la columna correspondiente. ¿Te has dado cuenta de que algunas palabras son cognados?**

escenario o cámara o actor o director/a o guion o aplausos o interpretación
actriz o decorado o espectador/a o premio o escritor/a o obra o
taquilla o telón o película o efectos especiales o festival o argumento

Cine	Teatro	Cine y teatro

3 **Lee el cuadro de estrategias y completa las frases con la palabra adecuada.**

a. Los protagonistas protagonizan una obra o un filme.
b. Los guionistas escriben el .... de una serie o película.
c. El telonero abre el .... en el teatro.
d. Los decoradores ganaron un premio por el .... de la obra.
e. Javier Bardem, uno de los intérpretes de la película *No es país para viejos*, ganó un Óscar por su .... como Anton Chigurh.
f. Los espectadores aplaudieron a todos los actores de la obra, pero la actriz principal recibió los .... más fuertes.

Use the root of a word to form verbs and nouns. This will increase your vocabulary.

4 **Lee los siguientes títulos de películas en español. Con tu compañero/a, clasifícalas según su género. ¡Atención! Puede haber más de una opción. ¿Puedes poner más ejemplos?**

- *Rápido y furioso*
- *12 años de esclavitud*
- *El señor de los anillos*
- *Star Trek: en la oscuridad*
- *El gran Gatsby*
- *Los juegos del hambre*
- *Carrie*
- *Pequeña señorita Sunshine*
- *Rescatando al soldado Ryan*
- *Diez cosas que odio de ti*

comedia

drama

de terror

romántica

de ciencia ficción

de denuncia social

histórica

independiente

de aventuras

de acción

5 **Completa estas opiniones sobre el cine con las palabras de la actividad 4.**

a. No me gusta ir al cine para ver historias de amor tontas. Odio *(I hate)* esas películas .... tan típicas del cine comercial, como *Querido John*. Prefiero sufrir un poco con las historias tristes y realistas de los ...., como *Lee Daniels, el mayordomo*. Bueno, y también me gustan las películas ...., como *Argo*, donde puedes aprender sobre lo que sucedió en la historia reciente.

b. A mí me encanta pasar miedo viendo una peli de ...., como *Destino final*, o imaginar mundos de fantasía con una película de ...., como *El hobbit*. Otra opción para un viernes por la noche es reírse con una buena ...., como *Ladrona de identidades*. La risa es muy buena para la salud, por eso no me gustan las películas tristes.

c. Cuando voy al cine prefiero no pensar demasiado y divertirme, por eso no entiendo a la gente que odia el cine comercial. Dicen que el cine .... es muy artístico, pero muchas personas creemos que es demasiado serio y aburrido. En general, me gusta mucho el cine comercial, excepto las películas de ...., como *The Avengers: los Vengadores*. Creo que son demasiado violentas.

6 **Relaciona las expresiones coloquiales con su significado. ¿Hay expresiones coloquiales en inglés con el mismo significado?**

1. » ¿Qué tal los exámenes?
» **Me han ido de cine.**
a. ☐ Me han ido muy bien y lo he aprobado todo.
b. ☐ Los resultados han sido normales.

2. » ¿Vas a invitar a Matilde a tu fiesta?
» Es muy **cómica**.
a. ☐ Es muy famosa.
b. ☐ Es muy graciosa y divertida.

3. **¡No montes un drama!** Solo perdiste un dólar.
a. ☐ No exageres.
b. ☐ No te preocupes.

4. Carlos es un **peliculero**.
a. ☐ Filma películas.
b. ☐ Es un poco mentiroso y exagerado.

MORE IN **ELEteca** | EXTRA ONLINE PRACTICE

1. REVIEW OF PAST TENSES

Preterite

- Use the preterite tense to talk about actions that were **completed** at a fixed point in the past:

*Anamar **volvió** de Madrid anoche. Anamar returned from Madrid last night.*

Imperfect

- Use the imperfect to describe people, things or situations in the past, and to talk about ongoing or habitual actions in the past:

*Cuando **vivían** en Córdoba **estudiaban** juntos. When they lived in Córdoba, they used to study together.*

Present Perfect

- Use the present perfect to say what a person **has done**. It describes actions completed in the recent past or in an unfinished period of time:

*Este año Anamar **ha ganado** dos premios. This year Anamar has won two awards.*

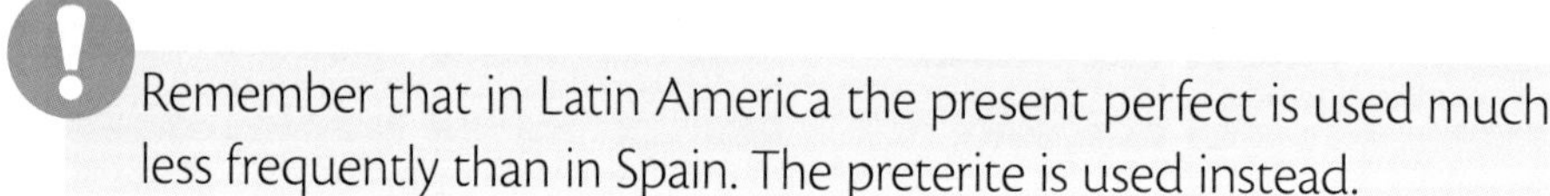
Remember that in Latin America the present perfect is used much less frequently than in Spain. The preterite is used instead.

1 **Ayer Cristian llamó a Anamar y le dejó un mensaje en el contestador. Lee lo que le dijo y completa los espacios con los marcadores del cuadro.**

en ese momento ○ otra cosa ○ entonces ○ luego ○ el otro día

¡Anamar! Te llamé mil veces esta semana. ¿Todavía no volviste de Berlín? Mira, te llamo para contarte que (a) .... estuve con Paco tomando un café y me propuso colaborar en un taller de cine y teatro en su escuela. Yo acepté y (b) .... me pidió hablarlo contigo. (c) .... le dije que estabas muy ocupada, pero (d) .... pensé: "Solo van a ser cuatro semanas y siempre te ha encantado trabajar con jóvenes...". Ah, (e) ...., la respuesta tiene que ser urgente. Paco necesita confirmar nuestra colaboración para empezar a organizarlo.

2 23 **Ahora, escucha el mensaje y comprueba.**

2. NARRATING IN THE PAST

3 **Completa con los marcadores de la actividad anterior.**

- To indicate when an action **approximately** takes place, use:
  - una vez
  - hace unos días / meses / minutos / años...
  - un día
  - ....
  - ....

- To indicate **continuity** or to **advance the story**, use:
  - al principio
  - después
  - a continuación
  - más tarde
  - unos momentos después
  - ....
  - ....

- To **add detail or specify additional information**, use:
  - por cierto
  - ....

4 **Prepara con tu compañero/a una conversación entre Anamar y Cristian con la siguiente información. Luego, túrnense representando la conversación.**

Anamar

a. Llama a Cristian para responder a su mensaje de voz.

b. Acepta la propuesta del taller y pide disculpas por no responder antes. Cuéntale que anoche perdieron tus maletas en el aeropuerto y que tuviste que esperar tres horas hasta que las encontraron. Llegaste al hotel muy tarde y no escuchaste el mensaje hasta hoy por la mañana.

c. Después pregunta a Cristian por Paco y reacciona ante la información que Cristian te da sobre él.

Cristian

a. Contesta a la llamada de Anamar y muestra alegría por hablar con ella.

b. Acepta las disculpas y reacciona ante la información de Anamar.

c. Coméntale a Anamar que este año Paco tiene un nuevo trabajo en una escuela y que está muy contento porque el departamento lo ha elegido a él para organizar los talleres. Preséntale tu idea de organizar un taller de teatro y cine en esta escuela.

3. THE PLUPERFECT

- We use the **pluperfect** or **past perfect** to talk about an action that took place before another action in the past. It is often referred to as the past within the past and corresponds to **had done** in English:

1.º Anamar llegó al aeropuerto a las siete.

2.º Cristian dejó un mensaje a las siete y media.

*Cuando Cristian dejó el mensaje, Anamar ya **había llegado** a casa.*
When Cristian left the message, Anamar had already arrived home.

- The **pluperfect** is formed with the imperfect tense of **haber** and the past participle of the main verb:

		–AR	–ER	–IR
yo	había			
tú	habías			
usted/él/ella	había	viaj**ado**	com**ido**	dorm**ido**
nosotros/as	habíamos			
vosotros/as	habíais			
ustedes/ellos/ellas	habían			

- To form the past participle of a verb, drop the ending of the infinitive and add **-ado** for **-ar** verbs and **-ido** for **-er** / **-ir** verbs.
- Some verbs have irregular past participles:
  - abrir ➔ **abierto**
  - decir ➔ **dicho**
  - descubrir ➔ **descubierto**
  - escribir ➔ **escrito**
  - hacer ➔ **hecho**
  - morir ➔ **muerto**
  - poner ➔ **puesto**
  - romper ➔ **roto**
  - ver ➔ **visto**
  - volver ➔ **vuelto**

5 **Fíjate en la trayectoria de Anamar, una ponente del taller de teatro, y completa las frases con el pretérito o el pluscuamperfecto. ¡Atención! Piensa qué acciones precedieron a otras según su cronología.**

Web: Anamar Orson

Anamar Orson

Sobre mí

Nació en Valencia en 1970 y vivió allí hasta que comenzó sus estudios universitarios en Barcelona.

- Terminó la carrera de Filología Clásica en 1992.
- Se mudó *(moved)* a Roma en 1993 y dos años después comenzó un máster en cine y televisión que terminó en 1998.
- En 1999 regresó a España, realizó un curso para enseñar español a extranjeros y comenzó a trabajar en una escuela de idiomas de Madrid.
- En el año 2001 escribió su primer guion para una miniserie de Telemadrid; lo firmó con el apellido de origen irlandés de su madre y desde entonces comenzó a llevar ese apellido.
- Filmó su primer corto *(short film)* en el año 2003, por el que recibió el premio del Festival de Cine de San Sebastián.
- En febrero de 2005 dejó la escuela. Un mes después, empezó a filmar *Laberinto*, su primera película galardonada *(award-winning)* con dos Premios Goya a la mejor película y al mejor actor revelación *(newcomer award)*.

Buscar

Archivo del blog
- Octubre
- Septiembre
- Agosto
- Julio
- Junio
- Mayo

@anamar_O

Sígueme

a. Cuando Anamar (escribir) .... su primer guion, ya (comenzar) .... a trabajar en una escuela.
b. Antes de filmar su primera película, Anamar ya (escribir) .... un guion para Telemadrid.
c. Cuando (terminar) .... de filmar *Laberinto*, Anamar ya (dejar) .... la escuela de idiomas.
d. Cuando Ana (hacerse) .... famosa con su primera película, ya (cambiarse) .... el apellido.

MORE IN **ELEteca** | EXTRA ONLINE PRACTICE  GRAMMAR TUTORIALS 5 AND 6

1 **Con tu compañero/a, fíjate en las imágenes y lee las afirmaciones que hay a continuación. ¿Estás de acuerdo?**

a. Mucha gente prefiere ver series a leer novelas porque requiere menos esfuerzo.

b. Muchas novelas son solo conocidas por su adaptación a series de televisión.

2 24 **Ahora lee un artículo sobre este tema. ¿Coincides con la opinión de la autora?**

De series y lecturas

Durante la feria del libro de Buenos Aires, participé en una charla *(panel discussion)* organizada por el periódico *La Nación* para debatir sobre la adaptación de novelas a series televisivas. Al final de aquel agradable encuentro entre escritores con obras adaptadas y periodistas especializados en ficción audiovisual, se hizo una pregunta: ¿está el consumo de series robando tiempo a la lectura? No tuvimos tiempo para debatirlo, pero la cuestión nos hizo pensar a todos. Personalmente, y como lectora, mi respuesta es sí, y por eso yo misma me freno *(I stop myself)* y me pongo límites. Sé que, si me dejo, quedaré atrapada *(trapped)* por la pantalla y no leeré los libros que tengo entre manos. El día, después de todo, tiene veinticuatro horas y si descontamos las que pasamos trabajando, durmiendo, o atendiendo los mil compromisos y obligaciones que tenemos (desde ir al dentista o al supermercado hasta el paso por la lavandería), los momentos dedicados al ocio quedan a menudo reducidos al mínimo. Pregunto a un par de amigas, a mi hermana, a una librera, a mi editora, a su marido... La respuesta es unánime, todos coinciden: la oferta de las plataformas digitales es tanta y es tan accesible, que resulta difícil resistirse a la tentación.

Además, hay que tener en cuenta el hecho de que algunos de los nuevos contenidos de ficción emanan de la propia literatura: de *Ana de las tejas verdes (Anne of Green Gables)*, de Lucy Maud Montgomery, adaptada recientemente por Netflix, a *Sherlock* o *Crónicas vampíricas*. *La catedral del mar* de Ildefonso Falcones, emitida en España, tuvo excelentes índices de audiencia, y por eso se difundió mundialmente a través de Netflix. De mis cuatro novelas, una se convirtió en serie hace unos años, otra está entrando en fase de preproducción y, para la más reciente, tenemos ya varias ofertas.

¿Qué pasará en el futuro? ¿Acabaremos aceptando este modelo de consumo audiovisual, volveremos al placer de la lectura sosegada o podremos mantener un equilibrio? No tengo una bola de cristal para poder prever lo que nos viene. A día de hoy, sinceramente, no lo sé.

Escritora española autora de novelas de gran éxito, como El tiempo entre costuras.

3 **Relaciona estas palabras del texto con su significado.**

1. sosegada	a. tiempo libre y de descanso
2. robar	b. restar
3. ocio	c. de la misma opinión
4. unánime	d. tranquila
5. descontar	e. quitar

4 **Responde verdadero (V) o falso (F) y corrige la información incorrecta.**

	V	F
a. El debate "series o novelas" no existe entre escritores.	☐	☐
....		
b. Las plataformas digitales ofrecen una gran cantidad de series.	☐	☐
....		
c. Todas las personas del círculo de la autora no opinan lo mismo.	☐	☐
....		
d. Hay alguna novela de la autora adaptada a serie.	☐	☐
....		

5 **Busca en el texto ejemplos de novelas adaptadas, ¿conoces alguna? Cuenta su argumento a tu compañero/a.**

6 **Responde a las cuestiones que plantea la autora en el párrafo resaltado. Habla con tus compañeros/as.**

7 **Resume en dos líneas la opinión de la autora. ¿Estás de acuerdo con ella? Cuéntaselo a tu compañero/a.**

....

....

8 **Busca información en Internet sobre María Dueñas y completa esta ficha. Después, comparte la información con tus compañeros/as.**

- Novelas publicadas: ....
....
- Nombre de su novela más famosa adaptada a serie:
- ....
- Argumento: ....
....
- Canal de televisión que la emitió: ....
....

1 **Completa la información de la actriz Salma Hayek con los verbos entre paréntesis en el tiempo correcto del pasado. A continuación, ordena la información cronológicamente.**

a. ☐ Salma Hayek (ser) .... nominada al Óscar por la película *"Frida"* en 2003, un drama sobre la vida de la pintora Frida Kahlo.
Por entonces la actriz ya (participar) .... en muchas películas, pero la crítica consideró que su interpretación en el filme (ser) .... una de las mejores hasta ese momento.

b. ☐ Pequeños papeles en telenovelas le (dar) .... popularidad rápidamente en México y la actriz (trasladarse) .... a los Estados Unidos donde estudió interpretación en el Stella Adler Studio de Los Ángeles.
El salto definitivo a la fama le (llegar) .... con la película *Del crepúsculo al amanecer* (1996), un filme de acción con guion de Quentin Tarantino.

c. ☐ Salma Hayek (nacer) .... en México en 1966.
Su padre (ser) .... de origen libanés y su familia materna (venir) .... de España.
(Comenzar) .... la carrera de Relaciones Internacionales en la Universidad Iberoamericana, pero (abandonar) .... los estudios para dedicarse a la actuación.

d. ☐ En la actualidad, la actriz trabaja como productora de su propia serie televisiva (*Monarca*) y colabora con diferentes firmas de productos de belleza.

2 **Compara tus resultados con los de tu compañero/a. ¿Coinciden?**

3 **¿Qué parte del texto anterior crees que se corresponde con cada una de estas fases?**

a. Situación actual y planes de futuro.
b. Primeros pasos.
c. Nacimiento y estudios.
d. Mejor momento de su carrera.

4 **Lee el cuadro de estrategias, completa el esquema y escribe el borrador de una breve biografía sobre tu actor o actriz favoritos.**

Follow these steps to write a **biography**:

1. **Search for information** on the Internet about the person's life and professional career. Note important facts: birthplace, places lived, studies, beginnings, awards, important moments, current situation and future plans.
2. **Organize the text** in different paragraphs, following a **chronological order** for presenting the information.
3. **Use correctly** the different **past tenses**, depending on the type of narration.
4. **Use different connectors and time indicators** to avoid repetition: *cuando era pequeño/a, entonces, posteriormente, después…*
5. Use italic text for the names of theatrical works, series and films. If you are writing by hand, use quotation marks.
6. **Look for images** related to the person's biography or professional career, such as photos of his or her birthplace, receiving awards, or movie posters. Include the most significant ones in the biography.
7. **Describe the images** and relate each one to the part the text that it represents.

Datos personales:	
Estudios:	
Inicios:	
Obras y premios:	
Proyectos actuales:	
Planes de futuro:	

5 PEER REVIEW **Intercambia con tu compañero/a el borrador de la biografía que escribiste, responde a estas preguntas y reflexionen juntos.**

a. Rodea con un círculo los datos personales del personaje (nacimiento y estudios).
b. Subraya los verbos en pasado. ¿Hay tiempos distintos?
c. ¿Cuántas obras suyas se mencionan en la reseña? ¿Usó cursiva o comillas?
d. Marca los conectores temporales utilizados en el texto.
e. ¿Qué planes de futuro se mencionan?
f. Fíjate en las imágenes expuestas. ¿Están relacionadas con la información?

6 **Ahora escribe la versión definitiva del texto y entrégasela a tu profesor/a.**

ORTOGRAFÍA Y PRONUNCIACIÓN La letra *h*

1 **Como ya sabes, en español la letra *h* no se pronuncia (*hola, hoy, hablar*). Lee la siguiente información sobre el uso de la *h* en la ortografía española.**

Se escriben con *h*:

Grupo 1
Las palabras que empiezan por **hue–**, **hie–, hui–**: *huevo, hierba, huida.*

Grupo 2
Las palabras que empiezan por los prefijos **hidro–**, **hiper–**, **hipo–**, **homo–**, **hetero–, heli–**: *hidrógeno, hipermercado, hipopótamo, homogéneo, heterogéneo, helipuerto.*

Grupo 3
La mayoría de las palabras que empiezan por **hosp–**, **horm–**, **horn–**, **herm–**, **hern–**: *hospital, hormiga, horno, hermético, hernia…* Hay excepciones como: *Ernesto, ermita.*

Grupo 4
Otras palabras se escriben con ***h*** por derivación de palabras de la misma familia: *habitante, habitar, habitación…*

2 25 **Escucha esta serie de palabras y escribe el número en la columna adecuada.**

Grupo 1	Grupo 2	Grupo 3	Grupo 4

■ In Spanish there is a group of words or expressions that sound the same, but have different meanings. Here are some examples of homophones:

a (*preposition*)	**ha** (*verb* **haber**)	
ay (*exclamation*)	**hay** (*verb* **haber**)	**ahí** (*adverb*)
haber (*verb*)	**a ver** (*preposition + verb*)	
hecho (*verb* **hacer**)	**echo** (*verb* **echar**)	
hola (*greeting*)	**ola** (*wave, noun*)	

3 **Completa con los homófonos anteriores. Después, compara tus resultados con los de tu compañero/a.**

a. Mónica .... vuelto .... Madrid.
b. ¿Ves estos libros de cine tan bonitos? Creo que los van .... vender todos y no va .... haber más hasta el próximo mes.
c. ¡................, Isaac! Quita la computadora de ...., ¿no ves que no .... espacio suficiente?
d. ¡................, Sergio! ¿Has visto qué .... tan buenas .... para hacer surf?
e. Otra vez he .... una tortilla horrible; siempre le .... demasiada sal.

MORE IN ELEteca | EXTRA ONLINE PRACTICE

EL CINE MEXICANO... ¡ESTÁ DE MODA!

Roma capta una época de México (Foto: Bart Sherkow, 1 de febrero de 2019).

Antes de leer

¿Qué tipo de películas te gustan?

¿Has visto alguna película en español?

26 **El cine en español, y en especial el mexicano, tiene cada vez más presencia en los festivales internacionales. Lee el siguiente artículo para saber más sobre *Roma*, la primera película mexicana que ganó el Óscar a la mejor película extranjera.**

Alfonso Cuarón, el director de la cinta, se inspiró en su propia vida para escribir el guion* y tardó diez años en prepararla. Se rodó en blanco y negro y está ambientada en los años setenta en la colonia *Roma*, en la ciudad de México.

La trama* es sobre una mujer indígena y trabajadora doméstica sin derechos laborales. Gran parte del reparto* es *amateur* para dar más realismo al filme.

La actriz protagonista, Yalitza Aparicio, es una maestra de preescolar y no tiene estudios de interpretación. Tuvo que aprender el mixteco[1], lengua indígena hablada en el sur del país, para interpretar su papel.

Roma recibió diez nominaciones a los premios cinematográficos Óscar y ganó en tres categorías: mejor película en lengua no inglesa, mejor dirección y mejor fotografía.

Roma ha ganado también el León de Oro de Venecia, dos Globos de Oro, un premio Goya, cuatro premios Bafta y... ¡sigue sumando!

Fuentes: *Hotbook*, Mariana Guerra, febrero de 2019; *El Periódico*, Eduardo de Vicente, enero de 2019; Agencia EFE España, febrero de 2019; *El País*, Rafa de Miguel, febrero de 2019.

Nancy García García, Marina de Tavira, Alfonso Cuarón y Yalitza Aparicio en el Festival de Cine de Venecia (Foto: Matteo Chinellato, 30 de agosto de 2018)

[1] Según datos del Instituto de Lenguas Indígenas, el mixteco lo hablan en México 517 000 personas; es la cuarta lengua más hablada del país y tiene ochenta variantes.

Festival Ambulante

El festival Ambulante es un festival itinerante, **no competitivo** y sin ánimo de lucro*.

El festival es una de las actividades de la organización Documental Ambulante A. C., fundada en el **2005** por los actores Gael García Bernal, Diego Luna y la directora Elena Fortes, y dedicada a apoyar* y difundir* el cine documental.

Más del **60 %** de la programación de sus cien títulos es gratuita.

El área de formación de Ambulante, Ambulante Más Allá, fomenta la realización cinematográfica **independiente**.

La organización Documental Ambulante A. C. descubre **nuevos talentos** y promueve la formación de cineastas mexicanos.

Fuente: ambulante.org, enero de 2019.

Guillermo del Toro, el "monstruo" del cine mexicano

Nació en **1964** en Guadalajara, Jalisco, México.

Creció viendo películas de animación japonesas de **monstruos** y **robots**. Desde entonces quiso contar historias a través de imágenes.

Realizó sus primeros trabajos de cine cuando estudiaba secundaria y filmó su **primera película** a los 21 años.

Ha filmado películas **basadas en** cómics, películas de terror, históricas, de fantasía y de ciencia ficción.

Cofundó el Festival de Cine de Guadalajara y creó la compañía de producción **Tequila Gang**.

En 2006, con ***El laberinto del fauno***, ganó 8 premios Ariel, 7 premios Goya y los premios Óscar a la mejor fotografía, al mejor maquillaje y a la mejor dirección artística.

Guillermo del Toro en la 9.ª edición del premio AMPAS Gobernadores, Los Ángeles (Foto: Kathy Hutchins, 11 de noviembre de 2017)

Fuentes: Publímetro, Gabriela Acosta, febrero de 2019; *BBC América Latina*, Alberto Nájar, marzo de 2018.

¿COMPRENDISTE?

Decide si las siguientes frases son verdaderas (V) o falsas (F).

1. Alfonso Cuarón es un actor de teatro. V ☐ F ☐
2. La protagonista de *Roma* no tiene estudios de interpretación. V ☐ F ☐
3. El mixteco se habla en España. V ☐ F ☐
4. La organización Documental Ambulante A. C. descubre nuevos talentos. V ☐ F ☐
5. Guillermo del Toro dirigió su primera película en secundaria. V ☐ F ☐
6. *El laberinto del fauno* ganó el Óscar a la mejor película extranjera. V ☐ F ☐

Diego Luna y Gael García Bernal, cofundadores de Documental Ambulante A. C. (Foto: Everett Collection, 25 de febrero de 2007).

AHORA TÚ

¿Qué opinas? Contesta a las siguientes preguntas y comenta tus ideas con tus compañeros/as.

1. ¿Has visto alguna película de Alfonso Cuarón o de Guillermo del Toro? ¿Qué te ha parecido?
   ____
2. ¿Qué cualidades piensas que son importantes para contar historias a través del cine?
   ____
3. ¿Qué otros medios son buenos para contar historias?
   ____
4. ¿Qué se necesita para ser un buen actor o una buena actriz?
   ____
5. ¿Qué películas te han marcado*? ¿Por qué?
   ____

Glosario

apoyar – to support
difundir – to spread
el guion – script
marcar – to influence
el reparto – cast
sin ánimo de lucro – non profit
la trama – plot

GIVING INFORMATION AND EXPRESSING CURIOSITY, SURPRISE AND SKEPTICISM

1 **Relaciona cada frase con su respuesta.**

1. Los materiales del taller son gratis.
2. Han publicado las notas del examen de español.
3. Te aseguro que te envié el correo. ¿De verdad que no lo has recibido?

a. No, ¡qué raro!
b. ¿De veras?
c. ¡Anda ya!, si lo hicimos ayer.

EXPRESSING MOTIVE AND PURPOSE OF AN ACTION

2 **Escribe de nuevo las siguientes frases en tu cuaderno usando las palabras entre paréntesis. Haz los cambios necesarios.**

a. Llegué tarde a clase porque no sonó el despertador. (como)
b. El partido se canceló por la lluvia. (porque)
c. La película tuvo muy mala crítica debido a su violencia. (por)
d. Con el objetivo de mejorar las instalaciones, la biblioteca estará cerrada una semana. (para)

USING *POR* AND *PARA*

3 **Completa con *por* o *para*.**

a. El estreno de su filme fue .... mayo.
b. Voy al cine una vez .... semana.
c. Mi sueño es viajar .... el mundo.
d. Gracias .... todo.
e. Esta película no es adecuada .... los niños.
f. Este trabajo es .... mañana.

REVIEW OF PAST TENSES

4 **Escribe los verbos entre paréntesis en el tiempo pasado correcto.**

Cristian (a) .... (nacer) en 1971 en Cartagena, ciudad en la que (b) .... (realizar) sus estudios de Bellas Artes *(Fine Arts)*. Tres meses antes de terminar la carrera *(degree)*, (c) .... (decidir) que quería ser actor y (d) .... (mudarse) a Nueva York para perfeccionar su inglés y estudiar interpretación. Durante el tiempo en que (e) .... (vivir) en Nueva York, por las mañanas (f) .... (estudiar) Arte Dramático y por las tardes (g) .... (enseñar) español. Encontró ese trabajo con la ayuda de Paco, un profesor de español que (h) .... (conocer) antes. En 1999 (i) .... (trasladarse) a Madrid, donde (j) .... (continuar) trabajando como profesor de español, de nuevo con Paco, que ya (k) .... (regresar) a España un año antes. En la escuela (l) .... (conocer) a Anamar y en el año 2002 (m) .... (actuar) por primera vez en una serie de televisión que (n) .... (escribir) su compañera Anamar el verano anterior.

NARRATING IN THE PAST

5 **Observa la siguiente cronología y escribe un relato sobre lo que ocurrió. Usa las expresiones temporales y esta información para ayudarte a desarrollarlo. ¡Atención! Hoy es lunes.**

media hora antes ○ y entonces ○ al final ○ ~~El otro día~~

- Había hablado con Ricardo para ver una película en mi casa (viernes, a las cinco)
- Le comenté el plan (viernes, a las seis menos veinticinco)
- Nos encontramos en mi casa (viernes, a las ocho)
- Daniela me llamó para ir al cine (viernes, a las cinco y media)

Modelo: El otro día Daniela me llamó...

EL CINE Y EL TEATRO

6 **Completa estas frases con una palabra o expresión relacionada con el cine y el teatro.**

a. Un tipo de cine más relacionado con el arte que con la taquilla es el cine ....
b. Cuando he tenido un gran día o todo me ha salido bien digo que me ha ido ....
c. Cuando vamos al cine para ver una .... podemos escuchar la risa de la gente.
d. Para comprar los boletos de una peli o una obra tienes que pasar por la ....

THE LETTER *H*

7 **Elige la opción correcta.**

a. Quita el bolso de **hay** / **ahí** / **ay**, no es un lugar seguro.
b. Esta semana hemos **hecho** / **echo** muchos exámenes.
c. Hoy es un poco peligroso bañarse en el mar con estas **holas** / **olas**.
d. Corren porque creen que no va a **ver** / **haber** boletos.

CULTURA

8 **Contesta a las siguientes preguntas con la información aprendida en *El cine mexicano*.**

a. ¿Qué película mexicana ganó el Óscar a la mejor película extranjera por primera vez? ¿Quién es su director?
b. ¿Qué tipo de películas le gustaban a Guillermo del Toro cuando era niño? ¿Recuerdas el título de alguna de sus películas?
c. ¿Qué tipo de festival es el Festival Ambulante? ¿Qué películas apoya y difunde?
e. ¿Crees que los directores mexicanos están de moda? Explícalo.

AL FINAL DE LA UNIDAD PUEDO...

	☆	☆☆	☆☆☆
a. I can express curiosity, surprise, and skepticism.	☐	☐	☐
b. I can give information, tell stories and anecdotes using imperfect, preterite, pluperfect, and time expressions.	☐	☐	☐
c. I can express motive and purpose using prepositions *por* and *para*.	☐	☐	☐
d. I can talk about movies and theater.	☐	☐	☐
e. I can read and understand *De series y lecturas*, María Dueñas.	☐	☐	☐
f. I can write a biography.	☐	☐	☐

MORE IN ELEteca | EXTRA ONLINE PRACTICE

Cine y teatro

la alfombra de Hollywood *the red carpet*
el aplauso *applause*
el argumento *plot, story line*
la cámara *camera*
el cámara *cameraman*
el cineasta *filmmaker*
la comedia *comedy*
el corto *short film*
el decorado *set*
el decorador *set designer*
el director de cine *film director*
el drama *drama*
los efectos especiales *special effects*
el escenario *stage*
el escritor *writer*
el espectador *spectator*
el estreno *premiere*
el filme / la película de aventuras *adventure*
el filme / la película de ciencia ficción *science fiction*
el filme / la película de denuncia social *social protest*
el filme / la película de terror *horror movie*
el filme / la película histórica *historical film*
el filme / la película independiente *indie*
el guion *script*
el guionista *scriptwriter*
la interpretación *performance*
la obra *work*
la obra de teatro *play*
el premio *award*
el protagonista *leading actor*
la risa *laughter*
el taller de teatro *performing arts workshop*
la taquilla *box office*
el telón *curtain*
la trayectoria *career*

Verbos

abrir *to open*
dar popularidad *to make popular*
escribir *to write*
estrenar *to release*
filmar *to shoot*
interpretar *to perform*
protagonizar *to have the leading role*
rodar (o > ue) *to shoot*
ser nominado a *to be nominated for*
vestirse (e > i) de gala *to dress for a special event*

Marcadores temporales

a continuación *next*
al principio *in the beginning*
después *after*
el otro día *(the) other day/ another day*
en ese momento *at that time*
entonces *then*
hace unos días / meses / años... *days/months/years ago . . .*
luego *then*
más tarde *later*
por cierto *by the way*
un día *one day*
una vez *once*
unos momentos después *moments later*

Para dar una información

Pues parece que... *Well, it seems that . . .*
Al parecer... *Apparently . . .*
Según dicen... *According to what they are saying . . .*
Oí que... *I heard that . . .*
¿Te enteraste de...? *Did you notice / realize that . . . ?*

Para mostrar interés o curiosidad

Dime, dime... *Tell me, tell me . . .*
Estoy intrigadísimo/a. *I'm so intrigued.*
¿Y eso? *What's that about?*

Para expresar sorpresa

¿De veras? *Really?*
¡Qué fuerte! *Pretty rough!*
¡No me digas! *You must be kidding!*

Para expresar incredulidad

¡Anda ya! *Go on now!*
¡No me lo puedo creer! *I can't believe it!*
¡Qué raro / extraño! *How weird/ strange!*
¿(Hablas) En serio? *Are you serious?*

Expresiones coloquiales

de cine *Awesome, amazing*
montar un drama *to make a fuss*
ser peliculero/a *to be a show off*
ser muy protagonista *to be self centered*
ser cómica *to be funny*

PAST TENSES (REVIEW)

(See page 100)

	INTERPRETAR		
	PRETERITE	**IMPERFECT**	**PRESENT PERFECT**
yo	interpreté	interpretaba	he interpretado
tú	interpretaste	interpretabas	has interpretado
usted/él/ella	interpretó	interpretaba	ha interpretado
nosotros/as	interpretamos	interpretábamos	hemos interpretado
vosotros/as	interpretasteis	interpretabais	habéis interpretado
ustedes/ellos/ellas	interpretaron	interpretaban	han interpretado

Preterite

- Use the preterite tense to talk about actions that were **completed** at a fixed point in the past:
  *Anamar **volvió** de Venecia anoche.* *Anamar returned from Venice last night.*

Imperfect

- Use the imperfect to describe people, things or situations in the past, and to talk about ongoing or habitual actions in the past:
  *Cuando **vivían** en Madrid **estudiaban** juntos.* *When they lived in Madrid, they used to study together.*

Present Perfect

- Use the present perfect to say what a person ***has done***. It describes actions completed in a recent past or in an unfinished period of time:
  *Este año Anamar **ha ganado** dos premios.* *This year Anamar has won two awards.*

PLUPERFECT OR PAST PERFECT TENSE

(See page 101)

- Use the pluperfect to talk about an action that took place before another past action.
- To form the pluperfect tense:

	IMPERFECT TENSE OF *HABER*	PAST PARTICIPLE	IRREGULAR PAST PARTICIPLES	
yo	había		abierto	muerto
tú	habías	viaj**ado**	dicho	puesto
usted/él/ella	había	com**ido**	descubierto	roto
nosotros/as	habíamos	dorm**ido**	escrito	visto
vosotros/as	habíais		hecho	vuelto
ustedes/ellos/ellas	habían			

UNIDAD 4 ¡SUPERESPACIO!

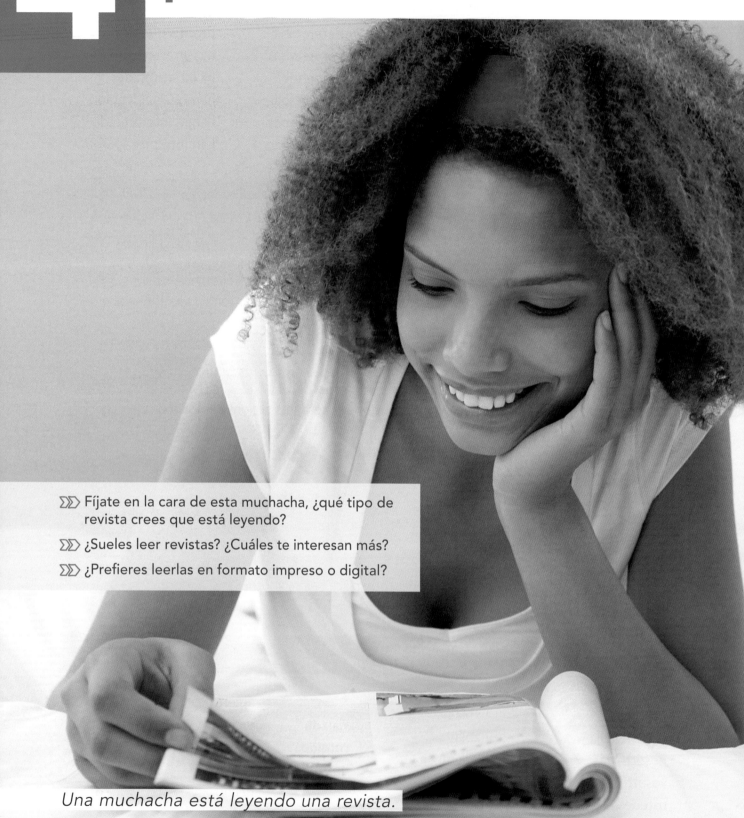

- Fíjate en la cara de esta muchacha, ¿qué tipo de revista crees que está leyendo?
- ¿Sueles leer revistas? ¿Cuáles te interesan más?
- ¿Prefieres leerlas en formato impreso o digital?

Una muchacha está leyendo una revista.

IN THIS UNIT, YOU WILL LEARN TO:

- Use the conditional to:
  - Ask and give advice and recommendations
  - Ask for permission and favors
  - Express probability or hypothesis in the past
- Talk about food and health
- Read *El bocado menos* cool, Gervasio Posadas
- Write a report

CULTURAL CONNECTIONS

- Share information about pop culture and teen magazines in Hispanic countries and compare cultural similarities

CULTURA EN VIVO
LA DIETA MEDITERRÁNEA...
¿MITO O REALIDAD?

1 **Fíjate en la imagen y elige la opción correcta.**

1. La imagen representa...
   - a. ☐ una revista de moda.
   - b. ☐ una revista de cocina.
   - c. ☐ una revista para jóvenes.

2. Maruchi es...
   - a. ☐ actriz.
   - b. ☐ cocinera.
   - c. ☐ bailarina.

3. ¿Qué tipo de programa crees que es *Amor en directo*? Un programa...
   - a. ☐ para encontrar pareja *(partner)*.
   - b. ☐ de canciones de amor.
   - c. ☐ de cotilleos *(gossip)* de amor.

4. Mónica Pérez es...
   - a. ☐ una famosa actriz.
   - b. ☐ una cocinera.
   - c. ☐ la participante de un concurso para encontrar pareja.

2 **Relaciona los textos con su imagen correspondiente de la portada. Hay un texto que no tiene imagen, ¿cuál es?**

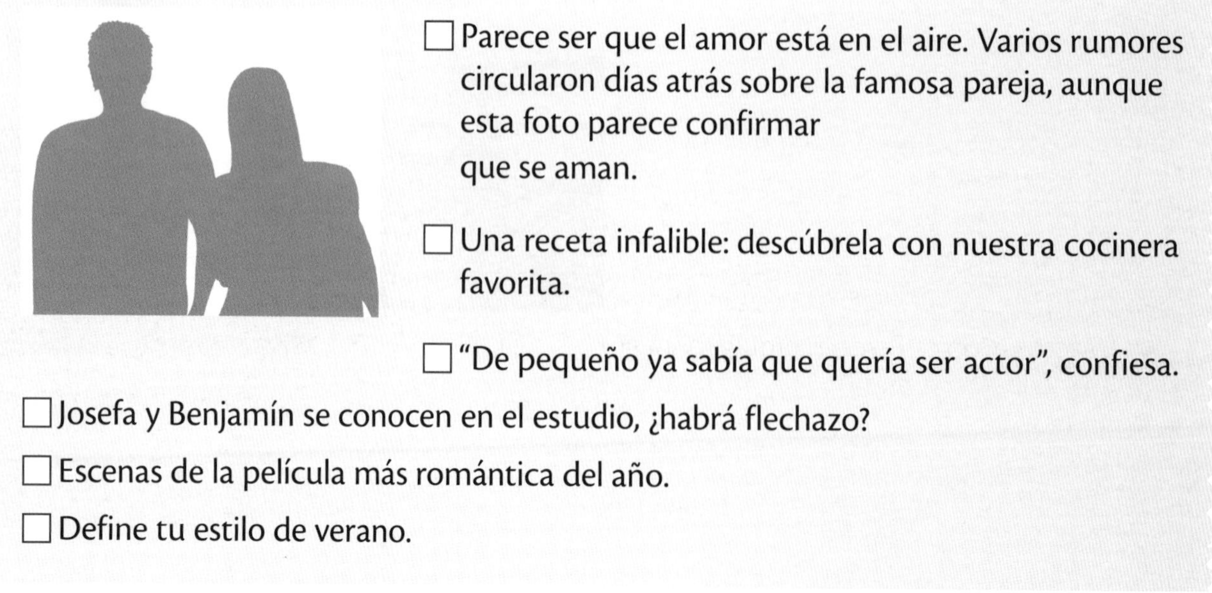

☐ Parece ser que el amor está en el aire. Varios rumores circularon días atrás sobre la famosa pareja, aunque esta foto parece confirmar que se aman.

☐ Una receta infalible: descúbrela con nuestra cocinera favorita.

☐ "De pequeño ya sabía que quería ser actor", confiesa.

☐ Josefa y Benjamín se conocen en el estudio, ¿habrá flechazo?

☐ Escenas de la película más romántica del año.

☐ Define tu estilo de verano.

3 27 **Escucha la conversación entre Luis y Carla y contesta a las preguntas.**

	Carla	Luis
a. ¿Quién está muy "enamorada" de Maxi Castro?	☐	☐
b. ¿Quién pide ayuda para contestar a un test?	☐	☐
c. ¿Quién sabe más sobre Mónica Pérez?	☐	☐
d. ¿A quién no le gusta la comida sana?	☐	☐
e. ¿Quién da un consejo sobre nutrición?	☐	☐

4 **Lee la conversación y contesta verdadero (V) o falso (F). Corrige las afirmaciones falsas.**

Luis: Mira, Carla, las fotos que trae esta semana *SuperEspacio*. Hay una entrevista a Maxi Castro.

Carla: ¿Maxi Castro? ¡Ay!, Luis, déjame ver... Yo estoy enamoradísima de ese actor... Es tan guapo y tan simpático.

Luis: Mira... también viene un test para saber si conoces bien la vida de Maxi... Y si aciertas *(answer correctly)* todas las preguntas, participas en el sorteo *(sweepstake)* de un viaje a París. ¿Podrías ayudarme?

Carla: Claro, yo conozco todos los secretos de la vida de Maxi. De todos modos, yo que tú primero leería la entrevista y después contestaría al test. Seguro que esa entrevista contiene mucha información.

Luis: ¿Viste que parece que Mario Medina y Mónica Pérez están juntos?

Carla: ¿Mónica Pérez es la actriz de la película *La soga*?

Luis: Carla, deberías estar más informada... Es la actriz de la serie *Sombras*. Es la que hace el papel *(role)* de mala.

Carla: Bueno, vale. También sale la cocinera esa de *Salud al día*, el programa de televisión... A mi madre le encanta y en casa nos lo pone todos los días.

Luis: A mí dame hamburguesas y papas fritas. Odio las verduras.

Carla: ¿En serio? No me lo puedo creer. Pues deberías comer más verdura. Es muy buena para la salud.

	V	F
a. Maxi Castro es un cantante muy famoso.	☐	☐
b. *Salud al día* es un programa de cocina sana.	☐	☐
c. La actriz Mónica Pérez es protagonista en una serie de televisión.	☐	☐
d. La cocinera y el actor tienen un romance.	☐	☐

5 **En la conversación anterior hay frases destacadas con un nuevo tiempo verbal: el condicional. ¿Para qué crees que se usa este tiempo en cada caso? Relaciona.**

1. ¿Podrías ayudarme?
2. Yo que tú leería la entrevista y después contestaría al test.
3. Deberías estar más informada...
4. Deberías comer más verdura.

a. Para dar una recomendación o un consejo.

b. Para pedir un favor.

6 **Observa las siguientes portadas de revistas. Después, con tus compañeros/as, debate estas cuestiones. En las preguntas f-i justifica tus opiniones. ¿Están tus compañeros/as de acuerdo contigo?**

a. ¿Qué tipo de revistas son?
b. ¿A qué tipo de público piensas que va dirigida cada una?
c. ¿Sueles leer algunas de estas revistas? ¿Qué contenidos te gustan más?
d. ¿Te interesan las revistas del corazón?
e. ¿Qué tipos de famosos suelen salir en ellas?
f. ¿Te parece que ganaron la fama de una manera justa?
g. ¿Piensas que es fácil hacerse famoso?
h. ¿Te gustaría llegar a ser famoso?
i. ¿Qué ventajas o desventajas crees que tiene la fama?

ASKING FOR AND GIVING ADVICE

- Para **pedir consejos**:

  ¿Qué puedo hacer? *What can I do?*

  ¿Tú qué harías? *What would you do?*

  ¿Podrías *aconsejarme? Could you advise me?*

- Para **dar consejos** o recomendaciones:

  Yo / Yo que tú / Yo en tu lugar, *comería de una manera más saludable. If I were you, I would eat healthier.*

  Deberías / podrías *acostarte. Es tarde. You should/could go to sleep. It's late.*

- Otras formas:

  ¿Por qué no *vas al médico? Why don't you go to the doctor?*

  Toma *un taxi, llegarás más rápido. Take a taxi, you'll get there faster.*

  ¿Y si *comes menos fritos? And if you eat less fried food?*

  Juan y tú ***tienen que*** *ir a ver esa película. Juan and you have to go see that movie.*

  No fumes*. Te hace daño. Don't smoke. It's harmful.*

1 **Maxi Castro va a rodar un nuevo filme y los productores organizaron un *casting* para encontrar a una muchacha que participe en él. Carla se ha apuntado a las pruebas, pero ahora está muy nerviosa y cree que lo hará fatal. ¿Puedes ayudarla dándole algunos consejos?**

a. .... me aprendería muy bien el papel.

b. ¿Y si ....? Van a ser muchos en el *casting*.

c. .... me tomaría un té de hierbas relajante antes de la prueba.

d. Deberías ....un papel corto de algún filme suyo.

e. ¿Por qué no ....en la prueba? Tú lo haces muy bien, tienes una voz preciosa.

2 **La chef Maruchi da a sus telespectadores algunos consejos para llevar una alimentación rica y saludable. Completa las conversaciones con los siguientes verbos.**

podrías ○ practicaría ○ tomaría ○ deberías ○ comería ○ harías ○ disminuiría ○ prepararía

Carlos: Maruchi, te veo todos los días en la tele y me encanta tu programa. Mi problema es que últimamente estoy engordando mucho, ¿tú qué (a) .... para adelgazar?

Maruchi: Yo que tú (b) .... con moderación y (c) .... las comidas con aceite de oliva, preferentemente crudo. También (d) .... el consumo de azúcar y de sal.

Carlos: ¡Uf!... Todo eso ya lo hago, pero engordo...

Maruchi: A lo mejor consumes más calorías de las que necesitas. En ese caso, yo en tu lugar, (e) .... ejercicio diariamente.

Alicia: Hola, Maruchi, me encanta tu programa. Mira, mi problema es que últimamente me encuentro muy cansada y a veces me duele la cabeza. El médico dice que estoy sanísima, pero yo me siento sin energías. ¿(f) .... darme algunos consejos?

Maruchi: Alicia, querida, ¿seguro que te alimentas bien? En primer lugar, (g) .... incluir legumbres y frutos secos en tu dieta. Para el dolor de cabeza, yo que tú (h) .... abundante cantidad de agua durante todo el día.

3 28 **Ahora, escucha y comprueba tu respuesta de la actividad 2.**

4 **Con tu compañero/a, pide consejos para las siguientes situaciones. Incluye expresiones de cortesía para iniciar y terminar la conversación de manera natural.**

Estudiante 1

- **a.** ¡No soy popular en Facebook!
- **b.** Siempre que tengo un examen me pongo muy nervioso y no me puedo concentrar.
- **c.** Tengo muchos granos *(pimples)* y no sé qué hacer.
- **d.** Lloro viendo todas las películas.
- **e.** Mis padres quieren que salga con el hijo / la hija de sus amigos, pero a mí no me gusta.

Estudiante 2

- **a.** Necesito ver mi celular constantemente.
- **b.** Creo que en mi casa hay un fantasma pero nadie me cree.
- **c.** El muchacho / La muchacha que me gusta me invitó a una fiesta pero bailo fatal.
- **d.** No puedo dormir por las noches.
- **e.** Me encanta la ropa de mi hermano/a mayor pero no me la deja.

ASKING FOR FAVORS AND PERMISSION

- Para **pedir permiso** decimos:
  ¿***Te importa si*** *me llevo estos libros? Do you mind if I take these books?*
  ¿***Puedo*** *cerrar la puerta? Can I close the door?*
  ¿***Podría*** *salir un poco antes de clase? Could I leave class a little early?*
  ¿***Me dejas*** *usar tu teléfono? Will you allow me to use your phone?*

- Para **pedir favores** decimos:
  ¿***Me prestas*** *un boli? Will you lend me a pen?*
  ¿***Te importaría*** *llevar estos libros a la biblioteca?* (formal) *Would you mind taking these books to the library?*
  ¿***Podrías*** *prestarme tu diccionario de español?* (formal) *Could you lend me your Spanish dictionary?*
  ¿***Sería tan amable*** *de decirme la hora?* (muy formal) *Would you be so kind as to tell me the time?*

- Para **explicar** o **justificar** el porqué de la petición se utiliza **es que**…:
  Es que *he perdido mi boli. It's just that I lost my pen.*

5 ***Amor en directo*** **es un programa popular con personas que buscan un romance. Benjamín, el siguiente participante, está buscando novia. Ha pensado que, después del programa, la va a invitar a cenar en un restaurante. Relaciona las frases que podría decir Benjamín en esas circunstancias.**

1. ¿Te importa si	**a.** pasarme la sal?
2. ¿Podría	**b.** te llamo para vernos otro día?
3. ¿Puedo	**c.** invitarte a cenar?
4. ¿Me dejas	**d.** acompañarte a casa?
5. ¿Le importaría	**e.** aconsejarnos en la comida?
6. ¿Podrías	**f.** tomarnos una foto juntos?

6 **Escribe el número de las frases de la actividad 5 al lado de la situación en la que Benjamín las diría.**

a. ☐ Están cenando y la comida está sosa *(bland)*.
b. ☐ Acaban de salir del restaurante.
c. ☐ Se acaban de sentar en la mesa del restaurante y piden ayuda al camarero.
d. ☐ Se están despidiendo después de la cita.
e. ☐ Han salido del plató *(set)* de *Amor en directo* y están pensando qué hacer.
f. ☐ Están pasando una buena noche y le pide un favor al camarero.

EXPRESSING PROBABILITY IN THE PAST

- Si queremos **expresar probabilidad** en el pasado, decimos:

  Anoche ***cenaría*** *sobre las siete.* (Serían aproximadamente las siete, pero no estoy seguro).
  Last night I must have had dinner around seven.

  Tendría *unos quince años cuando conocí a Sara.* (No recuerdo con exactitud la edad que tenía).
  I must have been about fifteen when I met Sara.

7 **Fíjate en las imágenes y adivina qué pudo pasarles a estas personas. Utiliza las expresiones del cuadro.**

estar nervioso/a por el examen de Historia ○ perder la cartera ○ quedarse dormido/a ○ ~~perder el metro o el autobús~~ ○ quedarse chateando por Internet hasta tarde

a. Ayer Pepe llegó tarde a clase... Perdería el autobús.
b. Hoy Carlos se durmió en clase...
c. Ayer María tenía la luz de la habitación encendida a las cuatro de la mañana...
d. Ayer llamé a Laura por teléfono y estaba muy rara...
e. Ayer estaba en la cafetería y un cliente muy bien vestido se fue sin pagar...

8 **La muchacha que tenía que encontrarse con Benjamín no vino al programa. En parejas, hablen sobre los posibles motivos.**

Sería... Se quedaría...
Tendría... Estaría...

MORE IN **ELEteca** | EXTRA ONLINE PRACTICE

ANTES DEL VIDEO

1 **Lee el cuadro de estrategias, observa las imágenes y responde a las preguntas. Basa tu respuesta en lo que crees que puede ocurrir. Usa tu imaginación. Trabaja con tu compañero/a.**

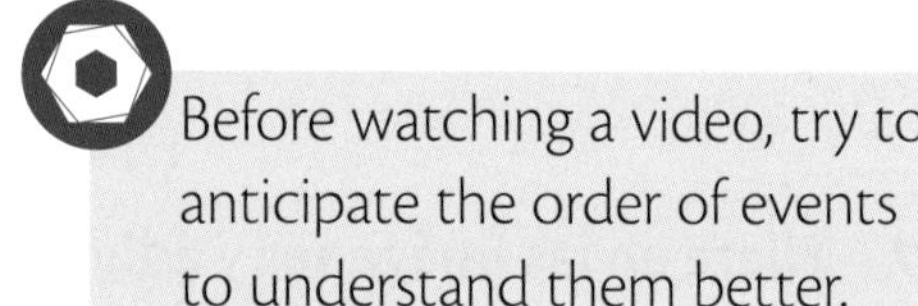

Before watching a video, try to anticipate the order of events to understand them better.

a. ¿Qué hacen los muchachos?
b. ¿Por qué?

2 **Los muchachos están trabajando en equipo. ¿Crees que les saldrá bien? Comenta con tu compañero/a dos aspectos necesarios para hacer un buen trabajo en equipo.**

DURANTE EL VIDEO

3 **¿Qué ingredientes lleva la paella de los muchachos? Marca todos los que veas durante el episodio. Puedes usar el diccionario para buscar las palabras que no conoces antes del verlo.**

a. ☐ tomate	**e.** ☐ huevos	**i.** ☐ arroz	**m.** ☐ pollo
b. ☐ carne picada	**f.** ☐ cebolla	**j.** ☐ pasta	**n.** ☐ pescado
c. ☐ aceitunas	**g.** ☐ ajo	**k.** ☐ mejillones	**ñ.** ☐ jamón
d. ☐ pimiento	**h.** ☐ aceite de oliva	**l.** ☐ camarones	**o.** ☐ leche

4 **¿Qué otros ingredientes extra añade Felipe? Escríbelos.**

....

5 **¿Quién de los dos muchachos, Felipe (imagen 3) o Sebas (imagen 4) dice las siguientes frases?**

a. Yo nunca he hecho una paella. ....
b. Tenemos que hacerlo todo en su orden. ....
c. Tienes que impresionarla con algo fuera de lo normal. ....

d. Preferiría los tacos porque me salen muy ricos. ....

e. Una paella es mucho más sorprendente. ....

f. Hay que ser creativo. ....

6 Mira esta secuencia y elige la opción correcta en cada uno de los casos.
04:30 - 06:00

a. Los muchachos están jugando a los videojuegos porque **ya han terminado / la paella está todavía cocinándose**.

b. Sebas quiere ir a la cocina a ver la paella pero Felipe le dice que **continúe jugando / es demasiado pronto**.

c. Cuando llega Alba, en la casa huele **muy bien / a quemado**.

d. Alba decide pedir unas **hamburguesas / pizzas** para cenar.

7 **Di si estas afirmaciones son verdaderas (V) o falsas (F).**

	V	F
a. Sebas quiere preparar una paella para impresionar a Alba.	☐	☐
b. Sebas y Felipe miran la receta en un libro.	☐	☐
c. Sebas ha gastado sus ahorros en los ingredientes.	☐	☐
d. Felipe cree que los frijoles están buenos con todo.	☐	☐
e. La paella de Sebas y Felipe no lleva marisco.	☐	☐
f. Los muchachos se ponen a jugar a los videojuegos cuando han terminado de comer.	☐	☐
g. Cuando Alba llega, la mesa ya está preparada.	☐	☐
h. Alba es la invitada a la cena pero ella paga las pizzas.	☐	☐

DESPUÉS DEL VIDEO

8 **¿Por qué la receta no salió bien? Marca con tu compañero/a todas las opciones posibles.**

a. No siguieron la receta punto por punto.
b. Añadieron ingredientes fuera de la receta.
c. No vigilaron la paella hasta el final.
d. No conocían el plato previamente.
e. Improvisaron mucho.
f. Compraron ingredientes caros.
g. No estaban supervisados por un adulto.

9 **¿Alguna vez has preparado algún plato? Escribe con párrafos conectados y detallados qué preparaste, cuándo, con quién estabas y cómo salió el plato.**

....

....

MORE IN **ELEteca** | EXTRA ONLINE PRACTICE

1 29 **Relaciona los alimentos con las siguientes imágenes. Luego, escucha el audio y verifica tus respuestas.**

a. b. c. d. e. f.

g. h. i. j. k. l.

m. n. ñ. o. p. q.

r. s. t. u. v.

Aceites	Azúcares, dulces y pastelería	Verduras y vegetales	Frutas
1. aceite de oliva ☐	3. bizcocho ☐	5. berenjena ☐	8. cereza ☐
2. aceite de girasol ☐	4. magdalena ☐	6. calabacín ☐	9. piña ☐
		7. espinacas ☐	10. kiwi ☐

Legumbres	Carnes y derivados	Lácteos y derivados de la leche
11. chícharos / guisantes ☐	15. carne picada ☐	21. leche entera / desnatada ☐
12. lentejas ☐	16. chuleta de cerdo ☐	22. mantequilla ☐
13. frijoles / judías ☐	17. pechuga de pollo ☐	23. yogur natural / desnatado / con frutas ☐
14. garbanzos ☐	18. bistec ☐	
	Embutidos *(cold cuts)*	
	19. salchichón ☐	
	20. chorizo ☐	

FROM THE corpus

In Mexico and Central America they use the words **frijoles** and **chícharos**; In Spain they use **judías** and **guisantes** respectively.

2 **Relaciona las palabras de las dos columnas para formar combinaciones frecuentes.**

1. pescado
2. ensalada
3. pan
4. leche
5. trozo de
6. agua
7. fruta
8. yogur
9. papas

a. entera
b. fritas
c. del tiempo
d. multicereales
e. desnatado
f. mixta
g. mineral
h. pastel
i. a la plancha

3 **Mónica Pérez, la actriz, y Maruchi, la famosa chef, están hablando de cómo mejorar los hábitos alimenticios de Mónica. Lee el cuadro de estrategias y completa con las palabras de la actividad 2.**

Maruchi: Primero, vamos a analizar qué es lo que comes habitualmente. A ver, ¿qué sueles desayunar?
Mónica: Tomo un vaso de (a) ....
Maruchi: ¿Y qué más?
Mónica: Pues, nada más.
Maruchi: ¿Solo eso? Bueno, ¿y luego? ¿A la hora de la comida?
Mónica: Como una hamburguesa con (b) .... y un refresco.
Maruchi: ¿Tomas postre?
Mónica: Sí, un (c) .... de chocolate.
Maruchi: ¿Y para cenar?
Mónica: Para cenar tomo (d) .... como salmón o sardinas con una (e) .... y de postre, un (f) ....
Maruchi: Bien. En realidad, creo que tenemos que hacer algunos cambios, sobre todo en el desayuno y la comida. Para desayunar, yo tomaría café o té, con leche desnatada, pero lo acompañaría con (g) .... y mermelada. Lo que yo cambiaría bastante es la comida. Para empezar, la haría más variada, incorporando verduras y legumbres de todo tipo. Por otro lado, yo en tu lugar abandonaría completamente los dulces y tomaría una (h) .... de postre. ¡Ah! y olvídate también de las bebidas con gas, mucho mejor beber (i) ....

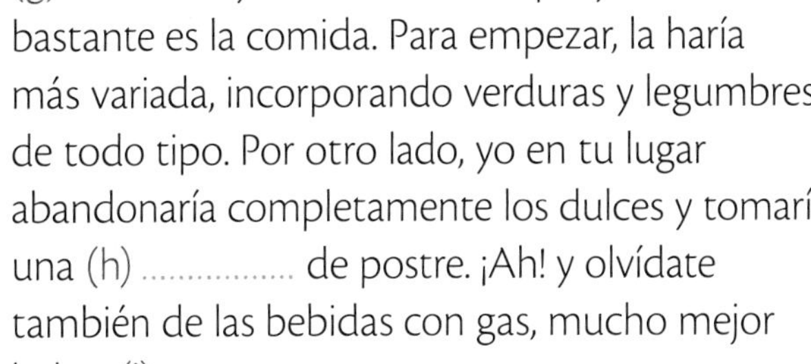

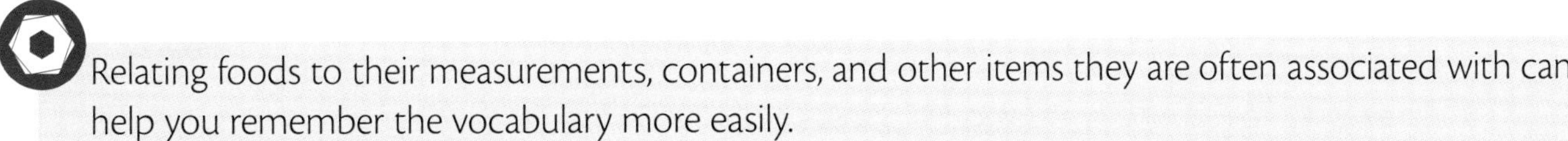
Relating foods to their measurements, containers, and other items they are often associated with can help you remember the vocabulary more easily.

4 **Túrnate con tu compañero/a y hazle preguntas sobre sus hábitos alimenticios. Después, dale los consejos necesarios según sus respuestas.**

Estudiante 1

a. ¿En qué consiste tu dieta?
b. ¿Te gusta la comida rápida?
c. ¿Te interesa comer de forma saludable?
d. ¿Cambiaste algo de tu alimentación en los últimos años?

Estudiante 2

a. ¿Con qué frecuencia comes verdura?
b. ¿Vas mucho a restaurantes de comida rápida?
c. ¿Dónde crees que llevas una alimentación más sana: en casa o en la escuela?
d. ¿Crees que comes bien?

5 **Relaciona las siguientes palabras, que se utilizan habitualmente en la preparación de comidas, con su correspondiente definición. Trabaja con tu compañero/a. Fíjate en las pistas que tienen en las definiciones para ayudarte.**

1. añadir
2. escurrir
3. aliñar
4. poner en remojo
5. cocer
6. congelar
7. triturar

a. Poner un alimento en agua durante un tiempo para poder cocinarlo bien al día siguiente.
b. Quitar el agua de un alimento después de cocinar.
c. Cortar un alimento en trozos más pequeños. Hay máquinas que lo hacen muy bien y muy rápido.
d. Poner alimentos a temperaturas muy frías para conservarlos frescos.
e. Poner un alimento, como las legumbres, en agua caliente durante un tiempo determinado.
f. Poner sal, aceite y vinagre a la ensalada.
g. Poner ingredientes adicionales poco a poco o al final.

6 **Utiliza los verbos de la actividad 5 para completar estos trucos de Maruchi.**

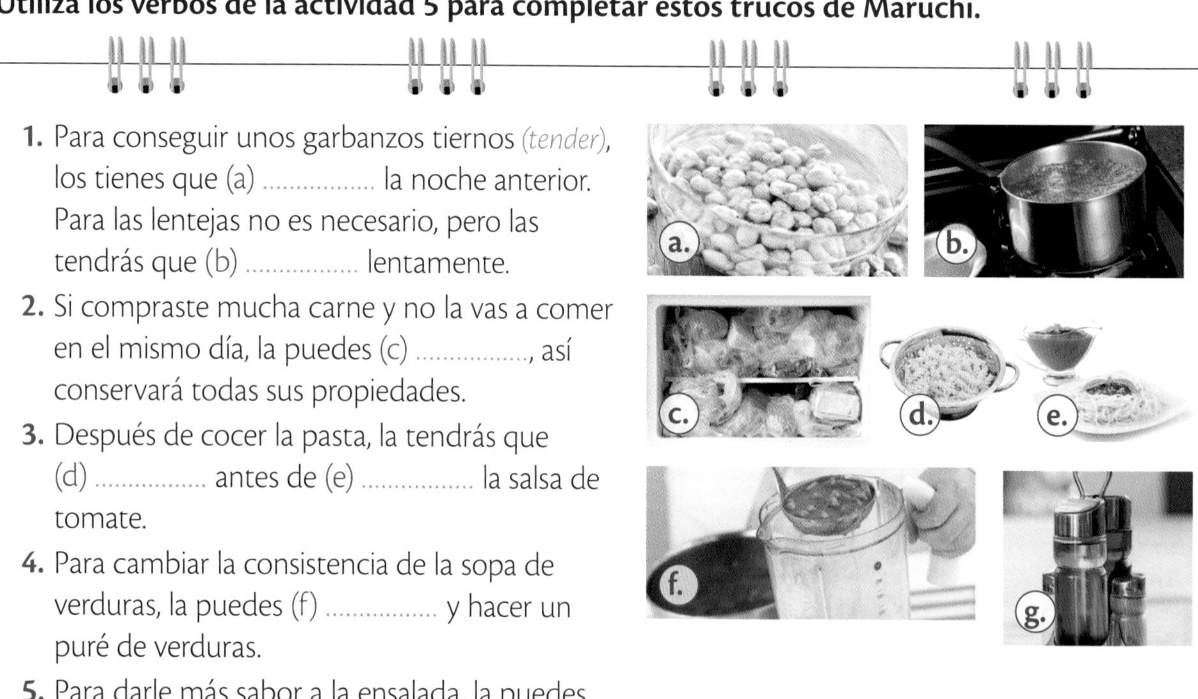

1. Para conseguir unos garbanzos tiernos *(tender)*, los tienes que (a) .... la noche anterior. Para las lentejas no es necesario, pero las tendrás que (b) .... lentamente.
2. Si compraste mucha carne y no la vas a comer en el mismo día, la puedes (c) ...., así conservará todas sus propiedades.
3. Después de cocer la pasta, la tendrás que (d) .... antes de (e) .... la salsa de tomate.
4. Para cambiar la consistencia de la sopa de verduras, la puedes (f) .... y hacer un puré de verduras.
5. Para darle más sabor a la ensalada, la puedes (g) .... con aceite de oliva.

7 **¿Te gusta cocinar? En grupos pequeños, lean el cuadro de estrategias y presenten su plato. Luego, teniendo en cuenta las instrucciones que dio, decidan quién es la persona del grupo que mejor sabe cocinar.**

Use the verbs you learned in this section without looking at the book. If you don't remember one, you can use gestures, describe the action or the necessary utensils, and your classmates will help you.

MORE IN ELEteca | EXTRA ONLINE PRACTICE

1. THE CONDITIONAL TENSE: REGULAR VERBS

	CANTAR	COMER	ESCRIBIR
yo	cantar**ía**	comer**ía**	escribir**ía**
tú	cantar**ías**	comer**ías**	escribir**ías**
usted/él/ella	cantar**ía**	comer**ía**	escribir**ía**
nosotros/a	cantar**íamos**	comer**íamos**	escribir**íamos**
vosotros/as	cantar**íais**	comer**íais**	escribir**íais**
ustedes/ellos/ellas	cantar**ían**	comer**ían**	escribir**ían**

Note that all endings have a written accent on the **í**.

The simple conditional is used to:

- Give **advice** and make recommendations:

  Yo / Yo que tú / Yo en tu lugar*, *comería *más fruta y verdura.* *If I were you, I would eat more fruit and vegetables.*

  Deberías / Podrías dejarle *un mensaje. Creo que está preocupado.* *You should/could leave him a message. I think he's worried.*

- Ask for **favors** and **permission**:

  *¿**Te importaría** hacerme un favor? Es que mañana tengo un examen...*

  Would you mind doing me a favor? It's just that tomorrow I have a test . . .

- Express **probability** or **hypothesis** in the past:

  *En aquella época yo **ganaría** unos mil euros al mes.* *Back then I was probably earning some a thousand euros a month.*

1 **Marta, otra participante de *Amor en directo*, va a ir la próxima semana al programa y está muy nerviosa. Lee la conversación que mantiene con su amiga Diana conjugando los verbos entre paréntesis en condicional.**

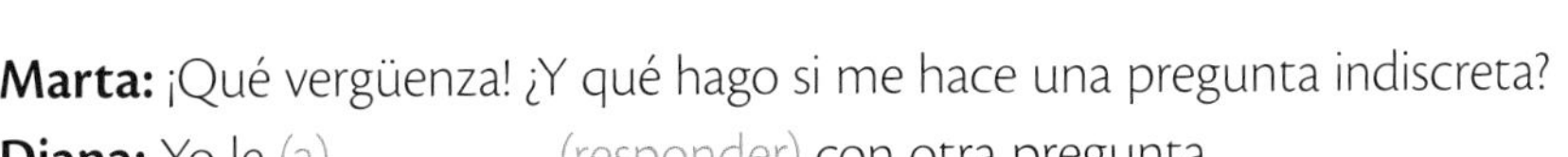

Marta: ¡Qué vergüenza! ¿Y qué hago si me hace una pregunta indiscreta?

Diana: Yo le (a) .... (responder) con otra pregunta.

Marta: ¿Y si lo veo y no me gusta?

Diana: Pues yo que tú le (b) .... (dar) una oportunidad y (c) .... (cenar, yo) con él. Si después de la cena no te gusta, no (d) .... (participar, yo) más en el programa.

Marta: ¿Y si me gusta?

Diana: Pues entonces (e) .... (seguir) conociéndolo y sobre todo (f) .... (encontrarse) con él fuera de las cámaras; ya sabes que la televisión engaña (*misleads*) mucho...

Marta: Tienes razón, (g) .... (deber, yo) conocerlo mejor. Pero, igual me enamoro de él y él no de mí, ¿te imaginas?

Diana: ¡Ay, Marta! Yo no lo (h) .... (pensar) más, ¡solo es un concurso! (i) .... (Ir), (j) .... (divertirse) un rato, (k) .... (conocer) a gente nueva y quién sabe..., igual es el hombre de tu vida...

Marta: ¿Y si lo es?

Diana: Pues entonces yo (l) .... (casarse) con él y (m) .... (ser, yo) muy feliz.

Marta: Y entonces... ¿me (n) .... (ayudar, tú) a elegir vestido de novia?

Diana: ¡¡Grrrrrr!! Que sí, ¡¡pesada!!

2 **El pobre Benjamín también está muy decepcionado. ¿Qué consejos le darías? Escríbele una nota.**

Modelo: *Querido Benjamín, yo en tu lugar...*

2. THE CONDITIONAL TENSE: IRREGULAR VERBS

- For all irregular verbs in the conditional, the endings remain the same as with regular verbs, only the stem changes as follows:

IRREGULAR VERBS			
caber → **cabr–**	poner → **pondr–**		ía
haber → **habr–**	salir → **saldr–**	hacer → **har–**	ías
poder → **podr–**	tener → **tendr–**	decir → **dir–**	ía
querer → **querr–**	valer → **vald–**		íamos
saber → **sabr–**	venir → **vendr–**		íais
			ían

What other tense uses these same stems?

3 **Completa los espacios con el verbo adecuado del cuadro en condicional.**

poner ○ saber ○ decir ○ tener ○ animar

a. .... unos cuatro años cuando empecé a dar mis primeros pasos como actor.
b. No tengo nada que decir respecto a mi relación con Mario Medina. Yo que tú .... en la revista que solo somos buenos amigos.
c. Yo no .... qué hacer sin los consejos de mi amiga Diana.
d. Yo .... a todos los jóvenes que una alimentación con muchas verduras es una garantía de salud para el futuro.
e. Yo .... a los jóvenes tímidos a buscar pareja a través de *Amor en directo*.

4 **Piensa otra vez en los relatos de la revista *SuperEspacio*. ¿Quién dijo qué? Relaciona las frases de la actividad 3 con la persona correspondiente.**

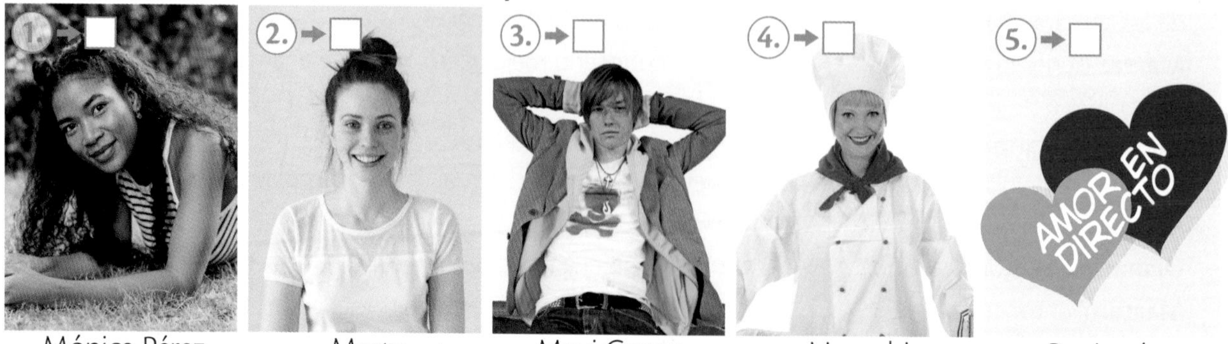

Mónica Pérez   Marta   Maxi Castro   Maruchi   Benjamín

5 30 **Escucha las entrevistas e identifica a la persona entrevistada en cada caso.**

Benjamín ○ Maruchi ○ Maxi ○ Mónica

a. .... b. .... c. .... d. ....

6 30 **Escucha las entrevistas de nuevo y completa con el verbo adecuado en condicional.**

	Uso
» ¿Qué .... si a tu hijo no le gusta el sabor de casi ninguna?	C
» .... usar tu imaginación.	☐
» .... la primera vez que venía a la tele.	☐
» ¿Y tú qué .... entonces, Luz?	☐
» Mira, yo	☐
» Sí, ... decir que sí.	☐
» Creo que no .... hacer otra cosa.	☐
» ¿Te .... firmarme un autógrafo para mi hija?	☐
» ¿.................... decirnos cuándo empezó esa bonita amistad?	☐
» Reconoces que Mario Medina .... parte de tu vida privada.	☐
» .... limitarte a escribir lo que digo.	☐
» Yo que tú lo .... claro de una vez.	☐

7 **Con tu compañero/a, comprueba tus respuestas de la actividad 6. Luego, identifiquen cuál de los siguientes usos del condicional corresponde a cada frase. Fíjate en el ejemplo.**

a. dar consejo
b. expresar probabilidad o hipótesis en el pasado
c. pedir consejo
d. pedir un favor

8 **Con tu compañero/a, comprueba tus respuestas en la actividad 6. ¿Cómo reaccionarías en las siguientes situaciones? Prepara dos respuestas para cada una. Luego, en grupos pequeños, compártanlas. Cada persona debe explicar por qué reaccionó así. Escucha bien y repite lo que dicen los otros para verificar sus ideas.**

a. Vas al programa de Maruchi, *Salud al día* y, como siempre, invita a algunos espectadores a probar el plato que acaba de preparar. Te escoge a ti, pero cuando lo pruebas *(taste)*... ¡sabe fatal! ¿Qué harías?

b. Ahora vas a la grabación del programa *Amor en directo*. Presentan al primer concursante y ves que sale tu novio/a al escenario. ¿Qué harías?

c. Ya no puedes más y necesitas tomar un café. Estás esperando en la cola en uno de esos cafés de moda y ves a la actriz Mónica Pérez con Maxi Castro sentados en una mesa. Parece que están enamorados. Se levantan y salen por la puerta de atrás, tomados por la mano. ¿Qué harías?

MORE IN **ELEteca** | EXTRA ONLINE PRACTICE ◆ GRAMMAR TUTORIALS 7 AND 8

1 **Mira la imagen y responde a estas preguntas. Habla con tu compañero/a.**

a. ¿Qué tipo de comida representa?
b. ¿Puedes describir los ingredientes?
c. ¿Dónde piensas que se puede comer?
d. ¿Crees que es una comida típica de algún país?

2 31 **Lee el artículo y comprueba tus respuestas anteriores.**

El bocado menos *cool*

La palabra *cool* es la que mejor define Punta del Este, uno de los lugares de veraneo más famosos de Uruguay. No es inusual encontrarse a actores de Hollywood comiendo en sus restaurantes. Además, es uno de esos raros lugares donde cada uno puede encontrar lo que busca: desde locales divertidos para bailar, tomar algo y conocer gente, hasta vacaciones familiares con entretenimiento para los más pequeños. Y si lo que quieres es desconectar y pasar unas vacaciones tranquilas y relajantes, *no problem*, allí te esperan kilómetros y kilómetros de playas desiertas para huir por un tiempo del mundanal ruido.

Sin embargo, para los que hemos nacido en ese pequeño paisito (*homeland*) que necesita de un mapa en su pasaporte para localizarlo, Punta del Este es importante también por otro motivo: es la cuna (*cradle*) del chivito, el lugar donde nació en los ya lejanos años 40.

"¿Y qué es un chivito? ¿Un animal?, ¿un tipo de barba?" Te preguntarás con toda razón. Frío, frío… Aunque Uruguay no tiene una gastronomía excesivamente sofisticada, todo lo que se pueda comer en una cafetería es excelente: desde los sándwiches a los panchos (perritos calientes), pasando por dulces tipo los alfajores o el chajá. Pero por encima de todo está el chivito.

Punta del Este

Se trata, simple y llanamente, del mejor bocadillo del planeta, o al menos eso opino yo y también el crítico gastronómico del *New York Times*, Anthony Bourdain. Fue creado en el desaparecido restaurante El Mejillón, de Punta del Este, y sus ingredientes básicos son un filete de carne tierna, lechuga, tomate, bacón, *mozzarella*, jamón york y cebolla. En su versión canadiense, o de lujo, lleva también huevo frito.

Parece algo desordenado y pringoso, desde luego nada *cool*, pero solo por probar un bocado tan delicioso, merece la pena mancharse bien los dedos y olvidarse de los buenos modales.

Reconocido escritor uruguayo, entre sus novelas destaca Pájaros de papel.

3 **¿Cuál crees que es la idea principal del texto? Estas palabras están relacionadas con ella. Marca la opción que expresa su significado. ¿Puedes deducirlo por el contexto?**

1. raro:
   a. ☐ poco frecuente
   b. ☐ lejano
2. veraneo:
   a. ☐ vacaciones de verano
   b. ☐ clima de verano
3. filete:
   a. ☐ bistec
   b. ☐ carne
4. bocadillo:
   a. ☐ tapa
   b. ☐ sándwich
5. entretenimiento:
   a. ☐ fiesta
   b. ☐ distracción
6. pringoso:
   a. ☐ que tiene mucho sabor
   b. ☐ que mancha mucho

4 **Ahora busca las palabras en el diccionario para comprobar tus respuestas anteriores.**

5 **Responde a las siguientes preguntas sobre el texto. Luego compara con tu compañero/a.**

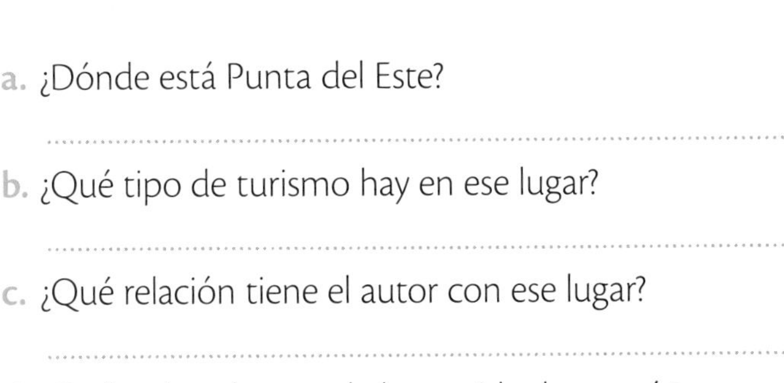

a. ¿Dónde está Punta del Este?

b. ¿Qué tipo de turismo hay en ese lugar?

c. ¿Qué relación tiene el autor con ese lugar?

d. ¿Qué opina el autor de la comida de su país?

e. Además del autor, ¿quién opina que el chivito es el mejor bocadillo del mundo?

f. ¿Qué ingrediente distinto lleva el chivito en su versión canadiense?

6 **Fíjate en las expresiones en inglés que emplea el autor y habla con tus compañeros/as. ¿Crees que los hispanos las usan con frecuencia?**

7 **¿Conoces palabras españolas usadas por angloparlantes? ¿Cuáles? ¿En qué contextos se usan?**

1 **Con tu compañero/a, mira este gráfico de un estudio sobre hábitos alimentarios de los niños y jóvenes españoles y responde a las preguntas.**

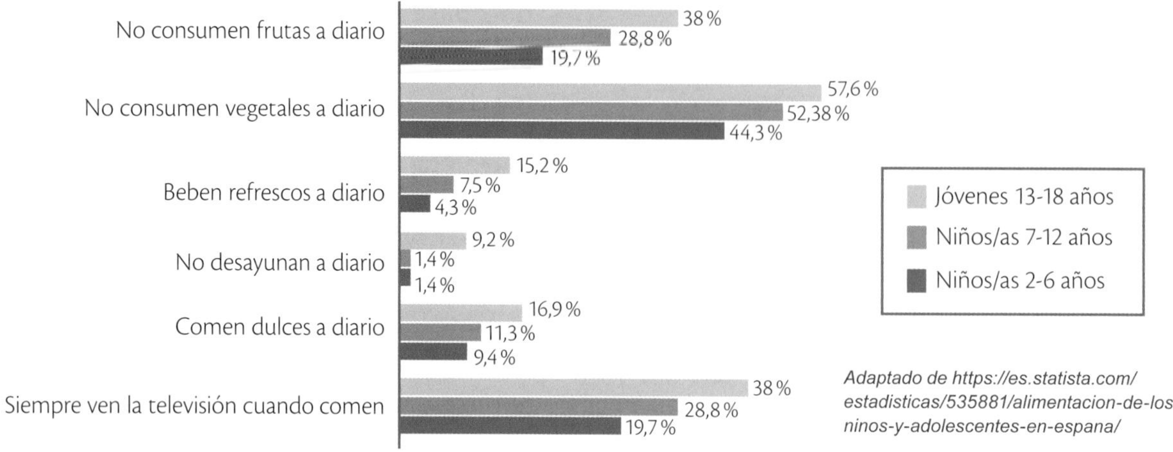

Adaptado de https://es.statista.com/estadisticas/535881/alimentacion-de-los-ninos-y-adolescentes-en-espana/

a. ¿Qué datos está analizando?
b. ¿Qué tipo de hábitos buenos para la salud muestra?
c. ¿Qué hábito malo para la salud tiene casi el sesenta por ciento de los jóvenes?
d. ¿Encuentras diferencias con los hábitos alimenticios en tu país?

2 **Lee el cuadro de estrategias, completa el esquema y escribe el borrador de un informe sobre la alimentación de los jóvenes de tu país.**

Follow these steps to write **a report**:

1. Write a **specific title** to indicate the theme: *Informe sobre...*
2. In the first paragraph, **present the theme briefly** and explain its importance.
3. **Look up information on the theme** and take notes with precision and objectivity. Do not copy information directly; summarize it instead.
4. **Use objective language** and **avoid giving your opinion**.
5. **Present the facts** that you will discuss **in different paragraphs**, using connecting phrases like *en cuanto a, en relación con...*
6. **Reference your sources** of information with words like *según, de acuerdo con...*
7. **Explain** in a separate paragraph the **health problems** that stem from bad habits. Relate the information using expressions like *así que, por lo tanto, por eso...*
8. **Write a concluding paragraph** that starts with *en conclusión, para terminar, para concluir...* with a summary of the situation and some advice for solving the problems discussed.

Introducción:	
Datos sobre el tema / número de párrafos:	
Problemas de salud:	
Párrafo de conclusión / consejos relacionados:	

3 PEER REVIEW **Intercambia con tu compañero/a el borrador del informe que escribiste, responde a estas preguntas y reflexionen juntos.**

1. Rodea la introducción. ¿Es breve? ¿Explica la importancia?
2. Cuenta y marca los párrafos. ¿Hay un dato en cada uno? ¿Resumió cada dato o lo copió literalmente?
3. Subraya los marcadores que emplea para presentar los datos y su origen.

4. Marca el párrafo del problema para la salud. ¿De qué problema habla?
5. Rodea la conclusión y subraya los consejos. ¿Coinciden?

4 **Ahora escribe la versión definitiva del informe y entrégasela a tu profesor/a.**

ORTOGRAFÍA Y PRONUNCIACIÓN Las letras *y* y *x*

- To form the plural of a word ending in **y**, add **–es: rey** / **reyes**. Notice that the **y** is now pronounced as a consonant.

- Verbs like **oír**, **caer**, **creer** and those ending in **–uir** like **construir**, **destruir**, and **huir** (*to flee*) will have a **y** in the **usted/él/ella** and **ustedes/ellos/ellas** form in the preterite:

oír ➔ o**y**ó | caer ➔ ca**y**eron | creer ➔ cre**y**ó
construir ➔ constru**y**ó | destruir ➔ destru**y**eron | huir ➔ hu**y**eron

1 **Completa con la forma correcta de los verbos entre paréntesis.**

a. Ayer Juan (oír) .... un ruido extraño y (creer) .... que era un ladrón. Salió corriendo para atraparlo, (caerse) .... y el ladrón (huir) .... con todo el dinero.
b. El pueblo maya consiguió muchos avances tecnológicos y (construir) .... un gran imperio.
c. El huracán (destruir) .... la casa de mis tíos en Santo Domingo.

- The letter **x** is used in place of **s** before the consonant pairs **pl–-** and **pr–**: **explorar**, **exprimir**.

2 **Completa con *x* o *s*, según la regla que acabas de aprender.**

a. e☐plotar | c. e☐timado | e. e☐tupidez | g. e☐presar
b. e☐plicar | d. e☐presión | f. e☐tatuto | h. e☐tirar

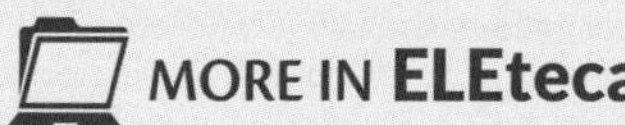

MORE IN ELEteca | EXTRA ONLINE PRACTICE

LA DIETA MEDITERRÁNEA...

Vegetales, queso, aceitunas*, sal, pimienta y aceite de oliva son ingredientes típicos de la dieta mediterránea.

¿MITO O REALIDAD?

Antes de leer

¿Qué tipo de comida sueles comer?

¿Te gusta la comida rápida? ¿Por qué?

¿Qué ingredientes son sanos, según tú?

32 **La comida mediterránea es típica de los países que rodean* el mar Mediterráneo. España es uno de ellos. Pero, ¿esta dieta existe o es un mito?**

La geografía, el clima y la historia de los países del Mediterráneo son los factores que determinan el cultivo de determinados alimentos y una manera de cocinar. Aunque culturalmente pueden parecer muy distintos y su gastronomía también puede diferir, en los países del Mediterráneo los ingredientes son muchas veces los mismos: predominan los vegetales, el pan, la pasta, las legumbres, la fruta y los frutos secos*, pero la característica principal de esta dieta es el empleo del aceite de oliva.

En 2013 la Unesco inscribió la dieta mediterránea en la Lista Representativa Cultural Inmaterial de la Humanidad.

En España, sin embargo, solo una parte del país está en el Mediterráneo y disfruta de este clima cálido. El norte de España, por ejemplo, tiene un clima más frío y lluvioso.

Esta variedad del clima español hace que no podamos generalizar al hablar de hábitos alimentarios y se traduce en diversas cocinas regionales. En las zonas costeras hay guisos* con pescados y mariscos* y en el interior hay más recetas con carne.

Algunos jóvenes prefieren la comida rápida. Les encantan las papas fritas, las hamburguesas y los aros de cebolla. Pero muchos otros siguen la dieta mediterránea: variada, sana y colorida. Y este año, según el índice Bloomberg, España es el país más saludable* de todo el mundo, así que... ¡felicidades!

La hamburguesa se considera un ejemplo de comida rápida en España.

Fuentes: *El País*, Bruno Martín, febrero de 2019; sitio web oficial del Patrimonio Cultural Inmaterial, Unesco; sitio web oficial del Ministerio de Agricultura, Pesca y Alimentación, Gobierno de España.

Índice de los diez países más saludables del mundo

1. **España**
2. **Italia**
3. **Islandia**
4. **Japón**
5. **Suiza**
6. **Suecia**
7. **Australia**
8. **Singapur**
9. **Noruega**
10. **Israel**

Fuente: *Business Insider España*, Adrián Francisco Varela, febrero de 2019.

¿Por qué España es más saludable?

1. **Dieta mediterránea**.
2. Calidad del sistema de **salud pública**.
3. Esperanza de vida **más alta** de toda la Unión Europea.
4. Atención especial a los **mayores**.
5. **Menor índice** de tabaquismo y obesidad.
6. Descenso de **enfermedades** cardiovasculares y cáncer.
7. Carácter abierto y **alegre**.
8. Mayor número de **horas de sol**.

Pan, tomate, aceite y jamón serrano... ¡sano y saludable!

Fuentes: *ABC Sociedad*, Cristina Garrido, marzo de 2019; *La voz de Asturias*, Uxía Rodríguez, febrero de 2019.

¿COMPRENDISTE?

Relaciona para formar frases lógicas.

1. La comida rápida...
2. La dieta mediterránea...
3. España...
4. Las recetas con carne...
5. El pescado y el marisco...

a. agrupa ingredientes sanos como los vegetales.
b. son típicos de las zonas costeras.
c. también se llama comida basura.
d. son típicas del interior de España.
e. tiene una esperanza de vida superior a la media europea.

La paella, un plato típico de la dieta mediterránea

AHORA TÚ

¿Qué opinas? Contesta a las siguientes preguntas y comenta tus ideas con tus compañeros/as.

1. ¿Qué aspectos positivos te parece que tiene la dieta mediterránea? __________
2. ¿Qué consecuencias puede tener una dieta a base de comida rápida? __________
3. ¿Qué alimentos son típicos de la zona donde vives? __________
4. ¿Qué podrías hacer para mejorar tu dieta? __________
5. ¿Qué ingredientes o alimentos de la dieta mediterránea sueles consumir? __________

LA DIETA MEDITERRÁNEA, ¿MITO O REALIDAD?

Glosario

aceitunas – olives
los frutos secos – nuts
el guiso – stew
el marisco – shellfish
rodear – surround
saludable – healthy

GIVING ADVICE OR RECOMMENDATIONS

1 Fíjate en las imágenes y escribe un consejo.

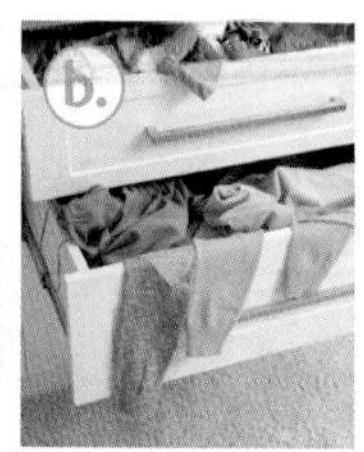

....

THE CONDITIONAL TENSE

2 Completa las frases con los verbos en condicional.

a. Yo que tú, no (salir) .... a la calle sin abrigo, hace mucho frío.
b. Yo, no (poner) .... tanto peso en la estantería, creo que no lo va a resistir.
c. (Tener, ustedes) .... que tener más cuidado con el mando de la tele, ¡siempre se les cae al suelo!
d. Yo creo que ayer (venir, él) .... sobre las dos. Yo estaba ya en la cama.
e. No (saber, yo) .... qué decirte. Por un lado, te entiendo, pero por otro creo que él también tiene razón.
f. Yo en tu lugar, le (decir, yo) .... realmente lo que pienso.
g. ¿(Poder, nosotros) .... entregar el trabajo la semana que viene?

LA COMIDA

3 Clasifica estas palabras en tu cuaderno en la categoría correspondiente.

piña ○ frijoles ○ calabacín ○ solomillo de ternera ○ lentejas ○ pechuga de pollo
salchichón ○ guisantes ○ manzana ○ espinacas ○ cerezas ○ berenjena ○ garbanzos

CARNES Y DERIVADOS	FRUTAS	LEGUMBRES	VERDURAS Y HORTALIZAS

4 Completa la receta de cocina con las siguientes palabras.

lavar ○ añadir ○ poner en remojo ○ guisar ○ cocer ○ escurrir (2)

Necesitas medio kilo de garbanzos. Para ablandarlos, los tendrás que (a) .... el día anterior. Pasado ese tiempo, los deberás (b) .... bien, quitándoles el agua sobrante. Las espinacas, si son frescas, se deben (c) .... muy bien para eliminar la tierra que pueden traer; también se pueden usar las espinacas congeladas.

En primer lugar, debemos (d) .... las espinacas cubriéndolas de agua a fuego lento durante unos diez minutos. Después de retirarlas del fuego, para quitarles el agua las tenemos que (e) .... y dejar a un lado.

A continuación, por separado, tenemos que (f) .... los garbanzos con agua, aceite, ajo, cebolla y pimienta. Una vez tiernos los garbanzos, ya podemos (g) .... las espinacas. Lo dejamos todo en el fuego durante unos dos minutos y ya tendremos listo un delicioso guiso de garbanzos con espinacas.

THE LETTERS Y AND X

5 Pon las letras que faltan. Después, usa las palabras para completar las frases.

ca☐ó ○ e☐plotar ○ re☐es ○ hu☐ó ○ e☐presionista ○ le☐es

a. Las .... de mi país son muy estrictas.
b. El periódico *El País* publicó una noticia sobre los .... de España.
c. Si sigues comiendo así, vas a ....
d. La semana pasada mi hermano se .... en la ducha y se golpeó la cabeza.
e. El ladrón .... por los edificios con la famosa obra de arte *La Gioconda*.
f. El estilo .... pertenece al siglo XX.

CULTURE

6 Contesta a las siguientes preguntas con la información que has aprendido en *La dieta mediterránea... ¿mito o realidad?*

a. ¿Cuáles son algunos de los ingredientes típicos de la gastronomía mediterránea?
b. ¿Cómo es el clima de los países mediterráneos? ¿Qué parte de España no está incluida en este clima? ¿Por qué?
c. ¿Cuáles son los motivos por los que España está considerado el país más saludable del mundo?
d. Últimamente, ¿qué prefieren comer los jóvenes? ¿Y tú?
e. ¿Qué alimento consumen más los españoles? ¿Crees que es igual en Estados Unidos?
f. ¿Qué alimento se consume menos en España? ¿Crees que es igual en Estados Unidos?

AL FINAL DE LA UNIDAD PUEDO...

	☆	☆☆	☆☆☆
a. I can use the conditional tense to:			
– Ask and give advice and recommendations.	☐	☐	☐
– Ask for permission and favors.	☐	☐	☐
– Express probability or hypothesis in the past.	☐	☐	☐
b. I can talk about food and health.	☐	☐	☐
c. I can read and understand *El bocado menos* cool, Gervasio Posadas.	☐	☐	☐
d. I can write a report.	☐	☐	☐

MORE IN ELEteca | EXTRA ONLINE PRACTICE

Verbos

adelgazar *to lose weight*
aliñar *to dress (salad)*
añadir *to add*
cocer *to boil, cook*
congelar *to freeze*
consumir *to consume*
engordar *to gain weight*
escurrir *to drain*
estar enamorado/a de *to be in love with*
lavar *to wash, to rinse*

poner en remojo *to soak*
triturar *to grind*

Descripciones

a la plancha *grilled*
crudo *raw*
del tiempo *at room temperature*
desnatado/a *skimmed*
entero/a *whole*
frito/a *fried*
mixto/a *mixed*
saludable *healthy*
sano/a *healthy*
soso/a *bland*
tierno *tender*

Pedir y dar consejos

Deberías... *You should . . .*
Es que... *It's just that . . .*
Para pedir permiso. *Asking for permission.*
¿Me dejas...? *Will you allow me to . . . ?*
¿Podría...? *Could I . . . ?*
¿Podrías...? *Could you . . . ?*
¿Puedo...? *Can I . . . ?*
¿Qué puedo hacer? *What can I do?*
¿Sería tan amable de...? *Would you be so kind as to . . . ?*
¿Te importaría...? *Would you mind . . . ?*
¿Te importa si...? *Do you mind if . . . ?*
¿Tú qué harías? *What would you do?*
Yo que tú / Yo en tu lugar... *If I were you . . .*

Los alimentos

el aceite de girasol *sunflower oil*
el aceite de oliva *olive oil*

la berenjena *eggplant*

el bistec *steak*
el bizcocho *cake*

el calabacín *zucchini*
la carne picada *ground beef*

las cerezas *cherries*
los chícharos / guisantes *peas*
el chorizo *sausage*

la chuleta de cerdo *pork chop*
los dulces *sweets*
los embutidos *cold cuts*
las espinacas *spinach*
los frijoles / las judías *beans*
los garbanzos *chick peas*

las lentejas *lentils*
la magdalena *muffin*

la mantequilla *butter*

la pechuga de pollo *chicken breast*
la piña *pineapple*
el sabor *taste, flavor*
la sal *salt*
el salchichón *salami*
la salsa *sauce*
el trozo de *piece of*
el vinagre *vinegar*

ASKING FOR AND GIVING ADVICE

(See page 119)

- Para **pedir consejos**:
  ¿Qué puedo hacer? ***¿Tú qué harías?*** *¿**Podrías** aconsejarme?*
- Para **dar consejos** o recomendaciones:
  ***Yo** / **Yo que tú** / **Yo en tu lugar**, comería de una manera más saludable.*
  ***Deberías** / **podrías** acostarte. Es tarde.*
- Otras formas:
  *¿**Por qué no** vas al médico?*
  ***Toma** un taxi, llegarás más rápido.*
  *¿**Y si** comes menos fritos?*
  *Juan y tú **tienen que** ir a ver esa película.*
  ***No fumes**. Te hace daño.*

THE CONDITIONAL TENSE

(See pages 127 and 128)

- Regular verbs:

REGULAR VERBS			
	CONGELAR	COCER	ESCURRIR
yo	congelar**ía**	cocer**ía**	escurrir**ía**
tú	congelar**ías**	cocer**ías**	escurrir**ías**
usted/él/ella	congelar**ía**	cocer**ía**	escurrir**ía**
nosotros/as	congelar**íamos**	cocer**íamos**	escurrir**íamos**
vosotros/as	congelar**íais**	cocer**íais**	escurrir**íais**
ustedes/ellos/ellas	congelar**ían**	cocer**ían**	escurrir**ían**

- Irregular verbs:

IRREGULAR VERBS			
caber → **cabr–**	poner → **pondr–**	decir → **dir–**	ía
haber → **habr–**	salir → **saldr–**	hacer → **har–**	ías
poder → **podr–**	tener → **tendr–**		ía
querer → **querr–**	valer → **valdr–**		íamos
saber → **sabr–**	venir → **vendr–**		íais
			ían

- The conditional is used to:
  - Give **advice** or **recommendations**:
    Yo / yo que tú / yo en tu lugar, comería más fruta y verdura. Comes fatal.
    Deberías escribirle un mensaje: Creo que está preocupado.
    Podrías dedicarte al deporte a nivel profesional. Eres muy bueno.
  - Ask for **favors** or **permission**:
    ¿Te importaría hacerme un favor? Es que mañana tengo un examen...
  - Express **probability** or **hypothesis** in the past:
    En aquella época yo ganaría unos mil euros al mes.

LA REVISTA DE LA ESCUELA

Los estudiantes de la escuela han decidido crear su propia revista. En ella incluirán entrevistas, una sección de consejos, se hablará de cine, teatro y literatura o se informará de los últimos talleres o actividades impartidas en el centro.

1 Relaciona los comentarios de algunos estudiantes sobre la nueva revista con lo que expresan.

1. Cuenta, cuenta, ¿de quién ha sido la idea de crear la revista?
2. ¡Qué fuerte! ¿Viste? ¡Entrevistan a la directora de cine Anamar Orson!
3. ¡Imposible! ¡Anamar Orson entrevistada por estudiantes de la escuela!

a. Incredulidad.
b. Interés y curiosidad.
c. Sorpresa.

2 Contesta a los comentarios de otros estudiantes con un comentario de la actividad anterior.

a. Cuando me dijeron que los creadores de la revista habían hablado personalmente con ella, me sorprendí muchísimo. Lo primero que dije al escucharlo fue:

b. Cuando estaba desayunando con Luis, escuchamos a Dani contar que unos alumnos le habían propuesto a Paco, el profe de Literatura, crear una revista para la escuela, y en ese momento yo le interrumpí:

c. Ayer en la puerta de la escuela estaban repartiendo ejemplares del primer número de la revista. Agarré uno y solo de ver la portada ¡me quedé alucinada!, ¡no me lo podía creer! ¿Cómo lo habían conseguido? Así que fui corriendo a buscar a Carla y le dije:

3 Algunos estudiantes hablaron con Anamar Orson. Lee parte de la entrevista y elige la forma correcta de los verbos y las preposiciones: *por* o *para*.

Entrevistador: Pero, entonces, Anamar, ¿usted y el actor Cristian Pascual se conocen desde hace mucho tiempo?

Anamar Orson: Sí, somos viejos amigos. Nos conocemos desde el 99, yo **regresé** / **había regresado** a España **por** / **para** hacer un curso **por** / **para** enseñar español y fue entonces cuando **conocí** / **había conocido** a Cristian.

E.: Y fue en esa misma época cuando **conoció** / **había conocido** también a Paco, nuestro profesor de Literatura, ¿no?

A.O.: Efectivamente.

E.: Por lo que sabemos, sus trabajos **han ganado** / **habían ganado** un total de tres premios cinematográficos.

A.O.: Sí, así es. En el año 2005 **filmé** / **había filmado** mi primera película y **recibí** / **había recibido** dos premios Goya. Pero este no fue mi primer premio **para** / **por** mi trabajo en el cine. Dos años antes **había ganado** / **ha ganado** la Concha de Oro del Festival de San Sebastián al mejor corto español.

4 33 **Escucha estos problemas y escribe su número al lado del consejo o recomendación correspondiente.**

a. ☐ ¿Por qué no hablas sinceramente con ellos? Seguro que te entenderán.
b. ☐ ¿Y si le pedimos una suya? Es tan maja que seguro que nos da alguna.
c. ☐ Deberías organizarte, estudiar un poco todos los días y hacerte resúmenes y esquemas, porque si lo dejas todo para antes del examen te agobiarás más.
d. ☐ No te preocupes, tu problema tiene solución. Es evidente que te esfuerzas, pero creo que no estás dando los pasos acertados. Yo en tu lugar buscaría un profesor particular.
e. ☐ Eso se llama pánico escénico. Yo que tú intentaría aprender algunas técnicas de relajación y centraría mis esfuerzos en prepararme bien el guion.

5 34 **Escucha los diálogos completos y comprueba las respuestas de la actividad anterior.**

6 **Lee los siguientes consejos o recomendaciones extraídos de la revista. Después, relaciónalos con el texto correspondiente.**

1. Yo que tú esperaría un poco más y aclararía antes mis ideas.
2. ¿Por qué no haces el siguiente test de compatibilidad?
3. Trata de alcanzar una velocidad de cuatro a nueve kilómetros por hora.

a. ☐ ¡Sorpresa! Maxi Castro, nuestro actor favorito, se está dejando de nuevo el pelo largo. Eso ya lo veíamos venir, ¿verdad? Pero lo que no sabíamos es que se volvería a dejar el pelo como en sus inicios. Si quieres saber si eres compatible con Maxi,…
b. ☐ Caminata rápida. Este ejercicio es uno de los más recomendables. El único equipo necesario es calzado cómodo y un camino. Alarga el paso y ve a un ritmo bastante rápido.
c. ☐ Querida Alicia: Sé que estás pasando por un mal momento y que tal vez piensas que ese muchacho es el apoyo que necesitas, pero ahora mismo no te conviene empezar una relación.

7 **La nueva revista de la escuela aún está en periodo de pruebas. Sus creadores necesitan buscarle un título y algunas sugerencias de los alumnos. Escribe una carta a la revista y:**

a. propón un título para esta;
b. da algunas sugerencias y recomendaciones sobre sus contenidos;
c. pide algún consejo;
d. envía una receta de cocina para su próximo concurso de recetas.

Pon en práctica lo que aprendes incluyendo una nueva palabra cada día en una frase. Si tienes oportunidad, usa la frase con un/a amigo/a hispano/a o con tus compañeros/as de clase. También puedes buscar una tienda local hispana e ir a comprar algo usando el español. No importa si cometes algún error, lo importante es hablar lo más posible y comunicarte. No olvides que todos tus esfuerzos contribuirán a que consigas el Sello de Alfabetización Bilingüe.

NUESTRO PROYECTO

JUEGOS

How can we learn while having fun?

What board or card games do you, your family or your friends play? What games do you think are popular in Spanish-speaking countries? What are their similarities and differences? This project will provide the answer to the latter two questions. Then, as a group, you will create your own game based on your research and teach it to the rest of the class.

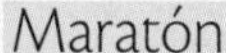

FIRST STEP

Research (Interpretative task)

1 **Break up into groups and choose one of these games to research.**

Maratón

México

La rayuela

Chile

Pasar el aro

El Salvador

Las bochas

Argentina, Chile, Perú, Uruguay, México, Venezuela

El juego de la oca

España

2 **Find primary and secondary sources in Spanish to answer the following questions. Be sure to use at least one video source.**

- ¿Cuál es la historia del juego?
- ¿Cómo se juega? ¿Cuáles son sus reglas?
- ¿Hay similitudes o diferencias entre este juego y los que juegas tú?
- En tu opinion, ¿cuál de los juegos es más interesante y divertido? ¿Por qué?

All of the sources in your bibliography should be relevant to the goal of your presentation. Ask yourself, does the information relate to my topic or answer my questions? Additionally, whether something is relevant and authoritative really depends on what you are looking for and what is required in your assignment. While videos may be perfectly fine or even required for one assignment, another assignment may require that you only use scholarly sources. When in doubt, read your assignment instructions again or ask your teacher.

3 **Once you have collaboratively set clear roles, goals, and deadlines, begin your research. Divide the research sources between team members and then write a summary of the key ideas found in your sources. Based on your research, work together to write a report about your chosen game. Turn in your bibliography, summaries, and report to your teacher.**

SECOND STEP

Presentation to the class (Presentational task)

4 **As a group, invent a new game based on the game you researched. Teach the game to your class in Spanish. As part of your presentation, include a video of your group playing the game.**

5 **Play the game with your classmates. Don't forget to bring several copies of any materials needed, such as cards or game board. Make sure they follow the rules you taught.**

THIRD STEP

Debate and reach a consensus (Interpersonal task)

6 **After all of the new games have been taught and played by the class, discuss them and as a class, decide which one is the most creative.**

FOURTH STEP

Community outreach

7 **Have a game event and invite other Spanish classes to attend. Make sure you have multiple sets of anything needed to play each game. Invite your family plus other community members, as well as the principal, superintendent, school board members and the press. Present the rules of each game and be prepared to answer questions.**

8 REFLECTION **Reflect on this project and discuss these questions with your class.**

a. ¿Cuál fue el mayor reto de este proyecto?
b. ¿Qué parte del proyecto te gustó más?
c. ¿Qué funcionó bien durante tu presentación?
d. ¿Qué crees que pudiste hacer mejor?
e. ¿Se divirtió la clase con tu juego?

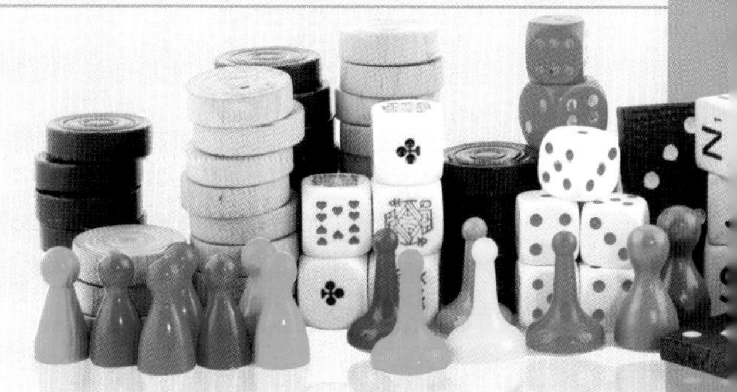

UNIDAD

5 ¡OJALÁ!

- ¿Qué les pasa a las ballenas? ¿Por qué crees que les pasó eso?
- ¿Qué están haciendo las personas que se ven a su alrededor?
- ¿Crees que ganan dinero por su trabajo o son voluntarios?
- ¿Has sido voluntario/a alguna vez?

Ballenas piloto varadas (stranded) en Farewell Spit, Nueva Zelanda, 2017 (Foto: Gary Webber)

IN THIS UNIT, YOU WILL LEARN TO:

- Use the subjunctive to...
  - Situate events in time
  - Express purpose or objective
  - Express wishes and social conventions
  - Use appropriate responses in social situations with common expressions
- Talk about volunteering and NGOs
- Read a poem from *Poemas agrestes*, Juan Ramón Jiménez
- Write an argumentative essay

CULTURAL CONNECTIONS

- Share information about volunteering in Hispanic countries and compare cultural similarities

CULTURA EN VIVO

«ME ENCANTA SER VOLUNTARIO»

¿Cómo está hoy, don Eduardo?
Un poco pachucho... me duele la cabeza y tengo mucha tos...
Escena 2

1 **Observa las imágenes, contesta a las preguntas y justifica tu respuesta. Trabaja con tu compañero/a.**

Escena 1: ¿El padre está acostando o despertando al niño?

Escena 2: ¿*Pachucho* es un tipo de enfermedad o significa "estar un poco enfermo"?

2 **Lee las siguientes expresiones y escoge con tu compañero/a dos de ellas para completar los bocadillos de las imágenes anteriores.**

a. ¡Que se mejore!
b. ¡Que tengas suerte!
c. ¡Que aproveche!
d. ¡Que duermas bien!

- The verbs in these sentences are in the subjunctive.
- In the grammar section you will study this new mood.

3 35 **Escucha la conversación y marca verdadero (V) o falso (F).**

	V	F
a. Paula va a Guatemala a un colegio que han construido allí.	☐	☐
b. Va a estar en Guatemala dos semanas en julio.	☐	☐
c. Va a hacer un curso para aprender a convivir y trabajar en equipo.	☐	☐
d. Quiere dormir durante el viaje en avión.	☐	☐
e. Irene le desea buena suerte en su viaje.	☐	☐
f. El viaje de Paula es unos días después de terminar las clases.	☐	☐
g. Paula le contará muchas cosas a Irene desde Guatemala.	☐	☐

4 **Lee la conversación y comprueba tus respuestas.**

Irene: ¡Hola, Paula! Oye, ¿hablaste ya con Ana? Es que esta mañana me dijo que (a) quiere que vayamos este verano a la casa que tienen sus tíos en Cancún y que si queremos, podemos pasar todo el mes de julio allí. Ellos ya no van nunca y la casa está vacía.

Paula: Sí, precisamente te llamo por eso. Es que me ofrecieron la posibilidad de ir a Guatemala para ayudar a construir un colegio. Así que yo no podré ir con ustedes.

I.: ¡Qué me dices! Eso es estupendo, Paula. ¿Y vas tú sola?

P.: Bueno, voy a través de una ONG que se llama *Ayuda en Acción*. La verdad es que no conozco mucho a la gente pero, (b) antes de irnos, nos van a dar un curso durante dos semanas para saber lo que tenemos que hacer allí, conocer la situación, su cultura… y también para que nos conozcamos entre nosotros. ¡Vamos a estar un mes conviviendo y trabajando! (c) Espero llevarme bien con todos.

I.: Ya verás como sí. ¿Y cuándo te vas?

P.: (d) En cuanto terminemos las clases. De hecho, el avión sale el mismo día por la noche. ¡Ay, Irene, odio volar *(to fly)*! ¡(e) Ojalá me quede dormida pronto en el avión!

I.: Bueno, tú llévate el libro que nos recomendó el profesor de Filosofía y seguro que te duermes enseguida. Yo lo intenté empezar el otro día pero en cuanto lo abrí me quedé dormida *(fell asleep)*, ja, ja, ja… Oye, ahora en serio, me parece genial tu idea de ir a Guatemala; creo que va a ser toda una experiencia y (f) te deseo de todo corazón que te vaya muy bien y (g) ojalá que tu esfuerzo sirva para que esos niños puedan vivir mejor.

P.: Muchas gracias. Ya te contaré (h) cuando vuelva. ¡Ah! y yo también (i) espero que se lo pasen muy bien en Cancún. Dense un bañito en la playa por mí.

I.: ¡Eso seguro! Pero bueno, nos veremos (j) antes de que te vayas para despedirnos, ¿no?

P.: ¡Pues claro!

5 **Lee el cuadro de estrategias y clasifica las expresiones resaltadas de la conversación anterior.**

Asocia las expresiones nuevas con su intención comunicativa para memorizar su significado y uso.

Alguien expresa un deseo para otra persona	Alguien desea algo para sí mismo	Se habla del futuro
a,		

6 **Dos compañeros/as y tú deciden ir de voluntarios a un proyecto en América Latina. Elige un país y el tipo de proyecto: social, educativo, medioambiental... Usa las siguientes expresiones para presentar tu plan a la clase.**

- antes de irnos…
- después de estar…
- deseamos…
- mientras estemos…
- esperamos…

EXPRESSING THE MOMENT WHEN AN ACTION TAKES PLACE

- Para relacionar dos acciones en el **futuro**:

 ***Al llegar** a casa, **cenaré**.* *Upon arriving home, I will have dinner.*
 ***Cuando** / **En cuanto llegue** a casa, **cenaré**.* *When / As soon as I get home, I will have dinner.*
 ***Saldré antes de** / **después de cenar**.* *I'll leave before/after having dinner.*
 ***Saldré antes de que** / **después de que vengan** mis padres.* *I'll leave before/after my parents come.*
 ***Veré** la tele **hasta que cene**.* *I'll watch TV until I have dinner.*

> **!** **Llegue**, **vengan** and **cene** are forms of the present subjunctive.

- Para hablar de verdades universales o **hábitos**:

 ***Cuando llega** junio, **empiezan** a **subir** las temperaturas.* *When June arrives, temperatures begin to rise.*
 ***Al llegar** a casa, **hago** la tarea.* *Upon arriving home, I do my homework.*
 ***Cuando** / **En cuanto llego** a casa, **hago** la tarea.* *When / As soon as I get home, I do my homework.*
 *Siempre **hago** la tarea **antes de** / **después de salir** de clase.* *I always do my homework before/after getting home.*
 *A veces **escucho** música **hasta que llego** a casa.* *Sometimes I listen to music until I get home.*

1 36 **Completa las conversaciones con una expresión del cuadro. Luego, escucha el audio y comprueba.**

al o después de o en cuanto o hasta que

» ¡Que tengas buen viaje, cariño! ¡No te olvides de llamarme (a) .... llegar al hotel!
» Descuida. Te llamaré (b) .... llegue.
» Eso espero, porque la última vez no me llamaste. Me quedé muy preocupado...
» ¡Cómo que no! Sí te llamé.
» Sí, me llamaste, pero varias horas (c) .... aterrizar.
» No, recuerda que te lo expliqué: te llamé antes, pero no contestabas y luego no tenía cobertura en el móvil. De todas formas, no te preocupes, esta vez no dejaré de telefonearte (d) .... me contestes.

EXPRESSING PURPOSE OR OBJECTIVE

2 **Lee los usos de *para* y *para que*. Después, busca más ejemplos de cada caso en la conversación de la página 147.**

- Para expresar la finalidad *(purpose)* o el motivo por el que se hace algo se usa **para** o **para que**.
 - **Para** + infinitivo → Si los dos sujetos *(subjects)* de la oración son los mismos o uno de los dos no está especificado:

 ***(Yo)** hice muchas fotos **para (yo) colgarlas** en Facebook.*
 (a) ....

 - **Para que** + subjuntivo → Si hay sujetos diferentes:

 ***(Yo) traje** las fotos de las vacaciones **para que (tú)** las **veas**.*
 (b) ....

EXPRESSING WISHES AND DESIRES

3 **Estos son deseos de diferentes estudiantes. ¿Cuáles compartes? ¿Tienes otros deseos? Habla con tu compañero/a.**

- **Ojalá** que algún día dejen de existir los exámenes.
- Este año **espero** no recibir menos de C en ninguna asignatura.
- El año que viene **quiero** ir a España a estudiar español.
- **Deseo** que mis amigos me hagan una fiesta sorpresa para mi cumpleaños.
- **Espero** que este curso no sea tan difícil como nos han contado.
- **Deseo** hacer un safari por África.

> ! The expression **ojalá** comes from Arabic meaning "God (Allah) willing" and is used as the equivalent of "I hope that, let's hope that". It may be used with or without **que**.

4 **Analiza las expresiones en negrita de la actividad 3 y completa el esquema con *desear, esperar, infinitivo, querer* y *subjuntivo*. Trabaja con tu compañero/a.**

(a) .... (b) .... (c)	+	verbo en (d) .... (si el sujeto de las dos acciones es el mismo): ***(Yo) Quiero (yo) ir mañana** a la playa.* *que* + verbo en (e) .... (si el sujeto de las dos acciones es diferente): ***(Yo) Quiero que (tú) me compres** un helado.*

OTHER EXPRESSIONS OF SOCIAL RESPONSES

5 37 **Escucha las conversaciones y completa.**

- A alguien que se va a dormir.
  Que duermas bien. (a) ....
- A alguien que va a empezar a comer o está comiendo. (b) ....
- A alguien que tiene un examen o una entrevista de trabajo.
  Que tengas suerte. (c) ....
- A alguien que está enfermo.
  Que te mejores.
- A alguien que va a hacer algo divertido.
  Que disfrutes. (d) ....
  Que la pases bien. / Que lo pases bien.
- A alguien que ha tenido una mala noticia.
  (e) ....
- A alguien que ha tenido una buena noticia.
  Enhorabuena. (f) ....
- A alguien que se va por mucho tiempo.
  (g) ....

6 **En parejas y por turnos, respondan a lo que les dice su compañero/a.**

Estudiante 1

Dices:

1. ¡Ana / Juan y yo nos casamos!
2. Me voy a dormir.
3. Esta noche voy a un concierto.

Estudiante 2

Dices:

1. El partido va a comenzar.
2. ¡Van a quitar los exámenes!
3. Me voy a estudiar al extranjero seis meses.

ANTES DEL VIDEO

1 **Observa las imágenes y responde a las preguntas. Usa tu imaginación sobre lo que crees que puede ocurrir. Después, compara tus respuestas con las de tu compañero/a.**

Imagen 1. ¿Dónde se desarrolla el episodio?

Imagen 2. ¿De qué crees que están hablando Juanjo y Alfonso en esta imagen?

Imagen 3. ¿Cómo describirías el estado de ánimo de Juanjo en esta escena?

Imagen 4. ¿Qué crees que hace Juanjo en esta imagen?

Imagen 5. ¿Le gusta a Alfonso lo que está viendo?

Imagen 6. Escribe una pregunta para hacer a tu compañero/a sobre esta imagen. ....

2 **¿Alguna vez has actuado o participado en alguna obra? Cuéntaselo a tu compañero/a.**

DURANTE EL VIDEO

3 00:30 - 01:40 **Escribe con tus propias palabras y en orden cronológico qué ocurre en esta secuencia.**

....

....

....

4 **Elige las opciones correctas para describir la escena.**

1. Han llamado a Juanjo para que...
   a. done dinero.
   b. venda cursos *online*.
   c. haga un prueba para un comercial.

2. Tiene que prepararse para...
   a. hacer un examen.
   b. hacer un *casting*.
   c. hacer una película.

3. Están haciendo una campaña en televisión para...
   a. buscar personas desaparecidas.
   b. buscar voluntarios.
   c. cantar en televisión.

5 01:40 - 03:25 **Observa esta secuencia. Escribe el consejo que Alfonso le da a Juanjo para actuar mejor. Escribe otros dos consejos más para él, incluyendo un adjetivo diferente en cada caso.**

Es importante que ....

Es .... que ....

Es .... que ....

6 **Observa cómo Juanjo expresa un deseo en la misma escena y escríbelo. Después, comenta con tu compañero/a cuál es tu deseo imposible.**

....

7 03:25 - 06:15 **Termina de ver el episodio hasta el final. Luego, señala las palabras que están relacionadas con el mundo de las ONG.**

- ☐ audición
- ☐ solidario
- ☐ guion
- ☐ comercio justo
- ☐ proyectos
- ☐ viaje
- ☐ nativo
- ☐ ¡acción!
- ☐ hospital
- ☐ colegios
- ☐ alojamiento
- ☐ humanitaria
- ☐ memorizar
- ☐ ensayar
- ☐ voluntario
- ☐ campaña

8 **¿Tienes marcadas las mismas palabras que tu compañero/a? Comparen y expliquen las que tengan diferentes.**

DESPUÉS DEL VIDEO

9 **Comenta con tu compañero/a si crees que finalmente Juanjo tendrá éxito en la audición y explica por qué.**

10 **Escribe brevemente las ventajas y desventajas de participar en un proyecto con una ONG y debatan en clase sobre si es productivo ser solidario.**

Ventajas	Desventajas

1 **Observa las siguientes imágenes y describe lo que están haciendo las personas. ¿Qué tienen todos en común?**

2 **Con tu compañero/a, relaciona las imágenes de la actividad 1 con las siguientes expresiones. ¡Atención! A algunas expresiones les corresponde más de una imagen. Después, haz una lista de otras expresiones que sepas en español referentes a las ONG (Organizaciones No Gubernamentales).**

1. catástrofes naturales → ...a....
2. conflictos bélicos *(armed)* → ....
3. labores humanitarias → ....
4. protección del medioambiente → ....
5. solidaridad → ....
6. donativo → ....
7. voluntariado → ....
8. labor social → ....

3 **Observa estos logotipos. ¿Sabes a qué se dedica cada una de estas ONG?**

4 **Decide si las siguientes afirmaciones sobre la Cruz Roja son verdaderas (V) o falsas (F). Compara tus respuestas con tu compañero/a.**

	V	F
a. La Cruz Roja nació después de un viaje de su fundador por los países del tercer mundo.	☐	☐
b. La Cruz Roja es una organización que atiende a personas de todo el planeta.	☐	☐
c. La mayoría de los países dan parte de su Producto Interior Bruto o PIB *(Gross Domestic Producto or GDP)* a las ONG para ayudarlas a financiarse.	☐	☐
d. Las personas que trabajan en las ONG son todas voluntarias.	☐	☐

5 Lee el siguiente texto y comprueba tus respuestas de la actividad 4.

Las siglas ONG significan **Organización No Gubernamental**. La primera ONG que se conoce como tal es la Cruz Roja, que fue fundada en 1864 por el suizo *(Swiss)* Henry Dunant. El ocho de mayo de 1859 Dunant, que era un hombre de negocios, se encontraba en el norte de Italia. Allí fue testigo de una cruel batalla y de cómo las víctimas quedaban desatendidas en medio de las calles. Eran las mujeres de los pueblos cercanos quienes se hacían cargo de aquellos pobres hombres.

Le impactó tanto aquella experiencia que pensó en la necesidad de crear organizaciones **sin ánimo de lucro** e independientes de poderes *(power)* políticos e ideologías, para atender a las víctimas en los **conflictos bélicos** o en caso de **catástrofes naturales**. Así nació la Cruz Roja Internacional que hoy en día está presente en los cinco continentes.

Desde entonces el número de ONG ha aumentado en todo el mundo y también han ampliado su campo de trabajo. Algunas están enfocadas más a las **labores humanitarias** y otras a la **protección del medioambiente.**

La mayoría de países aportan parte de su **PIB** a la **financiación** de las ONG. Otra forma de **recaudar fondos** son las **campañas de sensibilización** para captar socios *(partners)* o la venta de artículos de **comercio justo**, aunque hay algunas que prefieren, para mantener su libertad, financiarse solo con **donativos**.

La mayoría de las personas que trabajan en las ONG son **voluntarios** o **voluntarias**, es decir, personas que combinan sus responsabilidades diarias, estudios o trabajos con ofrecer una **ayuda desinteresada** a los más necesitados. Sin embargo, también cuentan con trabajadores asalariados *(salaried)*, ya que, sobre todo *(especially)* las grandes ONG, requieren de personal cualificado y dedicado a tiempo completo *(full time)* para su buen funcionamiento.

6 Estos son algunos de los trabajos que realizan las ONG. Lee el cuadro de estrategias y relaciona las dos columnas para saber cuáles son. ¡Atención! Debes crear un total de diez frases.

a. Luchar por
b. Luchar en
c. Luchar a favor
d. Luchar contra
e. Trabajar por
f. Ofrecer
g. Organizar

1. ☐ campañas de sensibilización.
2. ☐ la protección del medioambiente.
3. ☐ la explotación infantil.
4. ☐ de los derechos humanos.
5. ☐ actos benéficos para recaudar fondos.
6. ☐ la pobreza.
7. ☐ el comercio justo.
8. ☐ orientación laboral.
9. ☐ la defensa de los animales.
10. ☐ el calentamiento global.

To correctly use verbs with prepositions, memorize some examples in context and pay close attention to the preposition and the noun or infinitive near it.

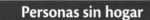

7 **Estos son algunos colectivos o causas apoyados por las ONG. Clasifica las frases que creaste en la actividad 6 en el lugar más adecuado. Piensa en otras acciones o tareas que se pueden realizar para estos colectivos o causas y coméntalo con la clase.**

Medioambiente	Países subdesarrollados	Discapacitados
ECOLOGISTAS en acción Trabajar por la protección del medioambiente,	Global Humanitaria	ONCE

Personas sin hogar	Inmigrantes	Mujeres y niños
 viviendas para los sintecho	RED acoge	FUNDACIÓN mujeres

8 **Lee el cuadro de estrategias y los testimonios de estos voluntarios, y relaciona las expresiones marcadas con su significado.**

Inés, treinta y cinco años, Malawi
Cuando terminé Arquitectura intenté encontrar trabajo en Colombia, pero no lo conseguí, así que decidí empezar mi carrera profesional como voluntaria en África. Hace diez años llegué a Malawi para colaborar en la construcción de un hospital y me quedé. Lo mejor es que (a) trabajamos codo con codo con la población de aquí. Así todos aprendemos de todos y esperamos que en el futuro no nos necesiten, porque eso significará que ellos tendrán los medios para (b) salir adelante. Es una manera de tener un (c) trabajo satisfactorio y de (d) ser solidario al mismo tiempo.

When you come across idiomatic expressions, try to guess what they mean by using the context or image they bring to mind.

Walter, quince años, Buenos Aires
Yo soy voluntario porque quiero que el mundo sea mejor cada día. Todos podemos hacer algo por los demás; no tienen que ser grandes gestos porque, si cada uno (e) pone su granito de arena, al final se pueden hacer cosas muy importantes.

Linda, veintidós años, Orlando
Cada año organizamos un mercadillo benéfico. La gente trae las cosas que ya no necesita pero que están en buen estado. Nosotros no ponemos precio sino que la gente (f) da la voluntad. La verdad es que se recoge bastante dinero.

1. ☐ Realizar un trabajo que te hace feliz.
2. ☐ Realizar un trabajo en colaboración con otra persona.
3. ☐ Superar una situación difícil.
4. ☐ Dar el dinero que tú quieres.
5. ☐ Ser generoso.
6. ☐ Colaborar.

9 **Con tu compañero/a, comenta los siguientes temas.**

- ¿Qué ONG de tu país conoces?
- ¿Colaboras con alguna ONG o conoces a alguien que lo haga?
- Habla sobre el tipo de trabajo que haces o que hace esa persona.

MORE IN **ELEteca** | EXTRA ONLINE PRACTICE

1. THE PRESENT SUBJUNCTIVE: REGULAR VERBS

- In this unit you have learned to express wishes, hopes, and desires as well as goals for the future using a new form of the verb. This form is called the subjunctive mood. Unlike the indicative, which states facts, the subjunctive describes reality from the point of view of the speaker:

  » *Este curso es muy difícil. vs. Espero que este curso no sea muy difícil.*

  » *Cuando terminé la universidad, me fui a trabajar a Bolivia.vs. Cuando termine la universidad, quiero trabajar en Bolivia.*

- Here are the forms of the present subjunctive:

	–AR HABLAR	–ER COMER	–IR VIVIR
yo	habl**e**	com**a**	viv**a**
tú	habl**es**	com**as**	viv**as**
usted/él/ella	habl**e**	com**a**	viv**a**
nosotros/as	habl**emos**	com**amos**	viv**amos**
vosotros/as	habl**éis**	com**áis**	viv**áis**
ustedes/ellos/ellas	habl**en**	com**an**	viv**an**

1 Completa estas frases con infinitivo o subjuntivo.

a. ¡Ojalá que me (llamar) .... Juanjo!
b. Cuando (hablar, tú) .... en español, intenta abrir más la boca.
c. ¡Te quedas sentada a la mesa hasta que te (terminar) .... todo el pescado!
d. Mario y Sara vinieron para (presentar) .... su nuevo disco.
e. Susana nos va a explicar una receta muy sencilla para que (aprender, nosotros) .... a hacer paella.
f. Cuando (independizarse, yo) ...., espero que mis amigos (vivir) .... cerca de mí.
g. ¡Que la fuerza te (acompañar) .... !
h. Quiero (cambiar, yo) .... mi número de teléfono.

2 Relaciona las frases de la actividad 1 con la imagen adecuada. Explica por qué.

2. THE PRESENT SUBJUNCTIVE: IRREGULAR VERBS

- Almost all **irregular verbs** in the present indicative are also irregular in the present subjunctive.

Stem-changing verbs

	QUERER	VOLVER	JUGAR	PEDIR
	e → ie	**o → ue**	**u → ue**	**e → i** (en todas las personas)
yo	qu**ie**ra	v**ue**lva	j**ue**gue	p**i**da
tú	qu**ie**ras	v**ue**lvas	j**ue**gues	p**i**das
usted/él/ella	qu**ie**ra	v**ue**lva	j**ue**gue	p**i**da
nosotros/as	queramos	volvamos	juguemos	p**i**damos
vosotros/as	queráis	volváis	juguéis	p**i**dáis
ustedes/ellos/ellas	qu**ie**ran	v**ue**lvan	j**ue**guen	p**i**dan

3 **Conjuga en presente de subjuntivo los siguientes verbos irregulares.**

ENTENDER	ENCONTRAR	REPETIR
....	....	....
....	....	....
....	....	....
....	....	....
....	....	....
....	....	....

- The verbs **dormir** and **morir** have two stem changes in the present subjunctive: **o → ue** and **o → u** as follows:

	DORMIR	MORIR
yo	d**ue**rma	m**ue**ra
tú	d**ue**rmas	m**ue**ras
usted/él/ella	d**ue**rma	m**ue**ra
nosotros/as	d**u**rmamos	m**u**ramos
vosotros/as	d**u**rmáis	m**u**ráis
ustedes/ellos/ellas	d**ue**rman	m**ue**ran

Irregular *yo* form verbs

- The present subjunctive of verbs with irregular **yo** forms is as follows:

SALIR	TENER	TRAER
salga	**tenga**	**traiga**
salgas	**tengas**	**traigas**
salga	**tenga**	**traiga**
salgamos	**tengamos**	**traigamos**
salgáis	**tengáis**	**traigáis**
salgan	**tengan**	**traigan**

4 **Conjuga en presente de subjuntivo los siguientes verbos irregulares en la primera persona del presente de indicativo.**

PONER	DECIR	CONOCER
....	....	....
....	....	....
....	....	....
....	....	....
....	....	....
....	....	....

- The following verbs have irregular subjunctive forms:

DAR	ESTAR	HABER	IR	SABER	SER	VER
dé	**esté**	**haya**	**vaya**	**sepa**	**sea**	**vea**
des	**estés**	**hayas**	**vayas**	**sepas**	**seas**	**veas**
dé	**esté**	**haya**	**vaya**	**sepa**	**sea**	**vea**
demos	**estemos**	**hayamos**	**vayamos**	**sepamos**	**seamos**	**veamos**
deis	**estéis**	**hayáis**	**vayáis**	**sepáis**	**seáis**	**veáis**
den	**estén**	**hayan**	**vayan**	**sepan**	**sean**	**vean**

5 **Lee esta conversación entre Beatriz y Luis e identifica los verbos en presente de subjuntivo.**

Beatriz: Toma, Luis, aquí tienes algunas cosas para el mercadillo benéfico. Oye, ¿cuándo es?

Luis: Es el sábado que viene.

Beatriz: ¿Estás bien preparado?

Luis: Si, espero que la gente compre de todo para que podamos recaudar los fondos necesarios para la Cruz Roja.

Beatriz: ¿Quieres que te ayude con algo más?

Luis: No, gracias. Solo deseo que todos colaboren con su tiempo o con donativos.

Beatriz: Pues, que tengas suerte.

Luis: Gracias. Ya te contaré cuando te vea.

6 **Comenta con tu compañero/a si son regulares o irregulares los verbos que anotaron en la actividad 5. Después, escribe las estructuras en las que se encuentran estos verbos e indica su función.**

	Expresa deseos / esperanzas	Expresa finalidad *(purpose)*	Relaciona dos acciones en el futuro
a. Modelo: Espero que + verbo en subjuntivo			
b.			
c.			
d.			
e.			
f.			

7 **Transforma estas frases.**

a. **Luis está contento.** Beatriz espera que Luis...
b. **Beatriz irá al mercadillo.** Luis desea que Beatriz...
c. **La gente es generosa.** Ojalá que...
d. **El sábado no lloverá.** Esperamos que...
e. **Muchas personas vendrán al mercadillo.** Luis quiere que...
f. **Luis organizará más actividades benéficas en el futuro.** Ojalá que...

8 **Completa las frases con tus propias ideas. Luego, en grupos pequeños, túrnense para compartir su información. ¿Tuvieron todos respuestas similares?**

a Cuando tenga veinte años...
b. Quiero que mis padres me compren...
c. Ojalá que mañana...
d. Mi profesor espera que yo...
e. Cuando mis amigos se van de vacaciones les digo que...
f. Pienso vivir en casa hasta que...
g. Cuando seamos mayores,...

9 **Completa la historia de *Antoñito el fantasioso* con los verbos entre paréntesis.**

Antoñito era un niño que se pasaba el día soñando.

–Cuando (a) ....(ser) mayor, me iré a vivir a Australia –decía siempre.

–Sí, te irás a Australia, pero tendrás que saber inglés –le respondía su madre.

–Bueno, estudiaré y cuando (b) ....(saber, yo) hablarlo bien, me iré. Por cierto, mamá, quiero que me (c) ....(comprar, tú) un buen diccionario, que me hará falta. Ojalá me (d) ....(dar) una beca *(scholarship)* para ir a estudiar a Australia... –pensaba siempre Antoñito–. Eso sí, espero que no me (e) ....(poner, los profesores) tantas tareas como aquí y que no (f) ....(llamar) a mi madre y le (g) ....(decir) que no estoy estudiando mucho. ¡Ay! –suspiraba Antoñito–. ¡Ojalá me (h) ....(hacer) mayor pronto...!

Los padres de Antoñito, que ya sabían que a su hijo le encantaba construir castillos en el aire, le decían:

–Sí, Antoñito, pero tú, hasta que no (i) ....(crecer, tú), estudia, hijo, estudia...

Antes de dormir, Antoñito le preguntaba a su madre:

–Mamá, cuando (j) ....(vivir, yo) en Australia, vendrás a verme, ¿no?

–Sí, hijo, sí, buenas noches, que (k) ....(dormir) bien y que (l) ....(soñar) con los angelitos, perdón, con los canguritos –se corregía su madre.

Lo curioso es que hoy Antoñito es uno de los principales importadores de café en Australia porque, aunque no siempre es bueno construir castillos en el aire, también es verdad que quien quiere, puede.

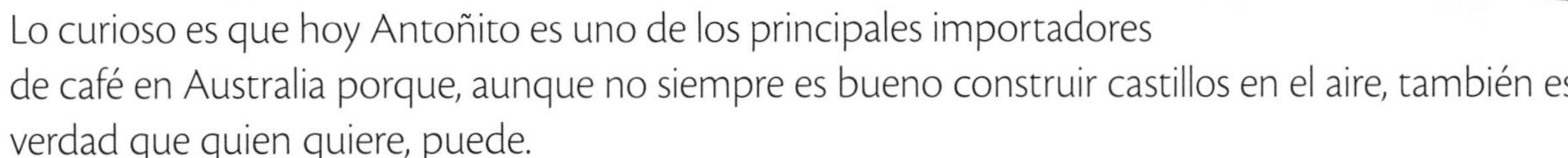

10 **Piensa en tus objetivos para el futuro. Compártelos con tu compañero/a y pregúntale por los suyos. Luego escribe un párrafo que resuma tus objetivos y los de tu compañero/a.**

Modelo: *Cuando termine los estudios en la secundaria, iré a estudiar a una universidad fuera de mi ciudad. Cuando esté en la universidad, estudiaré Periodismo. Cuando termine Periodismo, me haré corresponsal y cuando... ¡Ojalá lo consiga!*

11 **Contesta a lo que te pregunte tu compañero/a.**

Estudiante 1

Dices:

a. "Soy el genio de la lámpara maravillosa: pide tres deseos y te serán concedidos".
b. Te vas de vacaciones dentro de una semana, ¿qué quieres hacer?
c. Imagina que es fin de año. ¿Qué deseos pides para el año que empieza?
d. ¿Qué le pides al muchacho/a ideal?
e. Piensa en ti dentro de quince años. ¿Qué le pides a la vida?

Estudiante 2

Dices:

a. Estás en una isla desierta y al parecer el resto del mundo se olvidó de ti. ¿Qué desearías?
b. Se acerca tu cumpleaños, ¿cuáles son tus deseos?
c. Imagina que vas a conocer al presidente de tu país, ¿qué le pides?
d. Mañana empieza el curso y tienen nuevo profesor de español. ¿Cómo quieres que sea?
e. ¿Qué le pides a la ciudad ideal?

MORE IN **ELEteca** | EXTRA ONLINE PRACTICE  GRAMMAR TUTORIALS 9 AND 10

1 **Vas a leer un texto de Juan Ramón Jiménez. Con tu compañero/a, busca información en Internet y completa esta ficha sobre el autor.**

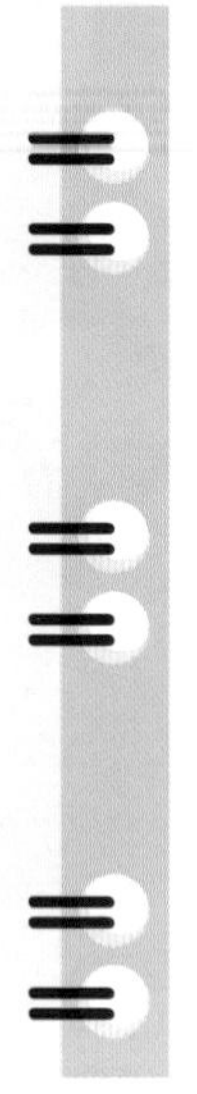

- Nacionalidad: ....
- Año de nacimiento: ....
- Año del fallecimiento: ....
- Género literario: ....
- Principales obras: ....

  ....
- Mayor premio o distinción: ....
- Otros datos de interés: ....

  ....

2 **Comparte con tus compañeros/as la información obtenida. Habla con ellos/ellas para comprobar si tienen los mismos datos.**

3 38 **Ahora lee este poema de Juan Ramón Jiménez y trata de averiguar el significado de las palabras resaltadas por el contexto en que están.**

... Y yo me iré. Y se quedarán los pájaros cantando;
y se quedará mi **huerto**, con su verde árbol
y con su pozo *(well)* blanco.
Todas las tardes, el cielo será azul y plácido
y tocarán, como esta tarde están tocando,
las campanas *(bell)* del **campanario** .
Se morirán aquellos que me amaron;
y el pueblo se hará nuevo cada año;
y en el rincón aquel de mi huerto florido *(flowery)* y encalado *(whitewashed)*,
mi espíritu errará nostágico...
Y yo me iré; y estaré solo, sin hogar, sin árbol
verde, sin pozo blanco,
sin **cielo** azul y plácido...
Y se quedarán los pájaros cantando.

Poemas agrestes, *1910-1911*

4 Fíjate en las imágenes y, con tu compañero/a, escribe debajo todas las palabras del poema con las que puedes describirlas.

a.

b.

c.

5 Lee el cuadro de estrategias y contesta: ¿hay palabras del poema que no conocías pero que comprendiste por el contexto o por otros elementos? ¿Cuáles? Háblalo con tus compañeros/as.

The first time you read the text, identify key words, but also identify unknown words or expressions whose meaning you can infer from the context, either because of the semantic similarities they share with other words, or from the root (*flor, florero, florido* are words with the same root). Little by little, you will begin to understand the general idea of the text without needing to understand every word of it.

6 ¿Cuál de estos crees que es el título del poema anterior? ¿Por qué? Habla con tu compañero/a.

a. El viaje a ninguna parte.
b. El viaje definitivo.
c. El viaje solitario.

7 Resume en dos líneas la poesía de Juan Ramón Jiménez.

8 Comparte con tus compañeros/as tu resumen y luego contesta a las siguientes preguntas sobre la poesía.

a. ¿Por qué casi todos los verbos de la poesía están en futuro?
b. ¿Cómo imagina el poeta que será el mundo cuando él se vaya?
c. ¿Cómo se imagina a sí mismo después de morir?
d. ¿Cuál crees que es el estado de ánimo que expresa el poeta en estos versos?

9 ¿Conoces algún otro poema o canción que trate el mismo tema? ¿Cuál? Búscalo en Internet y léeselo a tus compañeros/as.

1 Con tu compañero/a, observa la siguiente imagen y contesta a las preguntas.

a. ¿Sabes de qué insecto se trata? ¿Cómo se llama en español?
b. ¿Crees que puede haber una campaña de una ONG referida a este insecto? ¿Por qué?

2 **Greenpeace está realizando una campaña de concienciación sobre la desaparición de esta especie y sus consecuencias. Elige la frase que se refiere a este problema.**

a. Los niños son el futuro. Es evidente que no podemos permitir que estén sin hogar.
b. Hay que terminar con las guerras para que la gente no tenga que huir de sus casas.
c. Miles de personas pasan hambre en el mundo a pesar de que hay alimentos para todos.
d. Todos los animales tienen su espacio y su función en el planeta, por tanto, nuestra prioridad será evitar su extinción.
e. Ojalá algún día termine la violencia de género y hombres y mujeres convivan en igualdad.

3 **Lee el cuadro de estrategias, completa el esquema y escribe el borrador de un texto para argumentar por qué crees que debemos ser solidarios y para qué causa de las anteriores es más necesaria la solidaridad según tu opinión.**

Follow these steps to write an **argumentative essay**:
1. **Choose a title** for your essay.
2. **Organize it in three paragraphs** (the first will be the introduction, the second will be for developing your ideas and the third will be for the conclusion).
3. Introduce the **arguments in favor**, but also some **against**, so that they can serve as an example. You can support your arguments with a personal experience. Use structures like these to relate the opposing ideas: *por una parte / por otra (parte), por un lado / por otro (lado)...*
4. In the last paragraph **restate the theme** that you are arguing and end with your **conclusions**.
5. Don't forget to use discourse markers that you already know to connect and organize your text: *primero, luego, además, sin embargo...*

Título:	
Primer párrafo. Introducción:	
Segundo párrafo:	
Argumentos a favor	**Argumentos en contra**

Ejemplos o experiencia personal:	
Tercer párrafo. Conclusión:	
Conectores utilizados:	

4 PEER REVIEW **Intercambia con tu compañero/a el borrador del texto argumentativo que escribiste, responde a estas preguntas y reflexionen juntos.**

a. Subraya el título. ¿Es breve y sencillo?
b. Separa y cuenta los párrafos. ¿Sigue el modelo propuesto?
c. ¿Qué causa eligió tu compañero/a? ¿Explica por qué la eligió?
d. Identifica al menos un argumento a favor y otro en contra.
e. ¿Se menciona alguna experiencia personal en el texto?
f. Subraya la conclusión. ¿Hay más de una?
g. Subraya los conectores discursivos que hay. ¿Emplearon los mismos?

5 **Ahora escribe la versión definitiva del texto argumentativo y entrégasela a tu profesor/a.**

ORTOGRAFÍA Y PRONUNCIACIÓN Los diptongos e hiatos: acentuación

- In addition to representing their own vowel sounds, the letters **i** and **u** may also represent glides, which are brief, weak sounds that combine with a vowel to form a single syllable (**diptongo**):
  - *n**ue**-vo, s**ie**-te, v**ei**n-te, g**ua**-po, **eu**-ro.*

  In these cases, remember to follow the rules for written accents in general:
  - *ha-c**éi**s, can-c**ió**n, pen-s**ái**s, des-p**ué**s, c**uí**-da-lo.*
- However, the letters **i** and **u** are not always glides when next to other vowels. When they are vowels and not glides, a written accent mark is used (**hiato**):
  - *d**í-a**, r**í-o**, p**a-í**s, R**a-ú**l.*

1 39 **Escucha el audio y escribe las palabras que oyes.**

....

....

2 39 **Escucha de nuevo las palabras que escribiste en la actividad 1. Después, sepáralas por sílabas.**

3 **Clasifica las palabras que tienen diptongos o hiatos y coloca las tildes donde sea necesario.**

Diptongos: ....

Hiatos: ....

MORE IN **ELEteca** | EXTRA ONLINE PRACTICE

Voluntarios anónimos prestan ayuda en Quito a los sobrevivientes del terremoto de 2016.
(Foto: Fotos593, 26 de abril de 2016)

"ME ENCANTA SER VOLUNTARIO"

Antes de leer

¿Adónde te gustaría viajar para hacer un voluntariado internacional? ¿Por qué?

¿Qué tipo de tareas te gustaría hacer?

40 **Cada vez hay más gente joven que prefiere hacer un voluntariado en el extranjero* a ir directamente a la universidad. Ryan, un muchacho norteamericano, habla de su experiencia.**

"Ser voluntario es genial. Mi vida cambió completamente después de pasar un mes en Guatemala", dice Ryan, un muchacho norteamericano de dieciséis años que viajó al país centroamericano. "Cuando llegué a Antigua, hablaba muy poco español. Pero una familia me recibió en su casa y, hablando con ellos, mi español mejoró rápidamente", cuenta. "Después de estar un mes con ellos, me siento parte de la familia. Ojalá pueda verlos pronto otra vez".

"Mi principal tarea en Antigua era ayudar a construir casas en un barrio nuevo", explica Ryan. "Allí había también otros voluntarios internacionales. Hice amistad con una muchacha española, Ainhoa, que ya está de vuelta en Madrid. Espero que sigamos en contacto por correo electrónico y Skype, aunque es más rápido por WhatsApp".

"Como tenía las tardes libres, me invitaron a dar clases de inglés a la escuela del barrio", dice. "Me tocó* una clase de muchachos de ocho años y hablamos muchísimo. Me hicieron preguntas sobre la vida en Illinois, donde yo vivo. También me enseñaron trabalenguas* en español, ¡aunque son dificilísimos!", cuenta Ryan. "Me gustaría que vinieran a visitarme".

Además de pasar tiempo con los niños, Ryan recorrió las antiguas ciudades mayas y los parques naturales. "También participé en las fiestas de la Semana Santa, haciendo alfombras enormes de aserrín* y flores", dice.

Fuentes: www.1010experiencias.com; www.construcasa.org; guatemala.com, Leslie, enero de 2017; www.cooperatour.org

Ryan piensa que la experiencia de ser voluntario le cambió la vida.

Países donde necesitan más voluntarios

Nepal: Proyectos contra la pobreza*. Necesitan médicos, odontólogos y trabajadores en orfanatos y monasterios budistas.

Costa Rica: Proyectos ecológicos. Cuidado de parques, reservas y sistemas de áreas verdes.

India: Proyectos sociales. Atención a la mujer, educadores en escuelas y guarderías.

Haití: Asistencia humanitaria. Sanidad, reconstrucción de barrios y proyectos agrícolas.

Fuentes: Oxfam Intermon, Oxfam International, https://blog.oxfamintermon.org

¿Das el perfil de joven voluntario de las Naciones Unidas?

1. Personas que tengan de **dieciocho** a **veintinueve** años.
2. Personas que estén **comprometidas*** con la paz y el desarrollo del mundo.
3. Personas se sientan **motivadas** y entusiastas.
4. Que se adapten fácilmente a **nuevas culturas** y situaciones.
5. Que puedan dedicar su **tiempo** a labores de voluntariado: entre seis meses y dos años.
6. Se valora haber realizado antes un **trabajo comunitario**.

Edificios derruidos en Puerto Príncipe, Haití, después del terremoto de 2010
(Foto: arindambanerjee)

Fuente: Voluntarios ONU (www.unv.org/es).

¿COMPRENDISTE?

Decide si las siguientes afirmaciones son verdaderas (V) o falsas (F).

1. Se pueden hacer voluntariados en todo el mundo. V ☐ F ☐
2. En Nepal necesitan peluqueros. V ☐ F ☐
3. Ryan es un muchacho de EE. UU. que habla de las cooperativas. V ☐ F ☐
4. Ryan visitó Nicaragua y México. V ☐ F ☐
5. Un voluntario de la ONU está comprometido con la paz. V ☐ F ☐

Es importante la colaboración de todos para conseguir un objetivo.

AHORA TÚ

¿Qué opinas? Contesta a las siguientes preguntas y comenta tus ideas con tus compañeros/as.

1. ¿Qué tipos de voluntariado te imaginas que pueden ser interesantes? ¿Por qué?
2. ¿A qué país latinoamericano te gustaría viajar para ser voluntario?
3. ¿Qué actividades piensas que forman parte de un voluntariado?
4. ¿Crees que estos programas son realmente beneficiosos para las comunidades donde se llevan a cabo*? ¿Por qué?
5. ¿Cuáles crees que son las ventajas y desventajas de un voluntariado? ¿Por qué?

Glosario

el aserrín – sawdust
comprometido – committed
el extranjero – abroad
llevarse a cabo – to take place
pobreza – poverty
tocar – to be given
el trabalenguas – tongue-twister

POLÍTICA EN CHILE Y ARGENTINA

EXPRESSING SOCIAL RESPONSES AND WISHES

1 Estás chateando con un/a amigo/a. Completa la conversación usando algunas de las expresiones que aprendiste en la unidad para reaccionar.

» ¡Hola! ¿Cómo llevas el examen de Física? ¿Tú crees que será muy difícil?

» ....

» Uf, yo no puedo concentrarme porque estoy pensando en el fin de semana. ¡Me voy a Puerto Rico!

» ....

» Lo malo es que vi en la tele que está lloviendo mucho.

» ....

» Mi hermano también iba a venir, pero se rompió el brazo, así que no va a poder ser.

» ....

» Gracias. Bueno, te dejo que me voy cenar.

» ....

2 El año que viene te vas a mudar a Ciudad de México. Completa las frases.

a. Espero que ....

b. Ojalá ....

c. Quiero ....

d. Deseo ....

e. Quiero que ....

EXPRESSING THE TIME WHEN AN EVENT OCCURS

3 Elige la opción correcta.

a. **En cuanto / Hasta que** llegues al aeropuerto, lo primero que debes hacer es facturar la maleta.

b. **Al / Después** llegar la primavera los campos se llenan de flores.

c. Me quedaré en casa **hasta que / antes de** pare de llover.

d. **Después de / Después** irnos, llegó Pedro.

e. **Antes de / Después de** salir del cine, iremos a tomar algo.

f. Si quieres, puedes ver la tele **después / hasta que** sea la hora de cenar.

g. **Cuando / Después de** cumpla los dieciocho, podré votar.

EXPRESSING A PURPOSE

4 Completa con *para* o *para que* y la forma correcta del verbo entre paréntesis.

a. El profesor les mandó hacer un trabajo sobre las ONG (saber, ustedes) ....
.... más cosas acerca de ellas.

b. Compré pan (hacer, yo) .... unos bocadillos.

c. Vine (ver, nosotros) .... una película.

d. Te hice esta bufanda (pensar, tú) .... en mí en Irlanda.

e. Este aparato sirve (hacer, el aparato) .... helados.

INDICATIVE, SUBJUNCTIVE, INFINITIVE

5 Completa las frases usando la forma correcta del verbo.

a. ¿Cuándo (venir, tú) .... a visitarnos? Tenemos muchas ganas de verte.
b. Cuando mis abuelos (jubilarse) ...., se fueron a vivir a Florida.
c. Espero que hoy (salir, nosotros) .... puntuales de la clase de español.
d. Espero que no (dormirse, nosotros) .... con la película. Dicen que es un rollo.
e. ¡Ojalá (aprobar, yo) .... todos los exámenes!
f. Vine para que me (contar, tú) .... lo que pasó ayer.
g. Deseo que Pablo y tú (ser) .... muy felices y (tener) .... muchos hijos.
h. ¿Quieres que (empezar, nosotros) .... ya a cenar o prefieres esperar?
i. No te levantes hasta que yo te lo (decir) ....

DIPHTHONGS, HIATUS

6 Observa la vocal subrayada y pon una tilde si hace falta. Después, busca diptongos o hiatos.

boina ○ Eugenio ○ estadounidense ○ anciano ○ buho ○ aullar ○ copia ○ acentua ○ orquidea ○ coreografo ○ barbacoa ○ actuo ○ adios ○ violencia ○ buitre ○ diurno ○ buey

CULTURA

7 Contesta a las siguientes preguntas con la información que has aprendido en *Me encanta ser voluntario.*

a. ¿Qué beneficios puede aportar hacer un voluntariado internacional según el testimonio que leíste?
b. ¿En qué tipo de actividades pueden participar los voluntarios?
c. Según el testimonio de Ryan, ¿fue todo trabajo o pudo hacer otras cosas? Da ejemplos.
d. ¿Recuerdas qué necesitas tener para ser voluntario de las Naciones Unidas?

AL FINAL DE LA UNIDAD PUEDO...

	☆	☆☆	☆☆☆
a. I can use the subjunctive to...			
– Situate events in time.	☐	☐	☐
– Express purpose or objective.	☐	☐	☐
– Express wishes and social conventions.	☐	☐	☐
– Use appropriate responses in social situations with common expressions.	☐	☐	☐
b. I can talk about volunteering and NGOs.	☐	☐	☐
c. I can read and understand a poem from *Poemas agrestes*, Juan Ramón Jiménez.	☐	☐	☐
d. I can write an argumentative essay.	☐	☐	☐

MORE IN **ELEteca** | EXTRA ONLINE PRACTICE

Expresiones de deseo

Cuídate. *Take care.*

Enhorabuena. *Congratulations.*

Felicidades. *Congratulations.*

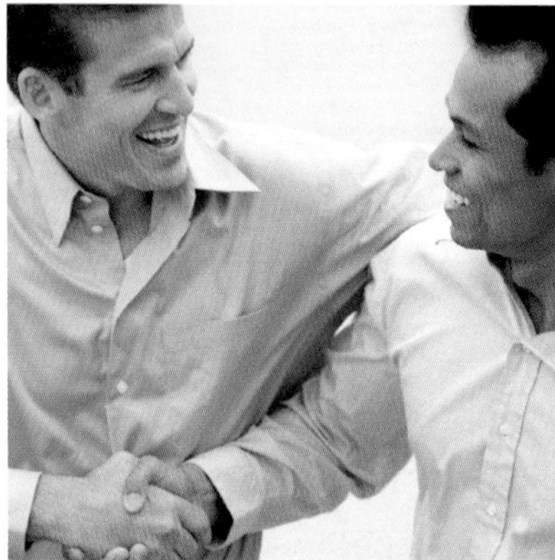

Lo siento mucho. *I'm so sorry.*

ojalá *I hope, let's hope (that)*

Que aproveche. *Enjoy your meal, Bon appétit.*

Que disfrutes. *Have fun.*

Que duermas bien. *Sleep well.*

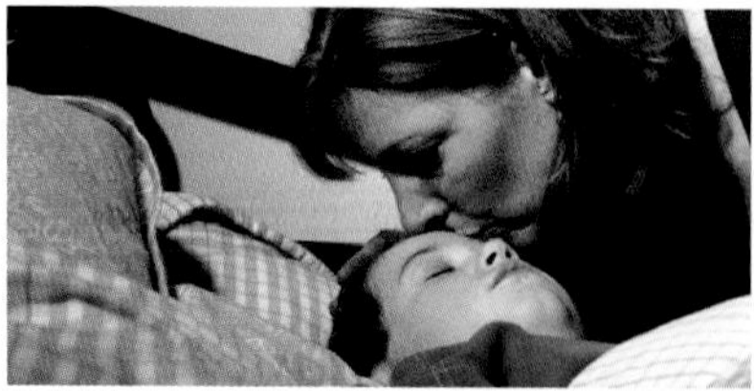

Que lo pases bien. / Que la pases bien *Have a good time.*

Que te mejores. *Get well.*

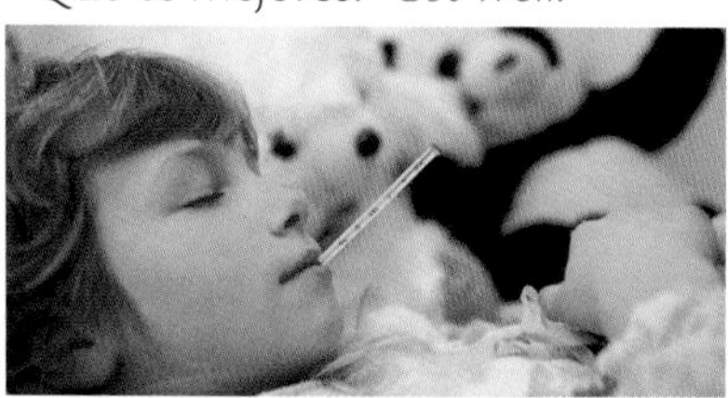

Que tengas buen viaje. *Have a good trip.*

Que tengas suerte. *Good luck.*

Expresiones temporales

al *upon*

cuando *when*

en cuanto *as soon as*

dentro de... (periodo de tiempo) *within a (period of time)*

hasta (que) *until*

mientras (que) *while*

pasado mañana *day after tomorrow*

Las ONG

la ayuda desinteresada *selfless aid*

la campaña de sensibilización *awareness campaign*

la catástrofe natural *natural disaster*

el comercio justo *fair trade*

el conflicto bélico *armed conflict*

los derechos humanos *human rights*

los discapacitados *handicapped people*

el donativo *donation*

la financiación *founding*

la labor social *social work*

las labores humanitarias *humanitarian relief*

la orientación laboral *workforce readiness*

la protección del medioambiente *environmental protection*

sin ánimo de lucro *non-profit*

Verbos

atender *to attend*

desatender (e > ie) *to neglect*

desear *to wish, desire*

esperar *to hope, to wait for*

luchar (por, en, a favor de, contra) *to fight (for, in, in favor of, against)*

ofrecer *to offer*

recaudar fondos *to raise money*

PRESENT SUBJUNCTIVE: REGULAR VERBS

(See page 155)

	–AR HABLAR	–ER COMER	–IR VIVIR
yo	habl**e**	com**a**	viv**a**
tú	habl**es**	com**as**	viv**as**
usted/él/ella	habl**e**	com**a**	viv**a**
nosotros/as	habl**emos**	com**amos**	viv**amos**
vosotros/as	habl**éis**	com**áis**	viv**áis**
ustedes/ellos/ellas	habl**en**	com**an**	viv**an**

PRESENT SUBJUNCTIVE: IRREGULAR VERBS

(See page 156 and 157)

Stem-changing verbs

QUERER	VOLVER	JUGAR	PEDIR
e ➔ ie	**o ➔ ue**	**u ➔ ue**	**e ➔ i** (en todas las personas)
qu**ie**ra	v**ue**lva	j**ue**gue	p**i**da
qu**ie**ras	v**ue**lvas	j**ue**gues	p**i**das
qu**ie**ra	v**ue**lva	j**ue**gue	p**i**da
queramos	volvamos	juguemos	p**i**damos
queráis	volváis	juguéis	p**i**dáis
qu**ie**ran	v**ue**lvan	j**ue**guen	p**i**dan

■ The verbs **dormir** and **morir** have two stem changes in the present subjunctive: **o ➔ ue** and **o ➔ u**:

- d**ue**rma, d**ue**rmas, d**ue**rma, d**u**rmamos, d**u**rmáis, d**ue**rman.
- m**ue**ra, m**ue**ras, m**ue**ra, m**u**ramos, m**u**ráis, m**ue**ran.

Verbs with irregular *yo* forms

				endings
caer	➔ **caig–**	oír	➔ **oig–**	a
conocer	➔ **conozc–**	poner	➔ **pong–**	as
decir	➔ **dig–**	tener	➔ **teng–**	a
hacer	➔ **hag–**	traer	➔ **traig–**	amos
salir	➔ **salg–**	venir	➔ **veng–**	áis
				an

Verbs that are completely irregular

DAR	ESTAR	HABER	IR	SABER	SER	VER
dé	**esté**	**haya**	**vaya**	**sepa**	**sea**	**vea**
des	**estés**	**hayas**	**vayas**	**sepas**	**seas**	**veas**
dé	**esté**	**haya**	**vaya**	**sepa**	**sea**	**vea**
demos	**estemos**	**hayamos**	**vayamos**	**sepamos**	**seamos**	**veamos**
deis	**estéis**	**hayáis**	**vayáis**	**sepáis**	**seáis**	**veáis**
den	**estén**	**hayan**	**vayan**	**sepan**	**sean**	**vean**

UNIDAD

6 ¡HOY ME SIENTO BIEN!

- Fíjate en la imagen. ¿Qué relación crees que hay entre estas personas? ¿En qué te basas?
- ¿Cómo se sienten? ¿Y tú? ¿Cómo te sientes hoy?

Una pareja pasea por la calle.

IN THIS UNIT, YOU WILL LEARN TO:

- Talk about feelings and emotions using an infinitive and the subjunctive
- Describe people's personalities and changes using verbs that express change
- Express different types of action (beginning, repetition, interruption...) using verbs followed by an infinitive or present participle
- Talk about artistic activities
- Read *El nexo musical entre Venezuela y Chile*, Álvaro Gallegos
- Write a formal complaint letter

CULTURAL CONNECTIONS

- Share information about the arts in Hispanic countries and compare cultural similarities

CULTURA EN VIVO

MUCHO MÁS QUE MÚSICA

La famosa cantante de flamenco Rosalía, en el Sonar Festival, Barcelona, España (Foto: Christian Bertrand, 2018)

1 **Observa la imagen y completa el texto con las palabras del cuadro.**

compañero o vergüenza o nerviosa o escuela o gusta o profesor
encantada o trabajo o clase

Antonia y Raquel son dos compañeras de la (a) .... que están en la puerta de (b) .... hablando sobre un (c) .... que tienen que presentar en clase. Esperan a que llegue el (d) .... de Historia para entrar en clase y, mientras hablan, ven a Adrián, que es un (e) .... de clase que le (f) .... a Antonia. Esta, al ver que él se para a saludarla, se pone roja como un tomate de la (g) .... Raquel sonríe a Antonia para animarla a hablar con él. Sabe que Antonia está (h) ...., pero también está (i) .... porque Adrián se fijó en ella.

2 **Compara tus respuestas con las de tu compañero/a. ¿Tienen respuestas similares?**

3 **Completa las frases con la forma correcta del verbo entre paréntesis. Escribe el nombre de la persona de la actividad 1 que crees que lo está pensando.**

a. Cuando (pasar) ....pase......... por aquí, (intentar) .... hablar con ella.

b. Seguro que cuando ella lo (saludar) ...., también (ponerse) .... rojo.

c. Antes de que (llegar) .... el profesor, (tener) .... que hablar para vernos este fin de semana.

d. En cuanto (entrar) .... en clase, les (decir) ....que hay examen la semana que viene.

4 **Lee la conversación entre Antonia y Raquel y complétala con las palabras del cuadro.**

atenta o musa o vergüenza o tonta o abierta o amor o enamorada o loca

Raquel: ¡Antonia!
Antonia: ¡Ay! Hola, Raquel, no te había visto.
R.: No me extraña, estás tan distraída...
A.: Es que estaba pensando en una canción que me encanta y...
R.: ¿Qué canción?
A.: La nueva de Nerea, ¿la escuchaste?
R.: Sí, está bien, tiene una voz espectacular, pero es demasiado romántica, ¿no? Bueno, para ti es perfecta porque estás tan (a) ...., ja, ja, ja...
A.: ¡Para nada! ¿Pero qué dices?
R.: ¿Que no? Pero si se te nota de lejos que estás (b) .... por Adrián. Cada vez que lo ves, pones una cara de (c) ....…
A.: Ok, ok, lo que tú digas. Por cierto, compuse un tema nuevo para el concierto.
R.: ¡Súper! Oye, mira quién viene por ahí, tu (d) ....
A.: ¡Ay, caray, qué (e) ....! Tú ahora no te vayas y no me dejes sola. Es que cuando estoy con él no sé qué me pasa que nunca sé qué decirle y me da rabia que piense que soy una tonta...
R.: Pues dile, por ejemplo, que le escribiste una canción y que quieres que vaya a nuestro concierto. Seguro que cuando te oiga dedicándole "su" canción subida a un escenario, se queda con la boca (f) ....
A.: ¿Qué dices? No me atrevo *(dare)*... ¿Por qué no se lo dices tú?
R.: ¿Yo? ¡Pero si a mí no me gusta!
A.: ¡Ay! ¡Qué nervios! Ya viene y me está mirando...
R.: Sí, y acaba de tocar el timbre para entrar en clase. Así que mejor dejas tu declaración de (g) .... para otro momento, que cuando nos vea el profe hablando en la puerta...
A.: Sí, mejor entramos. Por cierto, ¿tienes los apuntes del otro día? Es que no estuve muy (h) ....
R.: Sí, luego te los dejo. Vamos, y a ver si hoy escuchas más al profe y compones menos.
A.: Bueno, es que la inspiración llega cuando menos te lo esperas.

5 41 **Escucha la conversación y comprueba tus respuestas.**

6 **¿Y tú? Habla con tu compañero/a de tus experiencias. Usa las siguientes preguntas como guía.**

- ¿Cómo reaccionas cuando sientes vergüenza? ¿Te pones rojo/a?
- ¿En qué clases estás menos atento/a? ¿Por qué?
- ¿Te has quedado con la boca abierta en alguna situación? ¿Qué pasó?

7 **Observa las frases marcadas en la conversación. ¿Cuáles usan el subjuntivo? Con tu compañero/a, túrnate para completar las frases con ejemplos.**

a. Cuando el profe vea a los estudiantes hablando en la puerta, ...
b. Antonia no quiere que Raquel......
c. Raquel cree que Adrián se va a quedar con la boca abierta cuando......
d. En mi opinión,...... llega cuando menos te lo esperas.

EXPRESSING FEELINGS AND EMOTIONS (1)

Estoy (estar)	contento/a encantado/a nervioso/a aburrido/a	***con*** *la nueva profesora.* ***cuando / si*** *juega mi equipo.* ***de*** *estar aquí.* ***de que*** *te vayas.*	➡ noun ➡ indicative ➡ infinitive: same subject ➡ subjunctive: different subject

Estoy preocupado por *Álex. Hace dos días que no viene a clase.*
I'm worried about Álex. He hasn't been to class for two days.

Me pongo (ponerse) *I get / I become*	furioso/a nervioso/a contento/a	***cuando*** *escucho mi música favorita.* ***si me*** *cuentan el final de una película.*
Me siento (sentirse) *I feel*	bien / mal / fatal...	

Adoro *I love* **No soporto** *I can't stand*	*los paisajes del Caribe.* ***madrugar*** *(to get up early).* ***que me empujen*** *(shove)* ***en el metro.***	➡ noun ➡ infinitive: same subject ➡ subjunctive: different subject

FROM THE corpus

- In Mexico and Central America in addition to **furioso/a** they also say **enojado/a**: *Mi papá está **enojado** con nosotros porque anoche llegamos tarde.*
- However, in Spain they use **enfadado/a**: *Pero Andrés está muy **enfadado**, enfadado de verdad.*

1 **Explícale a tu compañero/a cómo te sueles sentir en las siguientes situaciones.**

a. un día de lluvia
b. antes de un examen
c. en un concierto
d. si ves una pelea *(fight)*
e. en el dentista
f. de vacaciones

2 **Completa las conversaciones con los adjetivos del cuadro y con los verbos para expresar sentimientos y emociones.**

nervioso ○ tranquilo ○ preocupado ○ serio

a. » Pero, ¿qué te pasa? Desde que llegaste, (1) .... muy (a) ....

» Es que (2) .... (b) .... por el examen de mañana. Estudié mucho, pero ahora tengo un lío en la cabeza y no me acuerdo de nada.

» Bueno, eso es normal, yo también (3) .... (c) .... antes de un examen. Mira, cena y acuéstate temprano; ya verás como mañana, después de descansar, (4) .... más (d) .... y te acuerdas de todo.

3 42 **Ahora, escucha y comprueba.**

EXPRESSING FEELINGS AND EMOTIONS (2)

(A mí) **Me** (A ti) **Te** (A usted/él/ella) **Le** (A nosotros/as) **Nos** (A ustedes/ellos) **Les**	**da/n**	miedo *(scares)* rabia *(infuriates)* vergüenza *(embarrasses)* igual *(makes no difference)* lástima *(makes me feel pity)*	***ver*** *un filme empezado.* Use the infinitive when the person feeling the emotion and the one performing the activity are the same. ***que*** *la gente* ***hable*** *en el cine.* Use the subjunctive when the person feeling the emotion and the one performing the activity are different.
	pone/n	triste *(makes me sad)* histérico/a *(makes me crazy)* nervioso/a *(makes me nervous)*	
	aburre/n *(bores)* molesta/n *(bothers)*		*las* ***películas*** *de amor.*

These verbs have the same construction as **gustar** / **encantar** and must agree with the subject that follows:

Me ponen *triste* ***las personas*** *sin hogar (homeless).*
Me pone *triste* ***la música*** *romántica.*
Nos pone *nerviosos* ***tener*** *que esperar.*

4 Relaciona cada expresión con su terminación lógica.

1. Me da vergüenza...
2. Me pone de mal humor...
3. A mi madre le da mucha rabia...
4. Me aburren...
5. Mamá, no sé por qué te da miedo...

a. que llegue a casa de noche, nunca voy solo.
b. que salga de casa sin hacer mi cama.
c. que la gente hable por teléfono en el autobús.
d. actuar delante de tanta gente.
e. las películas históricas.

5 Busca situaciones que te produzcan estos sentimientos y cuéntaselas a tu compañero/a.

- Me molesta que...
- Me pone nervioso/a que...
- Me aburren...
- Me da lástima que...
- Me dan miedo...
- Me pone de mal humor...

Modelo: Me molesta que pongan anuncios cuando estoy viendo una película en la televisión.

EXTRA ONLINE PRACTICE

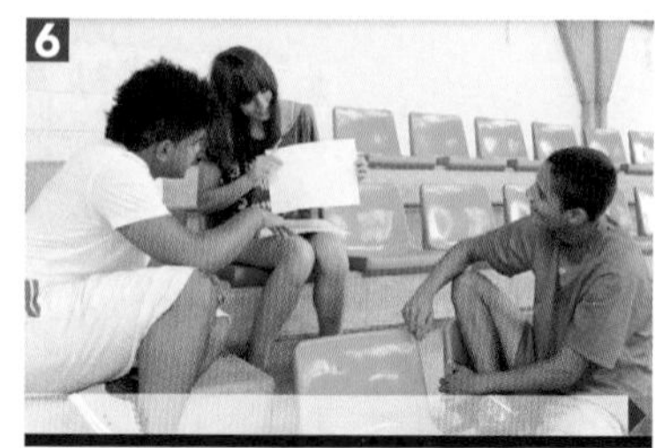

ANTES DEL VIDEO

1 **Observen a Sebas, Felipe y Alba en la imagen 6. ¿Dónde están? ¿Qué creen que están haciendo?**

2 **Observa las imágenes 1, 2, 3, 4 y 5. ¿Cómo crees que están? ¿Cómo se sienten? Escribe una frase para cada imagen. Basa tu respuesta en lo que crees que puede ocurrir. Usa tu imaginación.**

Imagen 1: ....
Imagen 2: ....
Imagen 3: ....
Imagen 4: ....
Imagen 5: ....

3 **Con tu compañero/a, observa todas las imágenes y crea una historia de lo que pasa.**

DURANTE EL VIDEO

4 **Mira la siguiente secuencia y marca quién dice las siguientes frases.**
00:00 - 01:52

	Felipe	Sebas
a. ¡Adoro cuando encesto desde aquí!	☐	☐
b. Pues a mí me da rabia. ¡Hoy no hay manera de ganarte!	☐	☐
c. La verdad es que hoy me aburre estar aquí jugando.	☐	☐
d. Me siento muy bien cuando te estoy ganando al básquet.	☐	☐
e. Ya se te van a quitar las ganas de seguir jugando.	☐	☐
f. ¡Sí, la gran Alba!	☐	☐
g. Tienes razón, yo tampoco tengo más ganas de seguir jugando.	☐	☐

5 **Haz un breve resumen de lo que pasa en la escena. No olvides explicar cómo se sienten los personajes.**

6 **Mira el resto del episodio y responde a las siguientes preguntas.**

a. ¿Cómo es el primo de Alba?
b. ¿Se llevan mal Alba y su primo?
c. ¿Cómo hablan los españoles?
d. Sebas opina que Alba es muy dulce. ¿Cómo crees que se siente después de decirlo? (Observa la imagen 5).
e. ¿Está contenta Alba con su nueva vida? ¿Está contenta en la nueva escuela?

7 **Completa las frases sobre los sentimientos de Alba. Puedes volver a ver el episodio, si es necesario.**

a. Alba se siente bien cuando ....
b. Su primo siempre quiere ....
c. A Alba su primo a veces le ....
d. A ella .... estar sola en su habitación.
e. Alba no soporta ....
f. Y cuando su primo grita ....
g. Porque a ella no le gusta que ....
h. Cuando ...., le gusta dibujar.
i. Se siente muy bien cuando ....

DESPUÉS DEL VIDEO

8 **En grupos de cuatro, realicen las siguientes actividades.**

a. Recuerden la actividad 3 de *Antes del video*. ¿Se parece la historia del episodio a la de ustedes? ¿Qué historia es la más similar a la del episodio?
b. En la primera parte, cuando Felipe ve a Alba, dice: "*La gran Alba*". ¿Les parece que Alba es una muchacha muy grande? Alba también dice: "*Es una gran ciudad*". ¿Qué quiere decir?

9 **Completa la tabla y comparte las respuestas con tu compañero/a. ¿Tienen cosas en común ustedes dos? Escribe un párrafo que resuma tus sentimientos y los de tu compañero/a.**

	Yo	Mi compañero/a
Me aburre que...		
Me pongo de mal humor si...		
Me siento muy bien cuando...		
Me da mucha vergüenza que...		
Me pongo muy nervioso/a cuando...		

MORE IN ELEteca | EXTRA ONLINE PRACTICE

- Descriptive adjectives describe a trait or quality of the noun they modify.
- In Spanish, descriptive adjectives generally follow the noun, with some exceptions.
- The adjectives **bueno** and **malo** drop the final **–o** when placed before masculine singular nouns:
  *Es un **buen hijo**. / Es una **buena niña**. / Son unos **buenos amigos**.*
  *No es un **mal ejemplo**. / Es una **mala influencia**. / Estamos pasando unos **malos momentos**.*
- The adjective **grande** becomes **gran** before singular nouns (masculine or feminine):
  *Es un **gran** hombre. / Es una **gran** mujer.*

- Placing certain adjectives before the noun changes the meaning of the adjective:

*Es un **gran** libro.*	➜	quality
*Es un libro **grande**.*	➜	size
*Es un **viejo** amigo.*	➜	time
*Es un amigo **viejo**.*	➜	age
*Es un **único** ejemplar.*	➜	quantity
*Es un ejemplar **único**.*	➜	without parallel

Impaciente

- Add a prefix, such as **im–**, **in–** or **des–**, to form the opposite of an adjective describing a trait or characteristic: **paciente** / **impaciente**, **útil** / **inútil**, **agradable** / **desagradable**.

1 **Con tu compañero/a, añade información a las siguientes frases para explicar su significado.**

Modelo: Es un hombre **grande**. Es el más alto y fuerte de la clase.
Es un **gran** hombre. Es generoso y todo el mundo lo respeta.

a. Es una empresa **grande**. / Es una **gran** empresa. ➜ ....

b. Es un alumno **viejo**. / Es un **viejo** alumno. ➜ ....

c. Es una **única** obra. / Es una obra **única**. ➜ ....

2 **Completa las frases con los adjetivos del cuadro.**

tranquilo/a ○ preocupado/a ○ sociable ○ generoso/a ○ tolerante
sincero/a ○ flexible ○ falso/a ○ egoísta

a. Si siempre digo la verdad, soy ...., pero si no digo lo que pienso, soy ....

b. Cuando no estoy nervioso/a, estoy ....

c. Si me gusta compartir lo mío con los demás, soy ...., pero si lo quiero todo para mí y no pienso en los demás, soy ....

d. Si me gusta relacionarme con las personas, soy ....

e. Cuando me adapto fácilmente a las situaciones y acepto los cambios, soy ....

f. Si acepto otras opiniones y a las personas diferentes a mí, soy ....

g. Cuando tengo un problema, estoy ....

3 **Lee el cuadro de estrategias y escribe el contrario de estos adjetivos usando prefijos.**

To memorize the different prefixes, classify the examples, look for others in the dictionary, and make a list of their opposites without prefixes.

a. flexible ➔ ....
b. ordenado ➔ ....
c. educada ➔ ....
d. preocupada ➔ ....
e. responsable ➔ ....
f. tolerante ➔ ....
g. tranquilo ➔ ....
h. puntual ➔ ....
i. sociable ➔ ....
j. introvertido ➔ ....
k. seguro ➔ ....
l. paciente ➔ ....

4 **Prepara dos descripciones usando los adjetivos que aprendiste, una tuya y otra de tu compañero/a. Después, intercambia la información. ¿Coinciden?**

5 43 **Relaciona estas palabras referidas a las bellas artes con su imagen correspondiente. Después, escucha el audio para comprobar tus respuestas. ¿Cuántas de estas palabras son cognados?**

1. ☐ escultor/a
2. ☐ música
3. ☐ pintor / pintora
4. ☐ danza
5. ☐ arquitecto/a
6. ☐ bailarín / bailarina
7. ☐ músico / música
8. ☐ escultura
9. ☐ arquitectura
10. ☐ escritor / escritora
11. ☐ pintura
12. ☐ literatura

(Foto: Ulrike Stein)

(Foto: S-F)

6 Clasifica las siguientes palabras según su categoría. ¡Atención! Algunas palabras pueden colocarse en más de un lugar. ¿Sabes a quién representa la escultura de la imagen?

melodía o compositor/a o obra o cuadro o acueducto o violinista o novelista o ensayar o aventuras o estatua o retrato o canción o poema o galería de arte o bodegón o busto o baile o orquesta o paso a dos o diseñar o poeta o escenario o contemporánea o contar o cuento o tema o guitarrista o novela

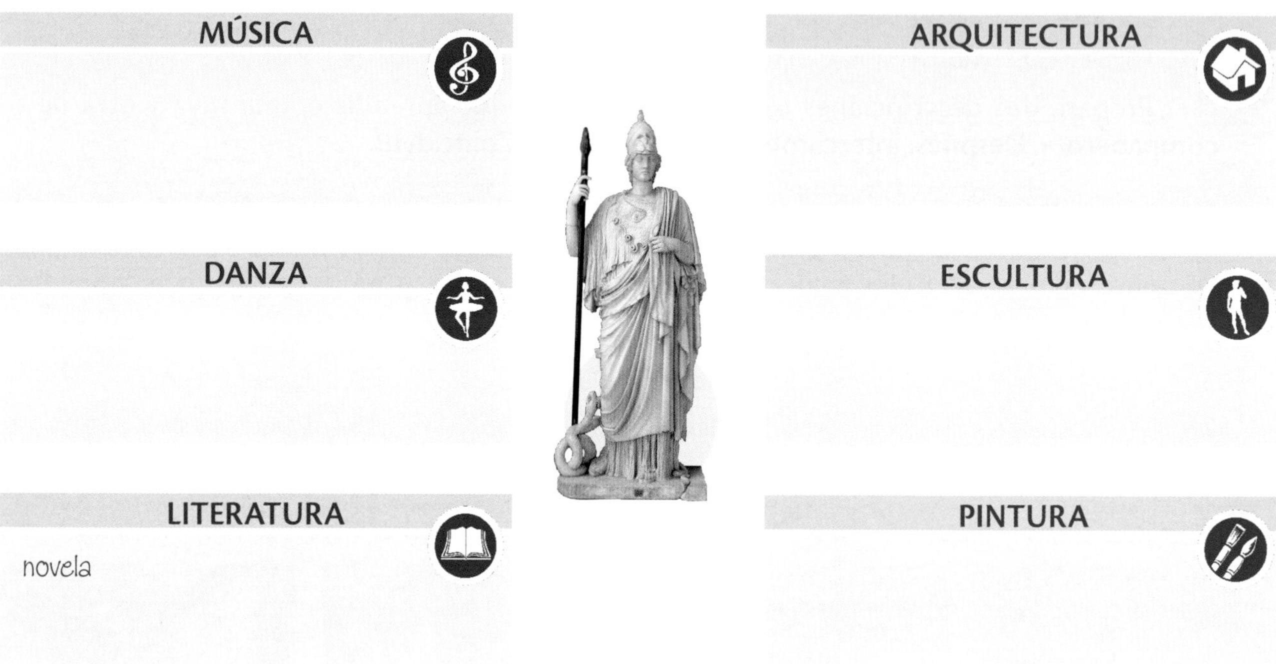

7 Practica con las familias de las palabras y completa cada frase con una profesión. Después, inventa dos frases más con el vocabulario de las actividades 5 y 6 para que las adivine tu compañero/a.

a. Un .... pinta cuadros y retratos de personas famosas.
b. Un .... compone música y melodías.
c. Un .... diseña edificios y otras estructuras como, por ejemplo, puentes.
d. Hay unos cien .... en las orquestas sinfónicas.
e. Un .... crea esculturas de hierro, mármol y otros materiales.
f. Muchos de los .... escriben novelas, poemas y obras de teatro.

La famosa bailarina rusa Anna Pávlovna Pávlova (1881-1931) en La muerte del cisne

8 Túrnate con tu compañero/a para preguntar y responder.

a. ¿Has practicado alguna de estas actividades artísticas? ¿Cuál?
b. ¿Hay alguna que te gustaría practicar y aún no has podido?
c. ¿Crees que tienes alguna aptitud artística? ¿Eres bueno/a haciendo algo?
d. ¿Cuál es tu obra favorita de cada actividad artística? ¿Por qué?

9 **Con tu compañero/a, decide si las siguientes frases son verdaderas (V) o falsas (F). Después, lee el cuadro de estrategias y el texto, y comprueba tus respuestas. Subraya las palabras que no conoces. ¿Puedes deducir qué significan? Compruébalo en el diccionario.**

	V	F
a. La cultura es un sentimiento universal y está por encima de la cultura en la que crecimos o que conocemos.	☐	☐
b. La música influye en nuestro estado de ánimo, incluso en nuestro comportamiento.	☐	☐
c. Todas las sociedades poseen escritura, pero algunas no poseen música.	☐	☐
d. La música nos ayuda a comunicarnos y a entender mejor a los demás.	☐	☐

Remember that in order to understand a text, it is not necessary to understand every word. Carefully read the information that relates to the questions above and then pay attention to the new vocabulary.

La música de las emociones

"La música une a las personas y desata emociones allí donde se escucha". Tal vez esta afirmación suena exagerada pero, en realidad, el impacto de la música en nosotros es tan grande que, cuando oímos música, esta afecta a nuestra memoria, a nuestros movimientos y a nuestras emociones.

Estudios realizados por científicos demostraron que dos personas de muy distinto origen y formación reaccionaban de la misma forma cuando escuchaban la misma música. Otra investigación, realizada en Camerún con personas que no habían oído nunca música occidental, demostró que sentían alegría, tristeza o terror igual que las personas acostumbradas a escuchar este tipo de música. Es decir, una melodía provoca los mismos sentimientos en personas de culturas muy diferentes. Por eso, hay canciones universales que consiguen ponernos tremendamente tristes y otras que, en cambio, nos contagian alegría y buen humor, seamos de donde seamos.

Otra de las grandes cualidades de la música es su gran poder de unión social. Los humanos somos una especie social y no podríamos haber sobrevivido a lo largo de la evolución sin cooperar ni comunicarnos. Con la música, ponemos en marcha *(initiate)* todas esas funciones sociales, es decir, podemos saber qué quiere el otro o qué intenta o qué desea o qué cree, sin que nos lo diga explícitamente. Hay sociedades sin escritura, pero ninguna sin música. Las melodías nos unen, nos hacen compartir los mismos estados de ánimo.

Podemos concluir, sin equivocarnos, que somos criaturas musicales de forma innata desde lo más profundo *(from the deepest)* de nuestra naturaleza.

Adaptado de la entrevista realizada por Eduard Punset a Stefan Koelsch, profesor de Psicología de la Música en la Universidad de Berlín (http://www.rtve.es/television/20111009/musica-emociones-neurociencia/465379.shtml)

10 **¿Y tú qué clase de música escuchas en las siguientes situaciones? Habla de tus preferencias musicales con tu compañero/a y menciona los nombres de artistas, compositores y otra información relevante para describir tus emociones.**

Modelo: *Cuando estoy enamorado/a, me gusta escuchar... porque...*

- estás enamorado/a
- te apetece mucho *(feel like)* bailar
- quieres relajarte
- quieres cantar y bailar al mismo tiempo
- estás de mal humor

11 **Lee el siguiente texto sobre la evolución de la música pop en España. Después, relaciona las letras del texto con las frases para completarlo de una forma lógica.**

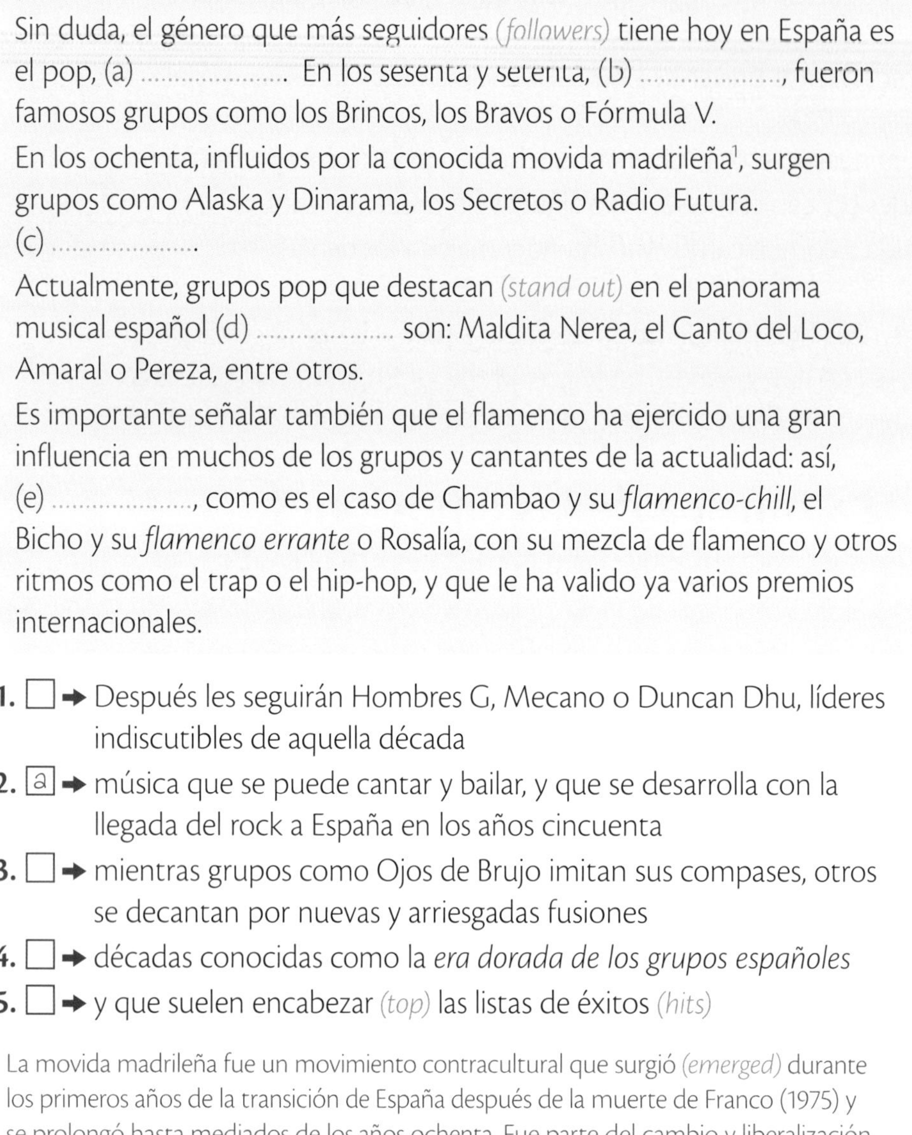

Sin duda, el género que más seguidores *(followers)* tiene hoy en España es el pop, (a) .... En los sesenta y setenta, (b) ...., fueron famosos grupos como los Brincos, los Bravos o Fórmula V.

En los ochenta, influidos por la conocida movida madrileña[1], surgen grupos como Alaska y Dinarama, los Secretos o Radio Futura.

(c) ....

Actualmente, grupos pop que destacan *(stand out)* en el panorama musical español (d) .... son: Maldita Nerea, el Canto del Loco, Amaral o Pereza, entre otros.

Es importante señalar también que el flamenco ha ejercido una gran influencia en muchos de los grupos y cantantes de la actualidad: así, (e) ...., como es el caso de Chambao y su *flamenco-chill*, el Bicho y su *flamenco errante* o Rosalía, con su mezcla de flamenco y otros ritmos como el trap o el hip-hop, y que le ha valido ya varios premios internacionales.

1. ☐ → Después les seguirán Hombres G, Mecano o Duncan Dhu, líderes indiscutibles de aquella década
2. [a] → música que se puede cantar y bailar, y que se desarrolla con la llegada del rock a España en los años cincuenta
3. ☐ → mientras grupos como Ojos de Brujo imitan sus compases, otros se decantan por nuevas y arriesgadas fusiones
4. ☐ → décadas conocidas como la *era dorada de los grupos españoles*
5. ☐ → y que suelen encabezar *(top)* las listas de éxitos *(hits)*

[1] La movida madrileña fue un movimiento contracultural que surgió *(emerged)* durante los primeros años de la transición de España después de la muerte de Franco (1975) y se prolongó hasta mediados de los años ochenta. Fue parte del cambio y liberalización cultural e ideológica que experimentó la gran mayoría de la sociedad española.

12 **Busca información en Internet sobre estos grupos y mira algunos de sus videos musicales. ¿Cuáles te gustaron? Describe detalladamente los grupos que investigaste y comenta tus opiniones con tu compañero/a.**

13 **Túrnate con tu compañero/a para preguntar y responder.**

a. ¿Conoces alguno de los estilos musicales que se mencionan en el texto?
b. ¿Y los grupos musicales o cantantes?
c. ¿Conoces otros grupos musicales o cantantes hispanos? ¿Qué tipo de música hacen?

MORE IN **ELEteca** | EXTRA ONLINE PRACTICE

1. VERBS FOLLOWED BY INFINITIVE OR PRESENT PARTICIPLE

- To express the beginning point of an activity use **empezar** / **ponerse a** + infinitive:
  Empecé a leer *un libro muy interesante.* *I have started reading an interesting book.*
  *Luis, ¡**ponte a hacer** las tareas ahora mismo!* *Luis, start doing your homework right now!*

Cartagena de Indias, Colombia

- To express the repetition of an activity use **volver a** + infinitive:
  *El año pasado fui a Cartagena y este año **volveré a ir**.*
  Last year I went to Cartagena and this year I'm going to go again.
- To express an activity that is ongoing use **seguir** / **continuar** + present participle:
  Sigo estudiando *en la misma escuela que el año pasado.*
  I'm still studying in the same school as last year.
  *El año pasado iba a clases de teatro y este **continuaré yendo**.*
  Last year I was going to acting classes and this year I will continue going.

- To express an activity that has just finished use **acabar de** + infinitive:
  *¡**Acabo de ver** al muchacho que conocimos ayer en el concierto!*
  I just saw the guy we met yesterday at the concert!
- To express the interruption of an activity use **dejar de** + infinitive:
  Dejé de ir *a clases de guitarra porque no tengo tiempo.*
  I stopped going to guitar classes because I don't have time.

1 Completa con la construcción verbal correcta.

Asunto: Cosas que pasan

De: Roberto Para: NachoVela@correomail.com

Nacho, ¡no te vas a creer lo que pasó esta mañana!
(Nosotros) (a) .... de entrar en clase cuando el profesor (b) .... a escribir en el pizarrón los acordes *(chords)* de una canción. Todos la reconocimos rápidamente y (c) .... a cantarla en voz baja. Pero, de pronto, Antonia (d) .... a cantar en voz alta, mirando hacia Adrián. Entonces el profesor le mandó callar *(to be quiet)*, pero Antonia (e) .... cantando, mientras Adrián y el resto de la clase la mirábamos alucinados *(amazed)*. Cuando el profesor la (f) .... a reñir amenazando con castigarla, Antonia (g) .... de cantar, pero antes le dijo a Adrián que quería decirle las palabras de esa canción desde hacía mucho tiempo.

2 Lee la siguiente lista de actividades. Después, pasea por la clase para encontrar a un/a compañero/a que haya hecho alguna de ellas. Apunta su nombre y pídele más información. Comparte tus resultados con la clase.

	¿Quién?	Más información
Ha empezado a practicar algún deporte nuevo.		¿Cuál?
Alguna vez se ha puesto a llorar viendo una película en el cine.		¿Qué película?
Sigue viviendo en la misma casa en la que nació.		¿En qué lugar?
Acaba de comprar una computadora nueva.		¿Cómo es?
Continúa teniendo un juguete de cuando era pequeño.		¿Qué juguete?
Ha dejado de practicar algún *hobby* que antes practicaba.		¿Qué *hobby*?
Ha empezado a leer un libro recientemente.		¿Cómo se titula?
Ha dejado de colgar *(post)* fotos en su Facebook.		¿Por qué?

3 **Haz una lista de actividades que has empezado a hacer, que has hecho, que piensas volver a hacer o que acabas de hacer. Incluye experiencias verdaderas y algunas que no lo sean.**

Modelo: El año pasado fui de vacaciones a China y este año volveré a ir. Acabo de comprar mi boleto de avión.

4 **Lee la lista anterior a tu compañero/a. Él/ella debe adivinar qué experiencias son falsas.**

2. VERBS THAT EXPRESS CHANGE

- To express temporary changes in a person or changes that happen spontaneously use **ponerse** + adjective:

  Se pone muy nervioso *al hablar en público. He becomes/gets very nervous when speaking in public.*

  Se puso rojo *cuando le preguntaron. He turned/became red when they asked him a question.*

- **Quedarse** shows the result, the final condition:

  Se quedó muy sorprendido *por la noticia. He was very surprised by the news (and remained so).*

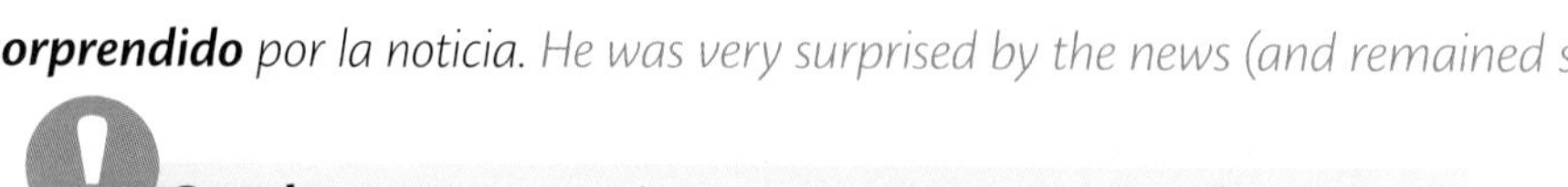

Quedarse can sometimes express permanent changes:

*Mi abuelo **se quedó calvo** a los cincuenta años.*
My grandfather went bald at age fifty.

- To express permanent changes use **volverse** *(not voluntary)* or **hacerse** *(voluntary or gradual change)* + adjective or noun. **Hacerse** usually is used with adjectives and nouns that describe profession, religion, and ideology:

Ganó a la lotería y ***se volvió un antipático.*** *He won the lottery and became unlikable.*

Cuando vio el coche nuevo, ***se volvió loco****. When he saw the new car, he became crazy.*

Antes era abogada y ahora ***se ha hecho jueza****. Before she was a lawyer and now she became a judge.*

Viajó al Tíbet y ***se hizo budista****. She traveled to Tibet and became a Buddhist.*

4 **Completa con el verbo de cambio correcto. ¡Atención! Ten en cuenta el tipo de cambio que se expresa. Puede haber más de una posibilidad.**

a. .... un antipático
b. .... blanco
c. .... guapo
d. .... más delgado
e. .... contento
f. .... más sociable
g. .... vegetariano
h. .... un irresponsable
i. .... empresario

5 **Completa las frases con una expresión apropiada de la actividad anterior.**

a. Desde que es famoso siempre contesta mal a todo el mundo, ...
b. Los invitaron a la inauguración de una galería de arte, ...
c. Estudió un máster de negocios muy prestigioso y ....
d. Desde que es bailarina ....
e. Cuando le dieron la nota del examen de Literatura ....
f. Desde que trabaja en una ONG en defensa de los animales ....

6 44 **Blanca y Ester son amigas desde la escuela. Escucha a Blanca hablando de una reunión de la clase a la que Ester no pudo asistir. Completa con lo que cambió.**

	Martín	Carolina	Gustavo	Antonio	Elena	Dani
Aspecto físico						
Carácter						
Profesión						
Ideología						
Vida personal						

7 **Ustedes están todos en la reunión de los diez años de la clase. Paseen por la clase contándose lo que cambió en sus vidas.**

MORE IN **ELEteca** | EXTRA ONLINE PRACTICE

GRAMMAR TUTORIALS 11 AND 12

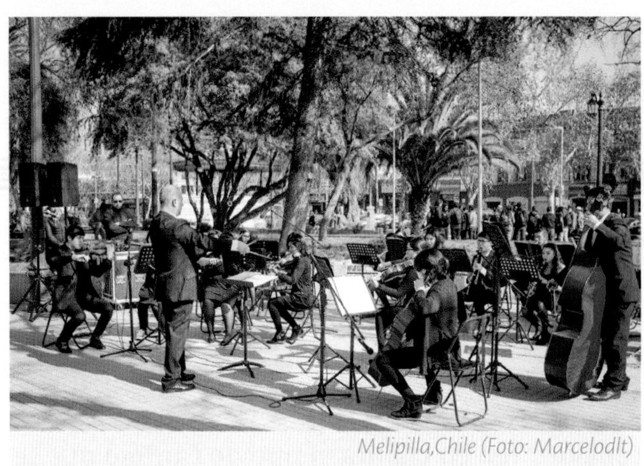
Melipilla,Chile (Foto: Marcelodlt)

1 **Con tu compañero/a, mira esta imagen y responde a las preguntas.**

a. ¿Crees que son músicos profesionales o solo estudiantes de música?
b. ¿Cómo crees que la situación política de un país puede influir en la vida de los artistas?
c. ¿Sabes quién es el músico más famoso en la historia de Venezuela?

2 45 **Lee este artículo y comprueba tus respuestas anteriores.**

El nexo musical entre Venezuela y Chile

En 2009, el Premio de Música Polar (otorgado por la Real Academia Sueca de Música y apodado "el Nobel de la música") recayó *(went to)* en el músico venezolano José Antonio Abreu (1939-2018) por su más célebre creación: El Sistema. El Sistema es un programa educativo que ha ayudado a formar a cientos de músicos en el país sudamericano y, al mismo tiempo, a combatir la pobreza. En palabras del trompetista *(trumpet player)* Pacho Flores, uno de los más célebres del mundo actualmente, "en él se cambia un arma por un instrumento". Así, Venezuela se convirtió en un referente mundial de la música clásica. No solo se catapultó la carrera de Flores, sino también la del carismático director de orquesta Gustavo Dudamel.

En los últimos tiempos, El Sistema se ha visto afectado por la crisis que vive el país y por el éxodo de cerca de un millón de venezolanos. Una noticia dramática que produjo, paradójicamente, un efecto beneficioso de expansión regional de aquella sólida formación musical recibida por tantos jóvenes venezolanos. Y es que, dentro de ese millón de exiliados, había una enorme cantidad de músicos obligados a establecerse en Colombia, Perú, Ecuador o Chile, donde fueron acogidos por los conjuntos locales, enriqueciendo sus filas *(ranks)* y mejorando la calidad de sonido de las diferentes orquestas sinfónicas a lo largo de toda América Latina.

Chile fue uno de los países que más venezolanos recibió. Músicos de esta nacionalidad ocuparon puestos clave en las orquestas chilenas.

En cierto modo, esto significa completar un círculo. El maestro Abreu reconoció que se inspiró para crear El Sistema en la figura del director y compositor chileno Jorge Peña Hen (1928-1973). Peña había realizado un cuidadoso trabajo con jóvenes e infantes músicos en la nortina ciudad chilena de La Serena, una labor que terminó abruptamente al ser Peña Hen asesinado por la dictadura de Pinochet. Casi veinte años después de su muerte, otro chileno visionario, Fernando Rosas (1931-2007), creó la Fundación de Orquestas Juveniles e Infantiles de Chile (FOJI), inspirándose directamente en los trabajos de Peña y Abreu, reafirmando así que el legado de estos músicos es universal.

Álvaro Gallegos *Chileno. Es periodista, investigador y productor musical.*

3 **Relaciona estas palabras y expresiones que hay en el texto con su significado.**

1. abruptamente
2. carismático/a
3. éxodo
4. referente mundial
5. visionario/a
6. catapultar

a. persona con visión de futuro
b. emigración de mucha gente
c. de manera repentina
d. persona atractiva y fascinante
e. lanzar, dar impulso
f. conocido en todo el mundo

4 **Marca las afirmaciones que representan las ideas principales del texto. Compara con tu compañero/a.**

a. ☐ El músico José Antonio Abreu nació en 1939 y murió en 2018.
b. ☐ Venezuela fue un referente mundial en la música clásica de América Latina.
c. ☐ Fernando Rosas fue un músico que creó la Fundación de Orquestas Juveniles e Infantiles de Chile.
d. ☐ Chile y otros países de América Latina acogieron a muchos músicos exiliados de Venezuela.
e. ☐ José Antonio Abreu formó a muchos músicos jóvenes que se exiliaron tras la crisis de Venezuela.
f. ☐ La llegada de músicos venezolanos a Chile cierra un círculo que abrió Fernando Rosas.

5 **Con tu compañero/a, busca en el texto las frases que desarrollan las ideas que marcaste en la actividad anterior y subráyalas.**

6 **Pacho Flores describe El Sistema diciendo: "En él, se cambia un arma por un instrumento". ¿Qué crees que quiere decir? Presenta tus ideas a la clase y acompaña tu explicación con un dibujo que represente esas ideas.**

7 **Busca en Internet información sobre José Antonio Abreu y haz una presentación sobre su influencia en la música internacional: da algunos datos biográficos, habla de los premios que recibió y de su influencia en la formación de los músicos de su país.**

8 **Lee estas afirmaciones y debate con tus compañeros/as. ¿Con cuál estás más de acuerdo? Lee el cuadro de estrategias y presenta a la clase una experiencia que te hizo sentirte o pensar así.**

a. Para entender la música no es necesario estudiar lenguas porque es un lenguaje universal.
b. Aprender español puede ayudarme a conocer y entender mejor la música hispana.

When presenting experiences orally, it is okay if you can't remember certain words. Try to use other words that have a similar meaning. It is not always necessary to use complicated or technical language to express yourself clearly.

1 46 **Escucha esta conversación de un programa de radio y marca la idea principal de la conversación.**

a. La oyente está protestando porque no le gustan los cursos de historia que ofrece el centro cultural.
b. El centro cultural no ofrece cursos de historia este año.
c. La oyente se queja porque este año no hay cursos de historia.

2 **Vuelve a escuchar el audio. ¿Qué otros detalles desarrollan la idea principal? Habla con tu compañero/a.**

3 **Lee el cuadro de estrategias, completa el borrador y escribe una carta formal de protesta al centro cultural para reclamar actividades artísticas para jóvenes.**

Follow these steps to write **a formal complaint letter**:

1. Begin with a formal greeting (*Estimados señores/as:*) and introduce yourself. Remember that in Spanish, unlike some cases in English, the greeting in a letter is followed by a colon.
2. **Explain** the problem you are writing about: *Les escribo / Me pongo en contacto con ustedes porque oí la noticia de que...*
3. **Explain** in detail **the consequences** of this problem for you and the other young people in your area. **Don't forget** to introduce **your personal opinion** with expressions like *creo que, pienso que, en mi opinión...*
4. In a different paragraph introduce **what you are requesting**, using *por lo tanto, en consecuencia, espero / deseo / deberían...* and clearly explain what you will do if they ignore your complaints: *Si no atienden mis necesidades, tendré que / me veré obligado/a a...*
5. **Close formally**, thanking the reader for his or her attention (*Agradeciendo de antemano su atención les saluda atentamente,*) and **sign** the letter.

Saludo y presentación:	
Presentación del problema:	
Reclamación y consecuencias:	
Despedida:	

4 PEER REVIEW **Intercambia con tu compañero/a el borrador de la carta de reclamación que escribiste, responde a estas preguntas y reflexionen juntos.**

a. Subraya el saludo. ¿Es formal?
b. ¿Está claro quién escribe y por qué?
c. Marca todas las consecuencias negativas de la falta del servicio. ¿Crees que son suficientes? ¿Son todas personales?
d. Rodea y cuenta lo que reclama. ¿Están ustedes de acuerdo?
e. ¿Qué va a hacer si no solucionan el problema? ¿Crees que será eficaz?

5 **Ahora escribe la versión definitiva de la carta y entrégasela a tu profesor/a.**

ORTOGRAFÍA Y PRONUNCIACIÓN Los extranjerismos *(foreign words)*

- En español usamos algunas palabras que proceden de otras lenguas. Se dividen en:
  - Voces adaptadas
    Se adaptan a la ortografía y pronunciación del español: *estrés, eslogan, cabaré...*
  - Voces no adaptadas
    Se escriben igual que en la lengua original y su pronunciación es más o menos aproximada a ella: *pizza, rock and roll, jazz, pendrive...*

1 47 **Escucha las siguientes palabras extranjeras que se usan frecuentemente entre los hispanoparlantes y apúntalas.**

....	....	....	....
....	....	....	....
....	....	....	....
....	....	....	....

2 **Compara las palabras que escribiste con tu compañero/a. Decide cuáles fueron adaptadas al español y cuáles no.**

3 **Completa con la palabra o expresión apropiada aprendida en esta sección.**

a. Necesito ir a la .... para comprarme un vestido.
b. A mi hermana le encantan los .... con tomate.
c. Marta y Juan van a jugar al .... esta tarde.
d. Mis padres desayunan un .... y un café con leche.
e. El .... es el equipamiento lógico de un sistema informático.

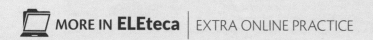

MORE IN **ELEteca** | EXTRA ONLINE PRACTICE

MUCHO MÁS QUE MÚSICA

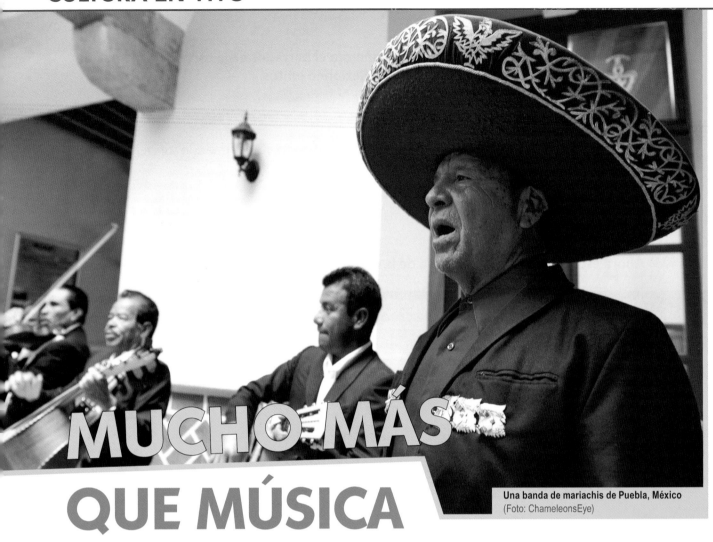

Una banda de mariachis de Puebla, México (Foto: ChameleonsEye)

Antes de leer

¿Qué música o artistas mexicanos conoces?

¿Piensas que los mariachis son divertidos o están pasados de moda*? ¿Por qué?

48 **En el mundo hispano hay muchísimos tipos de música y baile. No solamente son expresiones artísticas: a veces, como los corridos mexicanos, son una forma de contar historias de actualidad.**

Los corridos son canciones populares mexicanas que cuentan una historia. Su melodía suele ser muy sencilla y su letra* es fácil de recordar. Eran habituales ya en 1910, en la época de la Revolución mexicana, y cumplían la importante función de difundir* las noticias en todo el territorio.

Los temas de los corridos son variados: a veces hablan sobre un héroe popular, en otras ocasiones tienen contenido político y en algunos casos son divertidos.

Otra composición musical popular mexicana es la ranchera, que, generalmente, se acompaña por mariachis. Los mariachis son agrupaciones de músicos compuestas por cuerda, trompeta y canto. Sus integrantes* llevan traje de charro y sombrero de ala amplia.

El mariachi también es una música tradicional del pueblo mexicano. Desde 2011 está declarado Patrimonio Cultural Inmaterial de la Humanidad.

En febrero de 2019, el cantante Luis Miguel ganó un Grammy al mejor álbum de música regional mexicana por su disco de rancheras mexicanas *México Por Siempre*.

Fuentes: www.méxico.as, Sara Alonso, febrero de 2019; Unesco, página web oficial de Patrimonio Cultural Inmaterial, 2011; planetamusik.com, julio de 2018; https://es.oxforddictionaries.com

Luis Miguel, apodado el Sol de México (Foto: Kraft74, 19 de febrero de 2019)

El tango

1. Todos los años se celebra el Festival Mundial de Tango en la ciudad de **Buenos Aires**.
2. Asisten **miles de personas** y compiten unos seiscientos bailarines.
3. Tiene una duración de **quince** días.
4. Consta de **tres etapas**: clasificatoria, semifinales y final en las categorías de Tango pista y Tango escenario.
5. En la última edición destacaron las parejas de rusos, colombianos, italianos y, por supuesto,... **¡argentinos!**

Fuentes: danzaballet.com, agosto de 2018; *El País*, agosto de 2018.

Los top 6 del flamenco

Para muchos turistas, el flamenco es sinónimo de cultura española, aunque proviene* del sur del país. Te contamos cinco cosas que debes saber sobre este apasionado* género.

1. Combina la cultura **andaluza**, **sefardí**, **gitana** y **árabe**.
2. Una de sus formas se llama **"cante jondo"**.
3. El bailarín se llama **"bailaor"** y la bailarina, **"bailaora"**.
4. Gran parte del baile se basa en la **improvisación.**
5. Los lugares donde se canta y se baila flamenco se llaman **"tablaos"**.
6. Fue declarado **Patrimonio** Cultural Inmaterial de la Humanidad por la **Unesco** en 2010.

Fuentes: www.elflamencoensevilla.com, El Patio Andaluz, agosto de 2018; www.granada.cat, abril de 2017.

El tango nació en Buenos Aires y siempre se baila en pareja*.

¿COMPRENDISTE?

Decide si las siguientes frases son verdaderas (V) o falsas (F).

1. La palabra mariachi se refiere tanto a un grupo de músicos como a un género musical. V ☐ F ☐
2. Los corridos son canciones populares mexicanas. V ☐ F ☐
3. El Festival Mundial de Tango se celebra cada cinco años. V ☐ F ☐
4. Los pasos del baile flamenco están todos planeados con anticipación. V ☐ F ☐
5. El tango se puede bailar de forma individual. V ☐ F ☐

El Ballet Teatro Español de Rafael Aguilar interpreta *Carmen* en Chengdu, China (Foto: Jack. Q., diciembre de 2008)

AHORA TÚ

¿Qué opinas? Contesta a las siguientes preguntas y comenta tus ideas con tus compañeros/as.

1. ¿Qué tipo de música te gusta? ¿Cuál es su atractivo, en tu opinión?
2. ¿Qué tipo de música no escuchas nunca y por qué?
3. ¿Que forma musical norteamericana te representa más? ¿Por qué?
4. ¿Te gusta bailar? ¿Cuándo fue la última vez que bailaste y qué tipo de música había?
5. ¿Prefieres bailar solo o en pareja? ¿Por qué?
6. Entre el tango y el flamenco, ¿qué estilo musical te parece más interesante? ¿Por qué?

Glosario

amplio/a – large
apasionado/a – passionate
difundir – to spread
el/la integrante – member
la letra – lyrics
la pareja – couple
pasado/a de moda – out of date
provenir – to originate

EXPRESSING FEELINGS AND EMOTIONS

1 Completa con la forma correcta del verbo entre paréntesis.

a. Estoy contenta de que (llegar) .... las vacaciones.
b. Estoy triste cuando (despedirse, yo) .... de un amigo por mucho tiempo.
c. Me enfado si mi hermana (ponerse) .... mi ropa sin pedírmela.
d. Me molesta que la gente (tirar) .... papeles al suelo.
e. Nos preocupa no (entregar, nosotros) .... el trabajo a tiempo.
f. Me pongo nervioso cuando (esperar, yo) .... el autobús y tarda mucho en llegar.

2 Clasifica las palabras de la caja en la columna correspondiente.

de mal humor o pena o rabia o triste o lástima o igual o nervioso/a o miedo

PONER	DAR

Ahora escribe una frase con cada uno de estos verbos.
a. Poner ....
b. Dar ....

VERBS FOLLOWED BY INFINITIVE OR PRESENT PARTICIPLE

3 Escribe las siguientes frases usando un verbo en infinitivo o gerundio, como en el modelo.

a. Juan ha reprobado el examen de Música de nuevo.
(volver a) Juan ha vuelto a reprobar el examen de Música.
b. Ana y Luis eran muy amigos, pero hace un mes se enfadaron y ahora no se hablan.
(dejar de) ....
c. María empezó a estudiar solfeo a los ocho años y ahora con dieciséis años todavía lo estudia.
(seguir) ....
d. Me he apuntado a clases de guitarra y voy desde hace una semana.
(empezar a) ....
e. Vi al profesor de Música hace cinco minutos.
(acabar de) ....
f. A Carlos le gustaba ver caricaturas de pequeño y ahora también le gusta.
(continuar) ....

VERBS THAT EXPRESS CHANGE

4 **Elige la opción correcta en cada frase.**

a. Desde que le robaron **se puso** / **se volvió** / **se quedó** más desconfiado.
b. Como ya sabe que aprobó, **se ha puesto** / **se ha vuelto** / **se ha quedado** tranquila.
c. Como lo invitaron a un concierto, **se puso** / **se volvió** / **se quedó** muy contento.
d. Desde que vive sola **se puso** / **se volvió** / **se quedó** más independiente.

LAS ARTES

5 **Completa con una palabra del cuadro.**

aventuras ○ paisaje ○ pintor ○ retrato ○ pirámides ○ novela

a. Las .... de Chichen Itzá son de origen maya.
b. Estuvimos en Costa Rica y el .... era tan bonito que tomé un montón de fotografías.
c. Estoy leyendo una .... de .... que trata de tesoros y piratas.
d. Los cuadros de ese .... me encantaron, sobre todo el .... de su mujer.

FOREIGN WORDS

6 **Indica las palabras que han adoptado la ortografía y pronunciación del español.**

☐ estrés	☐ pizza	☐ cruasán	☐ cabaré	☐ software
☐ estatus	☐ yogur	☐ pendrive	☐ blus	☐ piercing

CULTURA

7 **Contesta a las siguientes preguntas con la información que has aprendido en *Mucho más que música*.**

a. ¿De qué trataban los primeros corridos mexicanos? ¿Qué función tenían?
b. Y ahora, ¿de qué tratan muchos de los corridos modernos?
c. ¿Qué géneros musicales de España y América Latina son Patrimonio Inmaterial de la Humanidad?
d. ¿Qué se celebra cada año en Buenos Aires y qué países participan?
e. Cuenta tres cosas que aprendiste sobre el flamenco.

AL FINAL DE LA UNIDAD PUEDO...

	☆	☆☆	☆☆☆
a. I can talk about feelings and emotions using an infinitive and the subjunctive.	☐	☐	☐
b. I can describe people's personalities and changes using verbs that express change.	☐	☐	☐
c. I can express different types of action (beginning, repetition, interruption…) using verbs followed by an infinitive or present participle.	☐	☐	☐
d. I can talk about artistic activities.	☐	☐	☐
e. I can read and understand *El nexo musical entre Venezuela y Chile*, Álvaro Gallegos.	☐	☐	☐
f. I can write a formal complaint letter.	☐	☐	☐

MORE IN **ELEteca** | EXTRA ONLINE PRACTICE

Verbos

adorar *to adore*
apetecer *to feel like*
atreverse *to dare*
colgar (o > ue) *to hang, to post online*
componer *to compose*
crear *to create*
dar igual *to care less*

dar lástima / pena *to feel pity*

dar rabia *to infuriate*

dar vergüenza *to feel embarrassed*

diseñar *to design*
ensayar *to rehearse*
fijarse en *to take notice of*
molestar *to bother*
odiar *to hate*

pintar *to paint*
ponerse *to become*
relajarse *to relax*
sentirse (e > ie / e > i) *to feel*

Descripciones

atento/a *attentive*
egoísta *selfish*
enamorado/a *in love*
falso/a *fake*
flexible *flexible, adaptable*
furioso/a, enojado/a, enfadado/a *angry*
generoso/a *generous*
gran *great*
histérico/a *crazy*
leal *loyal*
ordenado/a *tidy*
preocupado/a *worried*
seguro/a *assured*
sincero/a *sincere*
sociable *sociable*
tolerante *tolerant*
tranquilo/a *calm*
único/a *one-of-a-kind*

Las artes

el acueducto *aqueduct*
las aventuras *adventures*
el bailarín / la bailarina *dancer*
el cuadro *painting*
la danza *dance*
la escultura *sculpture*
la estatua *statue*

el género *genre, style*
la galería de arte *art gallery*
la guitarra *guitar*
el novelista *novelist*
la obra *work, play*
la pintura *painting*
el poema *poem*
el poeta *poet*
el retrato *portrait*

La música

el/la compositor/a *composer*
el conjunto local *local band*
el/la director/a de orquesta *orchestra conductor*
la formación musical *musical training*
el/la guitarrista *guitarist*
la melodía *melody*
la música clásica *classical music*
el/la músico/a *musician*
la orquesta *orchestra*
la orquesta sinfónica *symphony orchestra*
la orquesta juvenil *youth orchestra*
el/la trompetista *trumpet player*
el violín *violin*
el/la violinista *violinist*

EXPRESSING FEELINGS AND EMOTIONS

(See page 174)

- To express feelings and emotions use:
  - **estar** + adjective + **con** + noun
  - **estar** + adjective + **de** (**que**)
  - **No soportar** *(can't stand)* / **No aguantar** *(can't take)* / **Odiar** *(to hate)* / **Adorar** *(to love)* + noun / + infinitive / + **que** + subjunctive
  - **ponerse** / **sentirse** / **estar** + adjective + **cuando** / **si** + present tense
  - **me** / **te** / **le** / **nos**... + **da rabia** / **pone alegre** / **molesta** + **que** + subjunctive
  - **me** / **te** / **le** / **nos**... + **da rabia** / **pone alegre** / **molesta** + infinitive

  *Mi hermana **está muy contenta con** su profesora de música.*
  *Yo **me pongo furioso cuando** dejo un libro y no me lo devuelven.*
  ***Odio que** me digan lo que tengo que hacer.*
  *A mí **me da vergüenza** hablar en público.*

VERBS FOLLOWED BY INFINITIVE OR PRESENT PARTICIPLE

(See page 183)

- Some of these constructions are made up of a conjugated verb followed by a preposition and infinitive. Others are followed by a present participle.
- Use **empezar** / **ponerse a** + infinitive to express the start point of an activity:
  ***Empecé a leer** una novela muy interesante.*
  *En cuanto llegué a casa **me puse a estudiar** para el examen del día siguiente.*
- Use **volver a** + infinitive to express the repetition of an activity:
  *El año pasado me apunté a clases de teatro y este año me **volveré a apuntar**.*
- Use **seguir** / **continuar** + present participle to express that an activity is ongoing:
  *Nos conocimos en la guardería y hoy todavía **seguimos siendo** amigos.*
  *Este verano **continuaré yendo** a clases de inglés; no quiero olvidar lo que aprendí.*
- Use **acabar de** + infinitive to express that an activity has just finished:
  *Si quieres pastel, espera a que se enfríe un poco, que **acabo de sacarlo** del horno.*
- Use **dejar de** + infinitive to express the interruption of an activity:
  ***Dejé de ir** a clases de guitarra porque este año no tengo tanto tiempo.*

VERBS THAT EXPRESS CHANGE

(See page 184)

- To express spontaneous or temporary changes in a person we use **ponerse** + adjective; **quedarse** shows the result, the final situation:
  ***Se pone muy nervioso** al hablar en público.*
  ***Se puso rojo** cuando le preguntaron.*
  ***Se quedó muy sorprendido** por la noticia.*
- To express permanent changes use **volverse** (non voluntary) or **hacerse** (voluntary or gradual change):
  ***Se ha vuelto** un antipático.*
  *Antes era abogada y ahora **se ha hecho** jueza.*
  *Cuando vio el coche nuevo, **se volvió loco**.*

1 **Observa estas imágenes. ¿Qué crees que tienen en común las personas que hay en ellas? Coméntalo con tu compañero/a.**

DAME VIDA

2 49 ***Dame vida* no es solo el título de una canción, representa todo un proyecto solidario. Escucha la conversación entre Carlos y Abel y responde a las preguntas.**

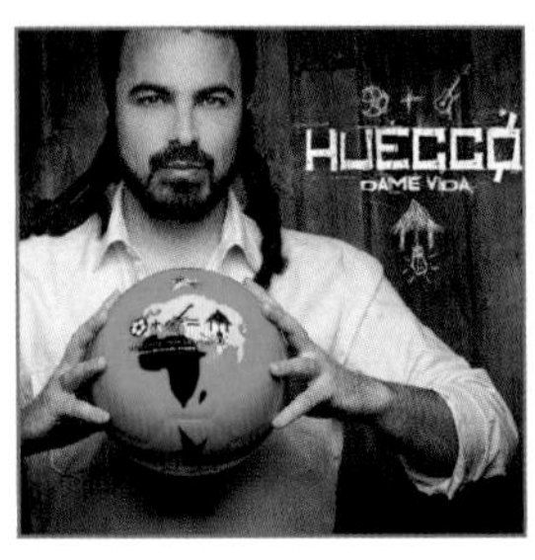

a. ¿Por qué no le gustan los conciertos a Carlos?
b. ¿Qué le molesta a Abel de los conciertos?
c. ¿Por qué le hace ilusión ir al concierto a Raquel?
d. ¿Para qué es el concierto?
e. ¿Cómo funciona el balón?
f. ¿Dónde se puede comprar?
g. ¿Quién lo inventó?
h. ¿Por qué Abel cree que es tan bueno el proyecto del balón?
i. ¿Qué desea Carlos en relación al proyecto y al cantante?
j. ¿Al final irá Carlos al concierto? ¿Por qué?

3 **Completa con la forma correcta del verbo entre paréntesis.**

a. *Dame vida* es una fundación que desea (recaudar) .... fondos para (ayudar) .... a los necesitados.
b. Jessica Mathews y Julia Silverman son las creadoras del *soccket*, un balón con un acumulador de energía dentro que (recargarse) .... con las patadas que se le dan.
c. Cuando la pelota (cargarse) .... de energía, esta se convierte en horas de luz para las familias pobres.
d. *Dame vida* quiere que cada hogar sin electricidad (tener) .... un balón con luz.
e. Huecco contactó con varios de los mejores deportistas del mundo para que (colaborar, ellos) .... en la grabación del videoclip de la canción.
f. Vicente del Bosque, antiguo seleccionador español de fútbol, declaró que le encantó (poder) .... colaborar en el video y que cuando el cantante lo (llamar) .... para (participar) .... no lo dudó un momento.
g. Huecco declaró que quiere (dar) .... las gracias de corazón a todos los que participaron en el videoclip.
h. *Dame vida* quiere que la música (servir) .... para que los más jóvenes (practicar) .... deporte.
i. La fundación también espera que a través de la práctica del deporte (generar) .... energía eléctrica limpia.
j. Huecco declaró que el deporte y la música son las energías más limpias y que este proyecto servirá para (llenar) .... de luz limpia el mundo.

4 **Esta fundación participa también en dos proyectos más. Lee los fragmentos que te va a dar tu profesor/a y relaciona cada uno con la imagen correspondiente. Después, inventa un título para cada proyecto.**

Título: ....

Título: ....

5 50 **Vas a escuchar un programa de radio en el que su locutora habla sobre los tres proyectos en los que participa el cantante Huecco. Relaciona las experiencias que relata con las personas de las imágenes.**

Jessica Matthews
Proyecto: ....

Aganju
Proyecto: ....

Pau Gasol
Proyecto: ....

Yveline
Proyecto: ....

Juan
Proyecto: ....

6 **Completa con la forma correcta de los verbos y aprende más sobre las experiencias de los voluntarios.**

acabar de ○ ponerse ○ seguir ○ llevar ○ ponerse a ○ dejar de ○ quedarse ○ volver a ○ empezar a

Todo empezó cuando recibí un correo electrónico en el que buscaban colaboradores para construir escuelas para niños pobres en Guatemala.

Al llegar allí, (a) .... muy impresionada de ver cómo aquella gente vivía con tan poco. Al principio fue muy duro; yo no estaba acostumbrada a ver tanta pobreza y cuando (b) .... trabajar fue todavía peor, (c) .... muy nerviosa porque había muchas cosas que no sabía hacer y me sentí inútil. (d) .... llegar y ya quería hacer las valijas y regresar a casa... Pero después, un compañero me tranquilizó diciéndome que era normal sentirse así al principio y que ellos también habían tenido que aprender, pero que mi trabajo era importante y que tenía que seguir adelante. Lo pensé mejor y (e) .... trabajar sin preocuparme de si lo hacía bien o mal.

Desde entonces, me volví más responsable y menos egoísta y (f) .... preocuparme por cosas que en realidad no son importantes. Ya (g) .... tres años colaborando con la organización y estoy deseando que llegue el verano para (h) .... ir a Guatemala y (i) .... ayudando a los niños de allí.

7 **Seguro que tú también has colaborado alguna vez en una buena acción. Piensa en esa experiencia y escribe cómo fue y cómo te sentiste.**

Pensar en abstracto puede ser muy difícil, ¡pero aprender español te ayuda! Según varios estudios, el aprendizaje de otro idioma mejora no solo tu confianza, sino también tu capacidad para comprender conceptos abstractos, como, por ejemplo, las matemáticas. Además, con una buena competencia en español, podrás obtener el Sello de Alfabetización Bilingüe, algo que, sin duda, llamará la atención de cualquier universidad y empresa que te interese en el futuro.

UNIDAD

7 ¡QUE NO TE ENGAÑEN!

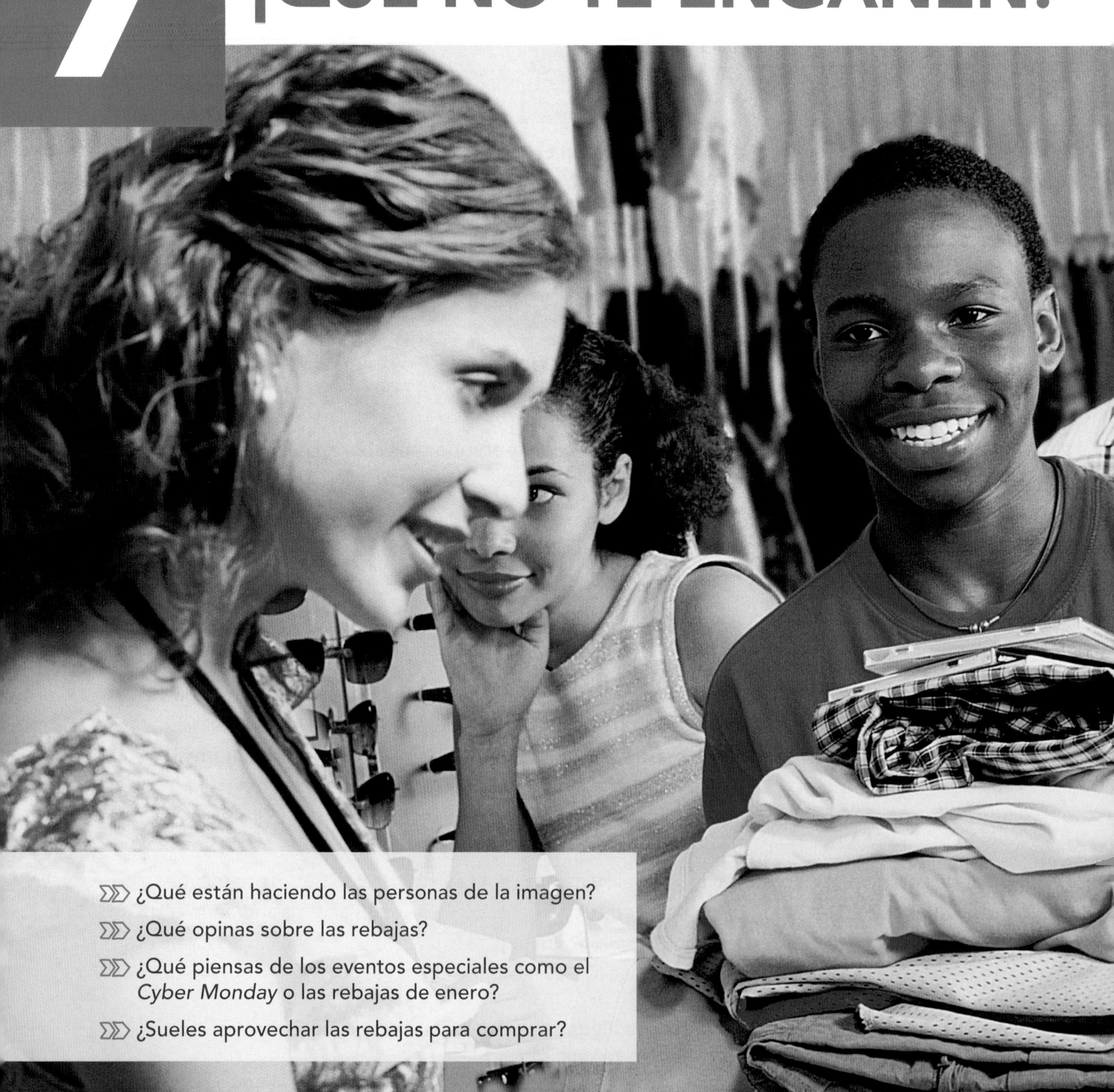

- ¿Qué están haciendo las personas de la imagen?
- ¿Qué opinas sobre las rebajas?
- ¿Qué piensas de los eventos especiales como el *Cyber Monday* o las rebajas de enero?
- ¿Sueles aprovechar las rebajas para comprar?

De rebajas

IN THIS UNIT, YOU WILL LEARN TO:

- Ask and give opinions using expressions of agreement and disagreement
- Make value judgements using indicative and subjunctive
- Organize the ideas of a text using transition words and sentence connectors
- Talk about Internet and advertising
- Read *Historia de la publicidad*, Ricardo Ravelo
- Write an essay

CULTURAL CONNECTIONS

- Share information about the role of advertisements and Internet in Hispanic countries, and compare cultural similarities

CULTURA EN VIVO

¡CÓMPRALO YA!

Shakira es una de las celebridades que hacen publicidad de diferentes marcas y productos. (Foto: DFree, Paseo de la Fama, Los Ángeles, 2008)

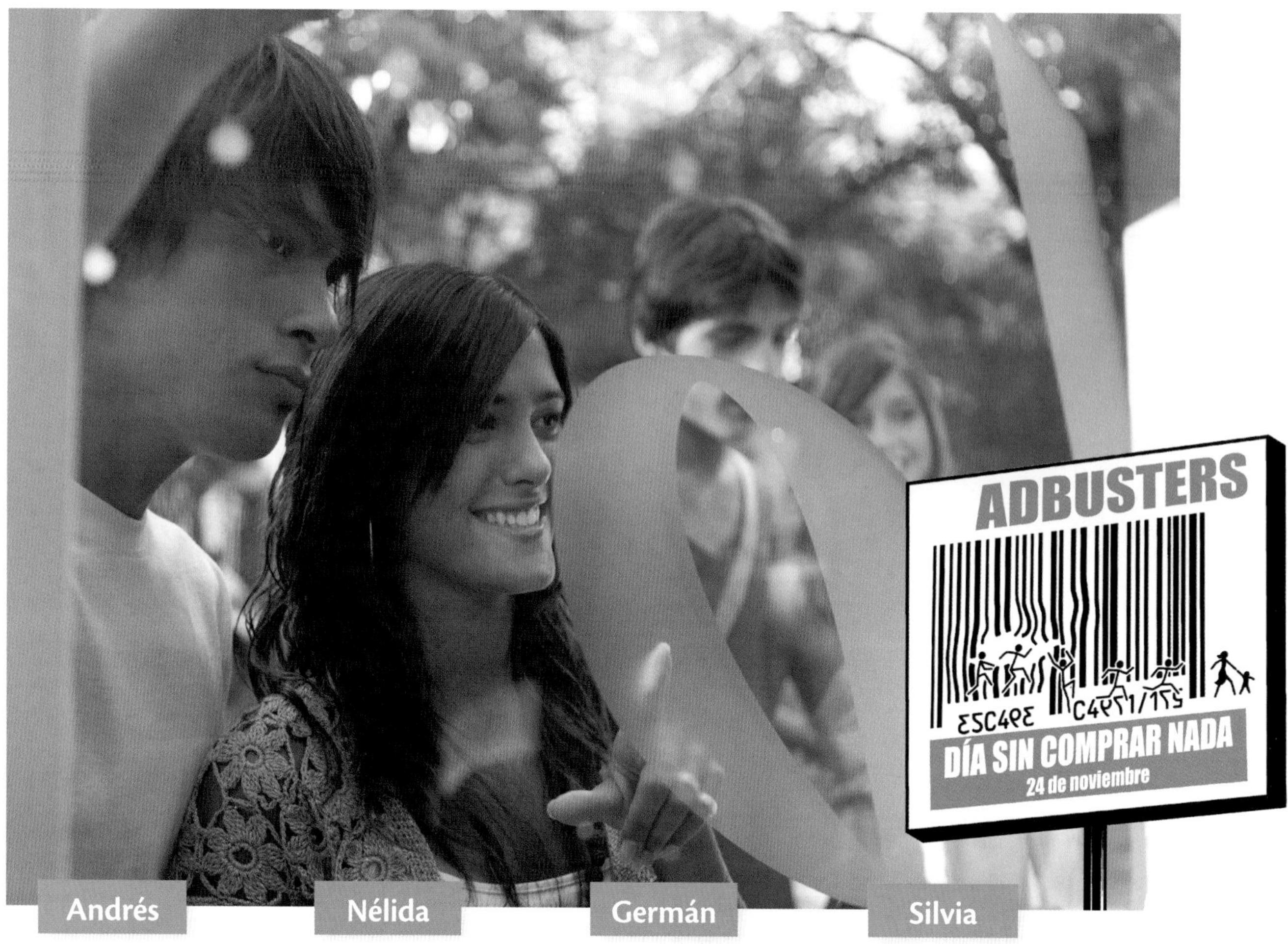

1 **Observa la imagen y, con tu compañero/a, contesta a las preguntas.**

a. ¿Qué crees que están mirando?
b. ¿Qué sensación crees que les provoca ver el cartel de la campaña?
c. ¿Puedes estar un día sin comprar?

2 **Combina elementos de las columnas para formar frases sobre lo que sienten Andrés y sus amigos acerca de esta campaña publicitaria.**

A mí			encantan	la imagen.
A Nélida y a mí		me	pone nerviosas	que la gente deje de comprar.
A Germán		le	da miedo	que exista tanta publicidad.
A los cuatro	(no)	les	indigna	las novedades.
A Nélida		nos	impresiona	ver cosas diferentes.
A Nélida y a Silvia			preocupa	que la gente gaste demasiado.
A Silvia			gusta	que no se entienda el mensaje.

3 51 **Lee la conversación entre los cuatro amigos y complétala con las palabras del cuadro. Después, escucha y comprueba tus respuestas.**

manipulación o icono o anticonsumista o juventud o machista

Andrés: ¿Qué les parece el cartel de la campaña? ¡A mí me parece una obra de arte!

Nélida: ¡Qué exagerado eres! Además, yo creo que es muy contradictorio que esté en un centro comercial, ¿no les parece?

Germán: Es verdad, Andrés, yo tampoco pienso que sea para tanto... Solo es más publicidad, ¿no?

Silvia: Es terrible que intenten confundirnos. ¿El cartel significa que no compremos? ¡Uf!... No lo entiendo y no me gusta. Por cierto, ¿qué es Adbusters?

Andrés: ¿No los conoces? Es una organización (a) .... que ataca a los medios de comunicación. Su objetivo es utilizar la publicidad para criticar la (b) .... que hacen de los consumidores. También tienen una revista.

Silvia: Bueno, en mi opinión, la publicidad trata solo de informar sobre lo que hay.

Nélida: Sí, estoy de acuerdo con que trata de informar, pero para cambiar nuestras opiniones y deseos, ¡claro!

Andrés: Por supuesto, la publicidad lleva muchos años vendiéndonos el valor de la (c) ...., de la salud, de la belleza, sobre todo con las mujeres. La imagen que dan de ustedes siempre es la misma: jóvenes, triunfadoras, guapas y delgadas...

Germán: Es verdad, tienes razón, es bastante (d) ....

Silvia: Por supuesto. Está claro que debe haber límites. En cualquier caso, creo que la gente no le hace tanto caso a la publicidad como creen porque hay demasiada: en la calle, en la tele, en los periódicos, en las revistas, en Internet...

Andrés: ¡Uf! Sí, es ridículo que las redes sociales estén tan llenas de publicidad; no es lo que quieres ver allí. Además, me preocupa que utilicen nuestra información personal para vender. ¡Y las ventanas emergentes que se abren continuamente me atacan los nervios!

Silvia: De todas formas, yo no estoy de acuerdo del todo con ustedes; yo no pienso que toda la publicidad sea mala. Como dijiste antes, además de dar a conocer nuevos productos, es una forma de arte, una creación... Hay publicidad que se ha convertido en un (e) .... de nuestra cultura. Por ejemplo, mira algunas de las obras de Andy Warhol.

Germán: En esto todos estamos de acuerdo. En todos los campos profesionales siempre hay cosas bien hechas.

4 **Busca en el texto el sinónimo de las siguientes palabras.**

a. *Pop-up.* ....
b. Intento de influir. ....
c. Imagen, modelo. ....
d. Etapa de la vida. ....
e. Prepotencia de hombres sobre mujeres. ....
f. En contra de la compra innecesaria. ....

5 **Contesta a las siguientes preguntas. Después, comparen sus respuestas. ¿Estás de acuerdo con el punto de vista de tu compañero/a?**

a. ¿Qué piensas de la organización Adbusters? ....
b. ¿Qué piensa Silvia de la publicidad? ¿Y Andrés? ....
c. ¿Con cuál de los dos estás tú de acuerdo? ....

EXPRESSING OPINION

- Para **pedir opinión** usamos:
  *¿**Qué piensas** / **crees** / **opinas de** / **sobre** las compras por Internet?*
  *¿**(A ti) qué te parece** el blog del que nos habló Carlos?*
  ***En tu opinión** / **Desde tu punto de vista** / **Según tú**, ¿cuál es la publicidad más inteligente?*
- Para **dar opinión** usamos:
  ***En mi opinión** / **Desde mi punto de vista** el blog (no) es muy interesante.*
  ***Creo** / **Pienso** / **Opino** / **Me parece que** el logo de una marca (no) es muy importante.*
  ***No creo** / **pienso** / **me parece que** el logo sea tan importante como la calidad de sus productos.*

1 **Lee este texto que describe algunos elementos de una campaña publicitaria exitosa. Después, con tu compañero/a, apunta las ideas principales y comenta con él/ella lo que opinas.**

La publicidad, ¿cómo actúa sobre el público?

El mensaje publicitario obedece a un esquema de interpretación del comportamiento del público al que se dirige:

- el anuncio debe llamar la atención, despertar el interés, provocar el deseo y mover a la acción (...);
- se busca influir en el inconsciente del individuo;
- el producto o la marca se identifica con un grupo social o una serie de valores admitidos o admirados por una parte de la sociedad. Al comprarlo, el consumidor adquiere un símbolo de promoción social.

http://recursos.cnice.mec.es/media/publicidad/bloque7/pag8.htm

2 **Estas tres imágenes forman parte de diferentes campañas publicitarias. Con tu compañero/a, contesten a las siguientes preguntas, apoyando sus opiniones con argumentos.**

a. Desde tu punto de vista, ¿cuál es la campaña más original? ¿Y la menos?
b. ¿Estás de acuerdo con tu compañero/a?
c. ¿Crees que los anuncios cumplen *(meet)* con los requisitos que se mencionan en el texto que acabas de leer?

Modelo: E1: Creo que el mejor anuncio es...
E2: No creo que sea el mejor porque...

EXPRESSING AGREEMENT AND DISAGREEMENT WITH AN OPINION

- Para **expresar acuerdo o desacuerdo** con una opinión usamos:

(No) estoy	**a favor de**	*la publicidad en* ***Internet***. (noun)
	estoy en contra de	***ser manipulado*** *por la publicidad.* (same subject)
	(del todo) de acuerdo con	***que*** *nos* ***hagan*** *encuestas.* (different subjects)

3 **Lee las expresiones y escríbelas en la columna apropiada. Trabaja con tu compañero/a.**

a. Sí, claro.
b. Yo pienso lo mismo que tú.
c. ¡Qué va!
d. ¡Desde luego!
e. Por supuesto.
f. ¡(Pero) qué dices!
g. A mi modo de ver, ese no es el problema / el tema...
h. Bueno, lo que pasa es que...
i. ¡A poco!
j. Yo no diría eso...
k. ¡No, no!
l. ¡No, de ninguna manera!
m. ¡Y que lo digas!
n. Tienes razón, pero...
ñ. ¡Anda ya!
o. Sí, es una idea interesante, pero por otra parte...

Expresar acuerdo	Expresar desacuerdo	Suavizar *(soften)* el desacuerdo

4 **Comenta los siguientes temas con tu compañero/a usando las expresiones de la actividad 3. ¿Están de acuerdo o no? Luego presenta tu opinión sobre uno de los temas a la clase. Apoya tu punto de vista detalladamente.**

a. Facebook a cambio *(in exchange for)* de nuestra privacidad.
b. Las descargas *(downloads)* gratuitas y la piratería contra los derechos de autor *(copyright)*.
c. El poder adictivo de las computadoras, Internet o los videojuegos.
d. El peligro de chatear con extraños o colgar nuestras fotos en Internet.
e. Las amistades virtuales y las amistades reales.
f. Las identidades falsas en Facebook y las redes sociales.
g. Las modas y las marcas, ¿estilo o falta de personalidad?

(Foto: Nata Sha)

MAKING VALUE JUDGEMENTS

- Para **pedir la valoración** de alguien usamos:
  *¿**Qué te parece** poder **usar** buscadores para hacer trabajos de clase?*
  *¿**Qué te parecen los sueldos** de los publicistas?*
  *¿**Te parece justo que** los publicistas **ganen** tanto dinero?*
- Para **valorar** usamos:

Me parece **Es**	bueno / malo triste / increíble / cómico / justo ridículo / exagerado / preocupante... una tontería / una vergüenza	***que haya** tanta publicidad en Internet.*
Me parece **Está**	bien / mal	

Está claro **Es obvio / verdad**	***que** la publicidad **es** creación.*
¡Qué bien / interesante	*este **anuncio**!* ***poder** compartir tanta información a través de Facebook!* *que nuestra escuela **tenga** una página web!*

To form the **present subjunctive**: yo (present) ➜ drop *o* ➜ **add opposite endings:**
–ar ➜ –e, –es, –e, –emos, –éis, –en **–er/–ir ➜ –a, –as, –a, –amos, –áis, –an**

5 52 **Completa las conversaciones con la forma correcta de los verbos que están entre paréntesis. Usa la tabla anterior como referencia. Después, escucha y comprueba tus respuestas.**

a. » Me encanta el anuncio del perfume FreeMan.
»Es increíble que tú (a) .... (decir) eso. Hace unos días le decías a Elena que odiabas las marcas y mencionaste precisamente FreeMan.
»Bueno, lo que pasa es que Elena me gusta un montón y sabes que a ella no le gusta la publicidad...
»No, si está claro que tú por Elena (b) .... (hacer) lo que sea, pero me parece un poco triste que (c) .... (tener) que mentir para impresionarla.

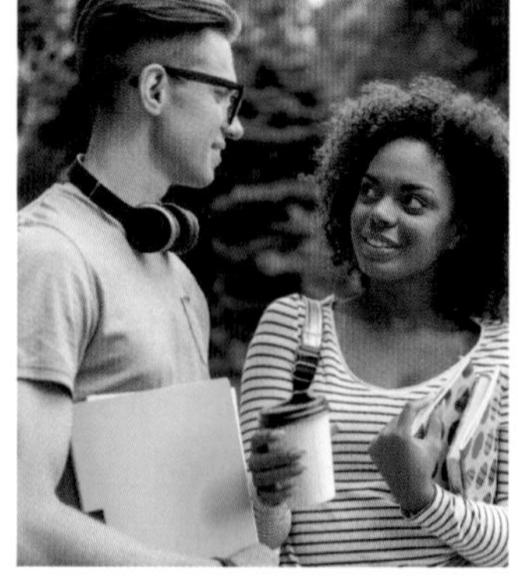

b. » Me parece fatal que la publicidad (a) .... (mostrar) una imagen tan poco real de los jóvenes: todos frívolos y de fiesta continua.
»Tienes razón, y... ¡¿qué me dices de las muchachas? !Es ridículo que nos (b) .... (reducir) a una cara o a un cuerpo. Y casi siempre anoréxico. ¡Qué triste!
»¡Ya lo creo! ¿A quién le gusta eso?
» Pues no sé, la verdad, pero es preocupante que nadie (c) .... (hacer) nada por cambiarlo, es una mala influencia para los más jóvenes.

6 **Con tu compañero/a contesta a las siguientes preguntas. Luego, presenta tus opiniones a la clase detalladamente y con claridad.**

- **a.** ¿Qué aspectos positivos y negativos piensas que tiene la publicidad?
- **b.** ¿Te parece que la imagen que da de los jóvenes es real?
- **c.** Según tu opinión, ¿cuándo es necesaria la publicidad?
- **d.** ¿Cuál es el último ejemplo de buena publicidad que recuerdas? ¿Y de mala publicidad? ¿Por qué crees que son buenos o malos ejemplos?
- **e.** ¿Qué opinas de la publicidad y el consumismo?

7 **Lee el cuadro de estrategias y organiza un debate para expresar tu opinión sobre los siguientes temas. Usa las expresiones aprendidas en esta sección.**

To have a group debate, choose a responsible moderator to organize the turns and present the topics. Listen to your classmates' opinions, express your agreement or disagreement, and support your opinion with arguments.

a. ¿Comer productos frescos o congelados?

b. ¿Las nuevas tecnologías se asocian solo a jóvenes o también a mayores?

c. En el tiempo libre, ¿hacer deporte o relajarse en el sofá?

d. ¿Tener animales en casa o verlos por la tele?

e. ¿Vivir en una ciudad grande o en un pueblo?

f. ¿Hacer turismo cultural o turismo de sol y playa?

MORE IN ELEteca | EXTRA ONLINE PRACTICE

ANTES DEL VIDEO

1 **Mira las imágenes y responde a las preguntas. Basa tus respuestas en lo que crees que puede ocurrir. Usa tu imaginación. Trabaja con tu compañero/a.**

a. ¿Qué productos podemos comprar en ese supermercado?
b. ¿Qué productos llevan los muchachos en el carro?
c. ¿Por qué crees que fueron a comprar?
d. ¿Por qué crees que discuten en la imagen 5?

2 **En grupos de tres, respondan a estas preguntas.**

a. Mucha gente lleva una lista cuando va al supermercado; ¿por qué crees que la llevan?
b. Cuando vas al supermercado, ¿llevas una lista?

DURANTE EL VIDEO

3 **Mira el episodio completo y marca la opción correcta.**

a. Los muchachos **llevan** / **no llevan** una lista.
b. Están comprando cosas para **una fiesta** / **desayunar**.
c. Sebas **dejó la lista en casa** / **no hizo una lista**.
d. Quieren comprar galletas **dulces** / **saladas**.
e. Tienen **poco** / **suficiente** tiempo para terminar de hacer la compra.
f. Hay **pocas** / **bastantes** marcas de galletas.
g. Lorena **escribió** / **no escribió** la marca de galletas que quería en la lista.

4 **Durante el episodio suenan avisos por megafonía. Mira de nuevo el episodio y completa.**

a. Señores clientes, les .... de que nuestras cajas cierran dentro de .... minutos.
b. Señores clientes, les informamos de que nuestro supermercado está a .... de cerrar. Les rogamos vayan pasando por ....
c. Señores clientes, ... cerrando. Pasen .... por caja.
d. Los dos del fondo, los bailarines. ¿Quieren hacer ya el favor de dejar de hacer el tonto y .... ya por las galletas? Que tenemos que ....…

5 **Completa. Puedes volver a ver el episodio, si es necesario.**

a. Sebas dice que si vas sin lista al supermercado…
En primer lugar… ....
Y en segundo lugar… ....
b. Esta es la canción de las galletas según Felipe.
Galletas Segismundo, galletas Segismundo ....

DESPUÉS DEL VIDEO

6 **En la publicidad de las galletas Segismundo hay una canción. ¿Recuerdas alguna canción más de algún anuncio de televisión? Trabaja con tu compañero/a, traduzcan la canción al español y escríbanla.**

....
....
....
....

7 **En grupos de cuatro, imaginen que van a hacer una fiesta con toda la clase. Completen esta información.**

Lugares donde podemos hacer nuestra fiesta	¿Qué tipo de música pondremos?	¿Cuántos invitados irán?	¿Qué usaremos para decorar la fiesta?

8 **Solo nos falta ir al supermercado. Preparen una lista con todo lo que necesitarían comprar para esa fiesta.**

Diez botellas de refresco de naranja...

MORE IN **ELEteca** | EXTRA ONLINE PRACTICE

1 Lee la definición de estos términos de Internet y relaciónalos con su imagen correspondiente.

a. **Usuario:** persona que utiliza una computadora o cualquier sistema informático.
b. **Banner o banderola:** formato publicitario en Internet que consiste en incluir una pieza publicitaria dentro de una página web.
c. **Logo:** representación de una empresa u organización. Puede tener letras e imagen.
d. **Navegador / buscador:** sitio especializado para facilitar la búsqueda de información entre los millones de páginas web existentes.
e. **Portal o web portal:** sitio que sirve para ofrecer acceso a una serie de recursos y de servicios relacionados con un mismo tema. Puede incluir: enlaces, buscadores, foros, documentos, aplicaciones, compra electrónica...
f. **Botón:** permite al usuario comenzar una acción, como buscar, aceptar una tarea, interactuar...
g. **Enlace:** conexión de una página web con otra mediante una palabra que representa una dirección de Internet. Generalmente está subrayado y es azul. También sirve para la descarga de ficheros, abrir ventanas, etc.

FROM THE corpus

- In Mexico and Central America they use **navegador** and ***mouse***: *Algunas compañías distribuyen **navegadores** gratuitamente con el objeto de crear un reconocimiento de su nombre.*
  *Para colorear las palabritas primero se pinta con el **mouse** el texto elegido y luego se va a la función "Resaltar".*
- In Spain, they use **navegador** or **buscador** and **ratón**, respectively: *Uno llega a la página, localiza el **buscador**, introduce los términos que desea y le da al botón. ¡Qué genial!*
  *[...] Internet que permite pasar de una página a otra haciendo clic con el puntero del **ratón** sobre una serie de iconos.*

1. → ☐

2. → ☐

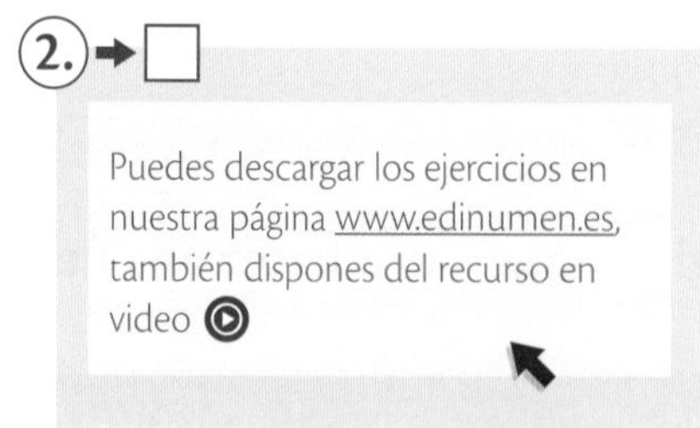

3. → ☐

4. → ☐

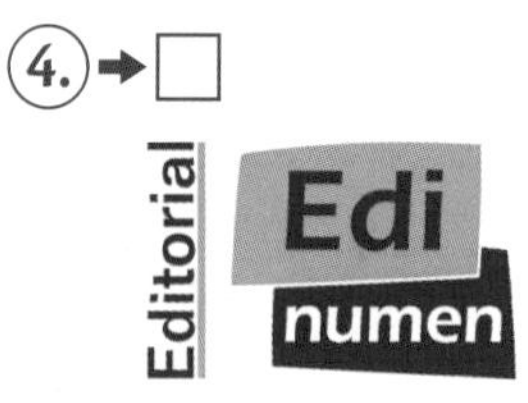

5. → ☐

6. → ☐

7. → ☐

2 **Completa las frases con las palabras de la actividad 1.**

a. Mi nombre de .... en Facebook no es mi nombre real. Es necesario proteger la intimidad.
b. Cuando quiero buscar información, navego a través de un .... para encontrar lo que necesito.
c. Los .... que encuentro en un artículo del periódico en Internet me dan más información relacionada con la noticia.
d. En la web de mi marca favorita de pantalones el .... de compra es siempre una tentación para mí.
e. Me encantan los diseños de los .... de algunas compañías, dan muy buena imagen.
f. Me molesta que aparezcan .... cuando solo quiero escribir un correo electrónico.
g. La .... de mi centro tiene mucha información útil para los alumnos y es muy fácil de usar.

3 **En grupos de tres, creen su propia página web usando el siguiente modelo. Elijan el nombre de la página y una descripción de lo que se puede hacer. Después, preséntenla al resto de la clase.**

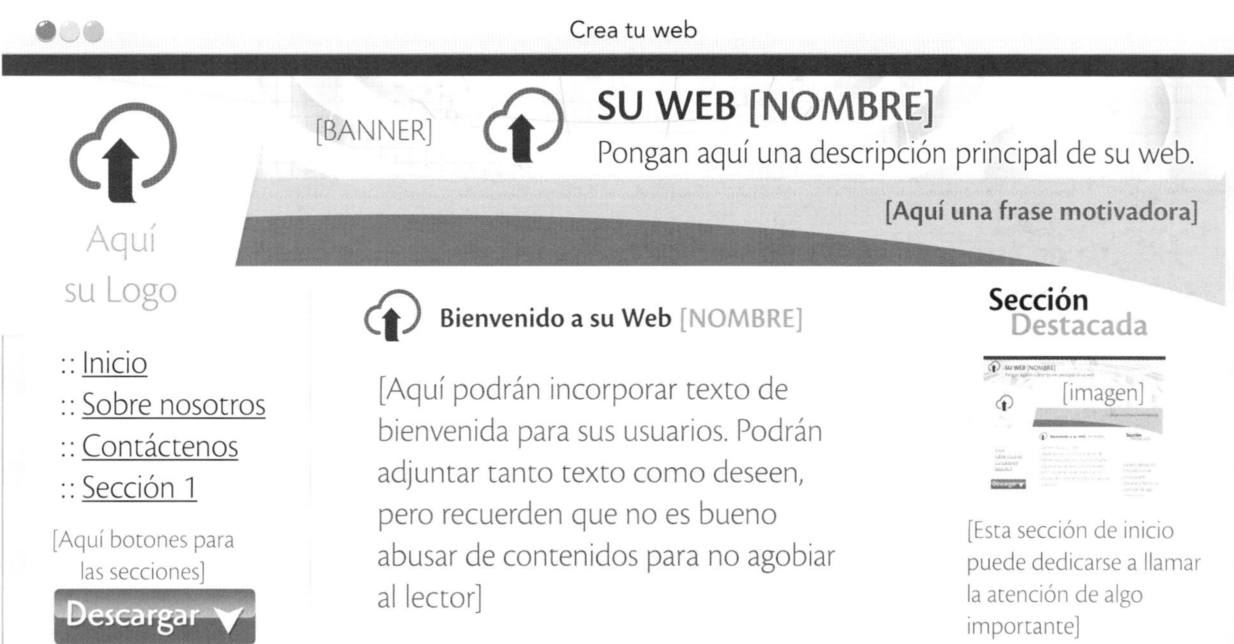
Crea tu web
[BANNER]
SU WEB [NOMBRE]
Pongan aquí una descripción principal de su web.
[Aquí una frase motivadora]
Aquí su Logo
Bienvenido a su Web [NOMBRE]
Sección Destacada
:: Inicio
:: Sobre nosotros
:: Contáctenos
:: Sección 1
[Aquí botones para las secciones]
Descargar
[Aquí podrán incorporar texto de bienvenida para sus usuarios. Podrán adjuntar tanto texto como deseen, pero recuerden que no es bueno abusar de contenidos para no agobiar al lector]
[imagen]
[Esta sección de inicio puede dedicarse a llamar la atención de algo importante]

4 **Lee las siguientes afirmaciones y coméntalas con tu compañero/a. ¿Están de acuerdo? Apoyen sus opiniones con argumentos.**

a. Los jóvenes hablan más con sus amigos a través de Internet que en persona.
b. La red social preferida por los jóvenes es Facebook.
c. Muchos adolescentes tienen personas que no conocen dentro de sus redes sociales.
d. La mayoría de los jóvenes no tiene su primer celular hasta los dieciséis años.
e. Las redes sociales son muy seguras.

5 53 **Escucha el artículo y elige la opción correcta que explica el significado de estos otros términos de Internet.**

1. **Entrar y hacer** clic en los enlaces de las páginas web significa...
   - **a.** dinero y publicidad.
   - **b.** que aceptas pagar tú el uso de la página.
   - **c.** ver la información sin ninguna consecuencia económica para los propietarios de la web.
2. Un segundo sistema de publicidad son los **anuncios de texto** que consisten en...
   - **a.** un botón para comprar el producto.
   - **b.** un pequeño recuadro, un título del producto o empresa, un texto corto de descripción y la **dirección web** con enlace a la página.
   - **c.** un amplio catálogo de productos o servicios disponibles para comprar.
3. Un **blog** (bitácora) en Internet es...
   - **a.** un sitio en el que un autor o autores publican artículos de su interés. Es posible hablar de temas muy variados. Se incluye publicidad en ellos.
   - **b.** una **página web** exclusivamente publicitaria.
   - **c.** algo parecido a un **chat** para presentar temas de interés.

6 El tema de este mes en el sitio web de tu escuela es "la publicidad en Internet". Por eso crearon un foro para conocer la opinión de los alumnos. Entra en el foro y da tu opinión.

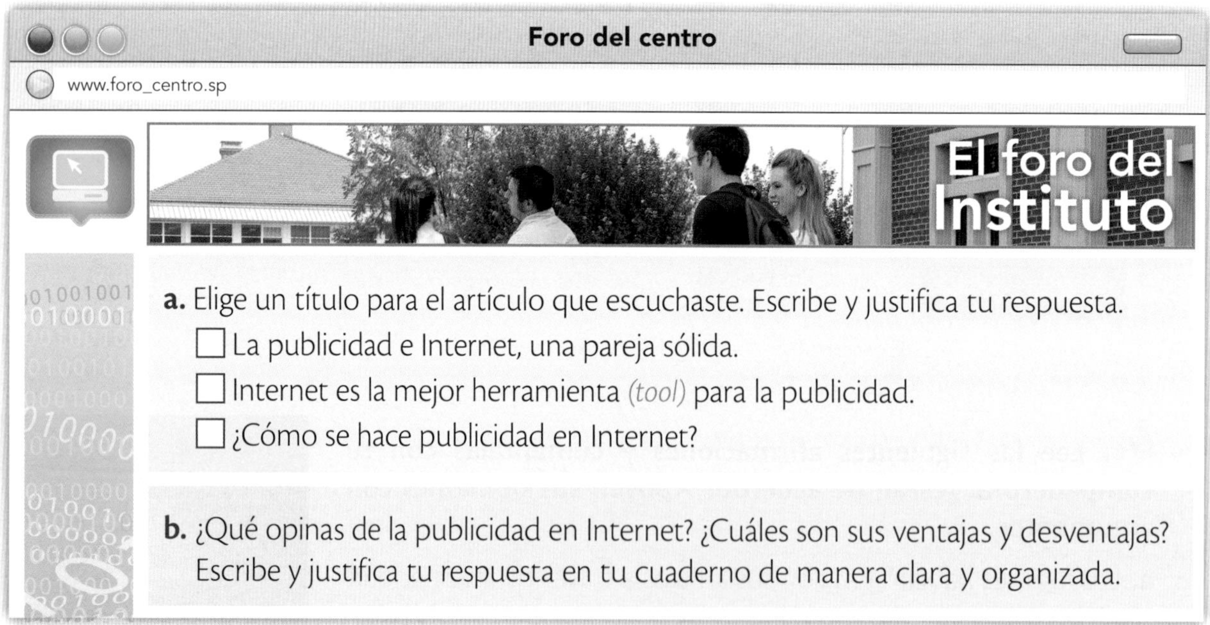

a. Elige un título para el artículo que escuchaste. Escribe y justifica tu respuesta.

- ☐ La publicidad e Internet, una pareja sólida.
- ☐ Internet es la mejor herramienta *(tool)* para la publicidad.
- ☐ ¿Cómo se hace publicidad en Internet?

b. ¿Qué opinas de la publicidad en Internet? ¿Cuáles son sus ventajas y desventajas? Escribe y justifica tu respuesta en tu cuaderno de manera clara y organizada.

7 Habla con tu compañero/a de los siguientes temas ayudándole a desarrollar sus ideas.

a. ¿Cómo crees que será en el futuro la publicidad?

b. ¿Cuáles serán sus canales *(channels)* para llegar a los posibles consumidores?

1. TRANSITION WORDS AND PHRASES

1 Lee el siguiente texto y completa las explicaciones con los conectores resaltados.

En los medios de comunicación, por la calle, en gigantescos anuncios espectaculares *(billboards)* o de formas novedosas, muchos rostros *(faces)* conocidos se asoman a la publicidad para aumentar sus beneficios.
Por un lado están los deportistas, con un espacio muy importante. Y, sin duda, son los que más dinero generan para las marcas, que se pelean por contar con ellos.
Por ejemplo: Cristiano Ronaldo, Messi, Pau Gasol o Rafa Nadal.
Por otro (lado), actrices y modelos. Y es que nadie escapa de la tentación de conseguir dinero extra si su ocupación profesional no pasa por su mejor momento. Sobre eso tendría mucho que contarnos Andie McDowell, que lleva un tiempo alejada de las carteleras y ya es un clásico de los anuncios de cosméticos y productos de belleza. Algo parecido ocurre con Claudia Schiffer.
También prestaron su imagen para anunciar todo tipo de productos desde cantantes, como Enrique Iglesias, hasta humoristas, presentadores, antiguas celebridades o hijos de famosos.
Asimismo, podemos recordar grandes personajes que también sucumbieron a la publicidad. Como Mijaíl Gorbachov, que llegó a hacer una campaña para una conocida marca de comida rápida norteamericana. Y es que el dinero que mueve la publicidad es muy goloso *(appetizing)*.

Adaptado de www.noticiasterra.es

- Para distinguir dos argumentos:
  - **En primer lugar / En segundo lugar**...

  La juventud es muy exigente. ***En primer lugar*** *busca solo lo que quiere y,* ***en segundo lugar****, no acepta cualquier cosa. Young people are very exigent. First of all they only go after what they want and second of all, they they don't accept just anything.*

- Para **oponer** dos argumentos:
  - .... / ....

  Comer es importante. .... es necesario, ... un placer.

- Para **añadir** argumentos:
  - .... / **además** / .... / ....

  La creatividad está presente en la publicidad, ***además*** *de la originalidad. Creativity is present in advertising, as well as originality.*

- Para **ejemplificar** y **explicar**:
  - .... / **es decir** / **o sea**

  El alto nivel de competencia hace necesario invertir en publicidad, ***es decir****, hay que destacarse entre todos los productos similares en el mercado. The high level of competition makes it necessary to invest in advertising, that is to say, you have to stand out among the many similar products in the market.*

- Para **aludir a un tema** ya planteado *(mentioned)*:
  - **(Con) respecto a (eso de / eso)** / ....

  Con respecto a eso *que dijiste antes, siento no estar totalmente de acuerdo contigo. Regarding what you said before, sorry that I don't totally agree with you.*

2 **Escribe un texto acerca de un famoso que salga mucho en los anuncios. Usa los conectores aprendidos para organizar tus ideas. Sigue estas recomendaciones.**

Haz un esquema *(outline)*

- Organiza el texto en tantos párrafos como ideas principales haya.
- Presenta las ideas principales y desarróllalas con información secundaria de una manera clara y lógica.
- Evita las repeticiones.
- Organiza y relaciona los párrafos y las ideas con los conectores estudiados.
- Finaliza con un breve resumen o conclusión.

Primera lectura *(first draft)*

Comprueba que la información del texto tiene sentido:

- ¿El tipo de texto y el esquema están bien desarrollados?
- ¿Incluiste la información que es más importante para el lector?
- ¿Presentas la información de una forma clara y lógica?
- ¿Quitaste la información no necesaria?

Segunda lectura

Comprueba que las palabras y frases son correctas:

- ¿Puedes cambiar palabras de contenido general por otras más precisas?
- ¿Describes bien y con precisión lo que quieres decir?
- ¿La ortografía, la puntuación y la gramática son correctas?

Reflexión final

- ¿Añadirías o eliminarías algo?
- Como lector, ¿qué crítica le harías al texto?

2. OTHER SENTENCE CONNECTORS

- Para **añadir razones** en un orden de fuerza creciente *(increasing)*:
  - **incluso**

  *María trabaja todos los días, **incluso** los domingos.* *Maria works everyday, even on Sundays.*

- Para **contraponer** *(counter)* razones:
  - **bueno** • **no obstante** • **pero** • **en cambio** • **sin embargo**

  *El rojo es mi color preferido. **Sin embargo**, nunca llevo ropa de ese color.* *Red is my favorite color. However, I never wear anything that color.*

- Para expresar **consecuencia**:
  - **así que** • **de ahí que** • **así pues** • **de modo que** • **de manera que** • **pues**

  *Me encantan las películas, **así que** voy al cine siempre que puedo.* *I love movies, so I go to the movies every time I can.*

- Para sacar **conclusiones**:
  - **entonces** • **en resumen** • **total que**
  - **por lo tanto** • **para terminar** • **en conclusión**

  *Fuimos a la montaña sin botas ni ropa adecuada. **Total que** pasamos muchísimo frío.* *We went to the mountains without boots or appropriate clothing. So in short, we froze.*

3 54 **Un grupo de adolescentes de Ciudad de México participó en la campaña publicitaria de una famosa marca de zapatillas deportivas. Escucha sus experiencias y ordena las frases de una forma lógica. Después, completa con conectores.**

Foro

www.foro_opinion.mx

a. ☐ La clave del éxito de esta campaña fue, ... , el volverse parte de la vida del consumidor y Nike llegó hasta sus propias casas.

b. ☐ Se consiguieron más de cuatro mil jóvenes, ... había que implicarlos en el proyecto, ... se crearon las mascotas que representaban a los diferentes barrios de la ciudad. .... fueron representadas en grafiti y estaban dibujadas sobre los bancos y en las estaciones de autobuses de todo México.

c. ☐ La campaña de las famosas zapatillas utilizó mercadotecnia *(marketing)* de calle .... de una campaña en redes sociales para conseguir el éxito.

d. ☐ Se empezó con un video que se subió a Youtube donde muchachos de la ciudad jugaban al fútbol en la calle, ... un muchacho hablaba y decía: "El fútbol es diversión, juegues donde juegues".

e. ☐ La idea era organizar un torneo de fútbol con jóvenes de Ciudad de México, ... hubo una convocatoria *(announcement)* en la página Facebook de Nike que tiene millones de seguidores.

4 **Con tu compañero/a, completa las siguientes frases de forma lógica.**

a. Las redes sociales llegan a muchísimas personas en cualquier país, **así que** ....
b. Toda la información es muy accesible con Internet. **Total que** ....
c. En los anuncios la música atrae la atención, **pero** ....
d. El tiempo que dura un anuncio cuesta caro, **de modo que** ....
e. Los protagonistas de los anuncios son modelos perfectos, **en cambio** ....
f. Me gustaría participar en un anuncio, **incluso** ....

1 **Mira estas imágenes que representan medios de comunicación y, con tu compañero/a, responde a las preguntas.**

a. ¿Qué relación crees que tienen estos medios con la publicidad?
b. ¿Cuál crees que es el más efectivo como herramienta publicitaria?
c. ¿Piensas que hay otras formas de publicidad? ¿Cuáles?

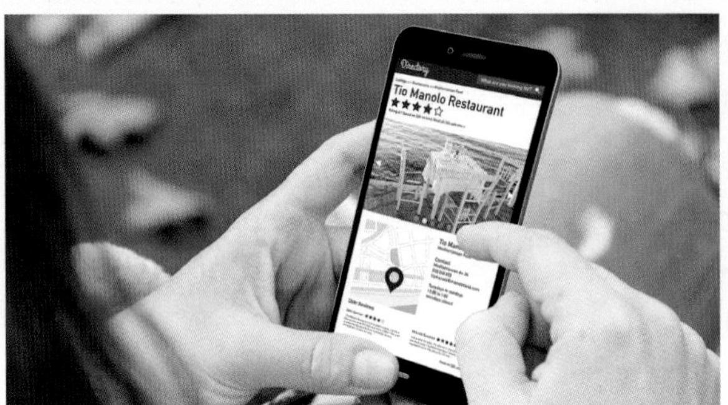

2 55 **Lee este texto y comprueba tus anteriores respuestas.**

Historia de la publicidad

La publicidad y la propaganda son herramientas de comunicación que tienen como propósito hacer públicos algunos aspectos de la vida económica, política, religiosa y comercial de una sociedad. Su objetivo es dar a conocer ideas y, en el ámbito comercial, incentivar *(stimulate)* el consumo de algún producto o servicio.

A lo largo de su historia, la publicidad ha variado mucho, aunque siempre se ha valido *(made use of)* de diversos medios para penetrar en la sociedad. En el pasado se decía que la mejor publicidad era la que se transmitía de boca en boca; y, aun hoy en día, los expertos consideran que es uno de los métodos publicitarios más baratos y efectivos.

Con la aparición de la imprenta, en el siglo XV, la publicidad (entendida entonces como propaganda política o religiosa), se hizo masiva. El segundo gran empuje *(push)* se produjo con la aparición de los periódicos y las revistas, que aumentaron los niveles de penetración de la publicidad en la sociedad. A esta revolución siguió otra con el desarrollo de la radio y la televisión, medios que masificaron *(massified)* completamente la difusión de información e hicieron más eficaz *(effective)* la publicidad con fines políticos, religiosos, artísticos y comerciales.

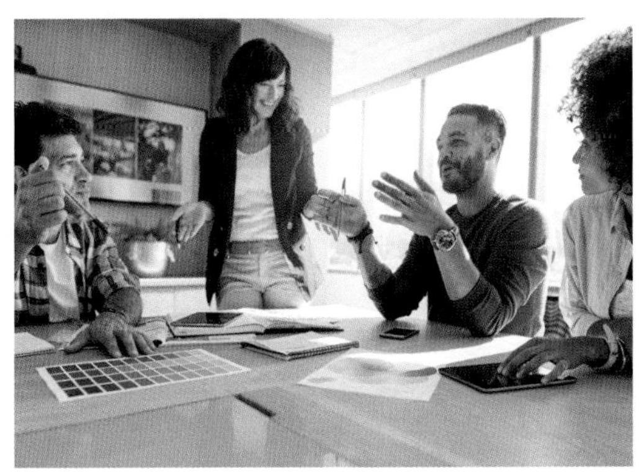

El desarrollo tecnológico siguió su curso. Hacia finales del siglo XX, se alcanzó una de las mayores revoluciones tecnológicas con la aparición de la Internet, también conocida como "la red de redes". Con esta herramienta, el mundo y las comunicaciones cambiaron radicalmente. Ya no hay distancias que separan. A causa de la globalización, la publicidad es aún más eficiente, ya que prácticamente los negocios de todo el mundo están presentes en la Red y al alcance de la mano.

Hoy es posible comprar cualquier producto *online* en el momento en que lo deseemos con solo tener acceso a la Internet. La publicidad se encuentra en todas partes y ha alcanzado un gran poder de influencia, por lo que hay que prestar atención para no caer en el consumismo incontrolado: es necesario comprar de manera consciente y responsable, pensando en las consecuencias que nuestras compras van a tener en relación a temas como la contaminación, el comercio justo, el reciclaje y la reutilización de los productos... En definitiva, todas aquellas cuestiones relacionadas con el medioambiente y la justicia social.

Periodista mexicano, autor de varios libros publicados en México y en España.

3 **Responde a estas preguntas. Habla con tu compañero/a.**

a. ¿Puedes averiguar por el contexto qué significa la expresión "**boca a boca**"?
b. ¿Qué opina el autor de esta forma de publicidad? ¿Estás de acuerdo con su afirmación?
c. ¿Crees que en el futuro seguirá siendo igual?

4 **Desarrolla las ideas principales y secundarias del artículo a partir de los siguientes puntos. Hazlo apoyándote en frases y expresiones del texto.**

a. Definición y objetivos de la publicidad:

....

b. Origen y evolución de la publicidad:

....

c. La publicidad hoy en día:

....

d. Las consecuencias negativas de la publicidad y el consumo:

....

5 **¿Crees que la publicidad puede transmitir valores positivos para la sociedad? Coméntalo con tus compañeros/as.**

6 **Busca un anuncio en Internet usando estas palabras clave: *la despedida de la perrita Pippin*. Mira el anuncio, toma nota de los valores que transmite y preséntaselo a la clase. ¿Sigues de acuerdo con tu afirmación anterior?**

1 **Observa la imagen y decide qué afirmaciones se corresponden con la actividad que muestra la muchacha de la foto.**

a. ☐ Es una forma nueva de hacer publicidad.
b. ☐ Es una imagen publicitaria tradicional.
c. ☐ Necesita de muchas personas para crear el producto publicitario.
d. ☐ Solo es necesaria la intervención de la protagonista y una cámara de video.
e. ☐ Los usuarios pueden comentar sobre lo que ven del producto.
f. ☐ Los usuarios solo pueden ver, pero no pueden comentar.

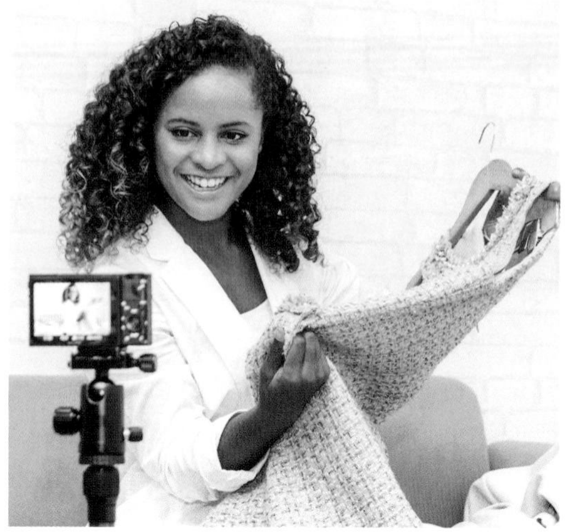

2 56 **Flora Suárez comenta sus comienzos como *influencer*. Escucha y responde a estas preguntas.**

a. ¿Cuál es la idea principal de la conversación?
b. ¿Qué otras ideas relacionadas expresa Flora en la entrevista?
c. ¿Estás de acuerdo con las afirmaciones de Flora? Habla con tu compañero/a.
d. ¿Por qué piensa Flora que su estilo de hacer publicidad es más honesto?
e. Para Flora la publicidad ya no necesita tanto a las modelos, ¿por qué?

3 **Lee el cuadro de estrategias, completa el esquema y escribe el borrador de un ensayo sobre las nuevas formas de publicidad en Internet.**

Follow these steps to write **an essay**:

1. **Choose the ideas** that you want to cover and **organize the text** in as many paragraphs as there are ideas. It's not necessary to have many, but they must be **relevant** to the topic.
2. End each paragraph with a period and start the next paragraph on a new line.
3. **Develop a short introduction** to present your topic.
4. **Use connectors** to structure your text.
5. Make sure the text contains opinion structures since the essay must offer your point of view.
6. **Write a conclusion** that invites reflection by including some sort of interrogative phrase.

Ideas del ensayo / Número de párrafos:	
Conectores:	
Estructuras de opinión:	
Reflexión:	

4 PEER REVIEW **Intercambia con tu compañero/a el borrador del ensayo que escribiste, responde a estas preguntas y reflexionen juntos.**

a. Separa y cuenta los diferentes párrafos. ¿Cuáles son las ideas principales del ensayo?
b. Marca el párrafo introductorio. ¿Presenta el tema?
c. Rodea con un círculo los conectores utilizados. ¿Emplearon los mismos?
d. Subraya las expresiones de opinión. ¿Cuántas hay diferentes?
e. ¿Qué reflexión plantea el texto en su conclusión? ¿Estás de acuerdo?

5 **Ahora escribe tu ensayo definitivo y entrégaselo a tu profesor/a.**

ORTOGRAFÍA Y PRONUNCIACIÓN Siglas, acrónimos y abreviaturas

SIGLA	ACRÓNIMO	ABREVIATURA
• Palabra formada por el conjunto de letras iniciales de una expresión: **GPS** [ge-pe-ese], **PC** [pe-ce], **FM** [efe-eme]. Su plural es invariable *(does not change)*: *las ONG*.	• Siglas que pueden leerse como palabras: **ONU** (Organización de Naciones Unidas o **UNO** en inglés), **Unesco** *(United Nations Educational, Scientific and Cultural Organization)*.	• Representación reducida de una palabra o grupo de palabras: Al leerlas, leemos la palabra completa: **etc.** (etcétera); **dcha.** (derecha); **EE. UU.** (Estados Unidos. En estos casos, se repiten las letras para indicar plural).

1 57 **Escucha los siguientes acrónimos y abreviaturas. ¿Sabes lo que representan?**

PIB ○ Adena ○ ADN ○ TIC ○ VV. AA. ○ UNAM ○ CD ○ FMI ○ FIFA ○ pyme ○ n.º
VIP ○ Sr. ○ Banxico ○ Láser ○ JJ. OO. ○ NBA ○ GPS ○ DVD

2 **Identifica las letras de la primera columna como *abreviatura* (AB), *acrónimo* (AC) o *siglas* (S). Después, relaciónalas con su significado.**

		AB	AC	S
1. VV. AA.	**a.** Unión Europea	☐	☐	☐
2. JJ. OO.	**b.** Varios Autores	☐	☐	☐
3. TIC	**c.** Pequeña y Mediana Empresa	☐	☐	☐
4. pyme	**d.** Juegos Olímpicos	☐	☐	☐
5. UE	**e.** Tecnologías de Información y Comunicación	☐	☐	☐

MORE IN **ELEteca** | EXTRA ONLINE PRACTICE

¡CÓMPRALO YA!

Lionel Messi
(Foto: Ververidis Vasilis, 31 de octubre de 2017)

Antes de leer

¿Comprarías un producto porque una persona famosa sale en su publicidad? ¿Por qué (no)?

58 **Muchos famosos usan su imagen y su éxito para vender productos. Pero... ¿funciona esta estrategia en España? ¡Lee para saberlo!**

Lionel Messi es uno de los futbolistas más famosos del mundo. Su fortuna asciende a* doscientos ochenta millones de dólares. Pero hoy, Lionel no está concentrado en meter goles, sino en convencerte para que compres la bebida de una famosa marca*. Para eso, participa en un anuncio usando el producto. La idea es que, cuando lo veas, te imagines viviendo la glamurosa vida de una estrella de fútbol internacional.

Shakira también quiere que compres algo y no es solamente la entrada a su último concierto. La cantante colombiana pone su mejor sonrisa* para vender un perfume en anuncios y publicidades de revistas y periódicos.

Ellos no son los únicos que usan su imagen para comercializar productos: Jennifer López es la imagen de su línea de ropa, Salma Hayek vende champú y Antonio Banderas vende perfume.

Pero aunque la imagen de un famoso parezca una receta infalible, a veces se conecta más rápido con personajes reales que parecen más cercanos y generan confianza. La campaña más vista en la historia de la publicidad española se hizo con un grupo de personas sin experiencia delante de las cámaras. Pese a todo*, el 90 % de los anuncios de grandes marcas siguen teniendo como protagonistas a gente famosa.

Fuentes: www.ahoramismo.com, Alida Cleer, junio de 2018; Telemundo, Billboard en español, Jessica Roiz, septiembre de 2018; *Cinco Días*, *El País*, Denisse Cepeda Minaya, febrero de 2019.

Shakira en los Premios de la Academia de Música Country en Las Vegas
(Foto: Kathy Hutchins, 6 de abril de 2014)

Claves para una buena campaña de éxito

Objetivo: captar clientes* y subir las ventas*.

Definir al destinatario: edad, sexo, clase social, costumbres...

Elegir el medio de comunicación: periódicos*, televisión, redes sociales...

Mensaje: lenguaje utilizado, seductor, interesante...

Diseño: imágenes, música, colores, tipo y tamaño de la letra...

Fuente: www.entrepreneur.com, 2019.

¿Por qué compran los consumidores en España?

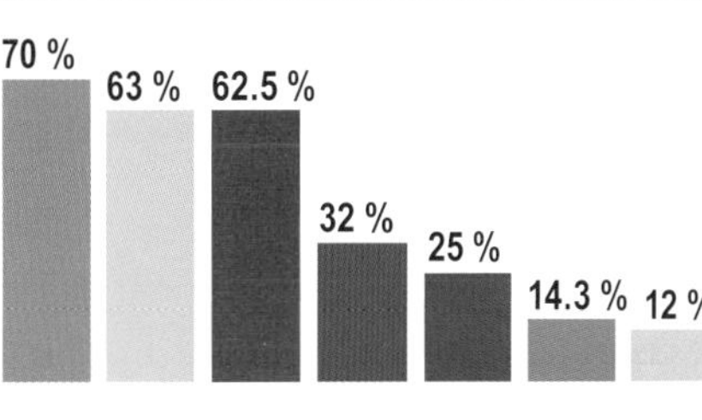

- Porque vieron el producto anunciado.
- Porque después de ver la publicidad aumentó su confianza en la marca.
- Porque el producto está rebajado* aunque no lo necesite.
- Por la trayectoria de la marca.
- Porque se sintió identificado con su publicidad.
- Por recomendación.
- Porque le divirtió el anuncio.

La publicidad aumenta la confianza en la marca.

Fuente: www.marketing4ecommerce.net, informe de Acierto.com, Susana Galeano, junio de 2018.

¿COMPRENDISTE?

Decide si las siguientes frases son verdaderas (V) o falsas (F).

1. Lionel Messi presta su imagen para vender tecnología. V ☐ F ☐
2. La publicidad con famosos es muy efectiva. V ☐ F ☐
3. La mayoría de la gente compra porque le divierte el anuncio. V ☐ F ☐
4. Tener un objetivo es fundamental para una buena campaña publicitaria. V ☐ F ☐
5. El diseño de la publicidad no importa para vender mucho. V ☐ F ☐

El 12 % de los consumidores compra porque le divierte un anuncio.

AHORA TÚ

¿Qué opinas? Contesta a las siguientes preguntas y comenta tus ideas con tus compañeros/as.

1. ¿Qué cosas son importantes para convencerte a la hora de comprar un producto? Nombra dos.
   ______
2. ¿Por qué crees que un producto anunciado por alguien desconocido puede a veces venderse más que uno anunciado por un famoso?
   ______
3. Si fueras famoso/a, ¿qué producto no publicitarías* nunca? ¿Por qué?
   ______
4. ¿Qué famoso norteamericano tiene credibilidad para ser imagen de un anuncio, en tu opinión? ¿Por qué?
   ______
5. ¿Cuál es tu publicidad favorita? Descríbela brevemente y explica por qué te parece efectiva.
   ______

LOS FAMOSOS Y LA PUBLICIDAD

Glosario

ascender a – to amount to
el cliente – customer
la marca – brand
pese a todo – nevertheless
publicitar – advertise
rebajado/a – reduced
la sonrisa – smile
la venta – sale

EXPRESSING OPINIONS

1 Completa con la forma correcta del verbo entre paréntesis.

a. Me parece que las escenas en los anuncios (deber) .... ser variadas y dinámicas.
b. No pienso que los jóvenes (dejarse) .... influir tanto por la publicidad como dicen.
c. No creo que los niños (pedir) .... los productos que ven en la televisión.
d. Opino que los consumidores (desarrollar) .... un espíritu crítico ante tanta información.
e. Desde mi punto de vista, las asociaciones anticonsumo (hacer) .... un buen trabajo en la sociedad.

MAKING VALUE JUDGEMENTS

2 Completa las frases con una expresión del cuadro.

Está claro que ○ Es increíble que ○ Es importante que ○ No es verdad que

a. .... los padres vigilen cuántas horas de televisión ven sus hijos pequeños.
b. .... los anuncios sean sinceros.
c. .... no sepamos elegir por nosotros mismos.
d. .... los medios de comunicación tienen un gran poder sobre la sociedad.

SHOWING AGREEMENT AND DISAGREEMENT

3 Completa las siguientes conversaciones. Usa una expresión para demostrar, o no, apoyo a cada afirmación.

a. » Es ridículo que el cine sea tan caro, me gustaría ir más.
» ¡........................! A mí también me gustaría.
b. » Creo que hay fiestas solo comerciales, como San Valentín.
» ¡........................! Es la fiesta del amor y el romanticismo.
c. » Es impresionante que compres tantos libros digitales. A mí me gustan en papel.
» ¡........................! Es mucho mejor en papel, pero pesan y ocupan más.
d. » Me he comprado el último libro de Vargas Llosa. ¡Estoy muy contento!
» ¡........................! Eres un antiguo. Yo lo llevo en mi libro electrónico.

TRANSITION WORDS AND SENTENCE CONNECTORS

4 Relaciona los elementos de las dos columnas.

1. El fútbol es un gran deporte. Sin embargo
2. Los jóvenes no ven la publicidad, incluso
3. Pienso que seré seleccionado para el anuncio de Axo; en la última entrevista que hice les gusté mucho. Además,
4. El gasto de las compañías en publicidad es muy alto. Total que
5. Por un lado, los anuncios me divierten por su fantasía, pero por otro lado,

a. yo diría que no les interesa.
b. sus productos son muy caros.
c. no es el único.
d. me aburre que haya tantos.
e. se presentaron pocos aspirantes.

INTERNET Y LA PUBLICIDAD EN INTERNET

5 **Completa con las palabras y expresiones del cuadro.**

botón ○ enlaces ○ texto publicitario ○ usuario ○ web portal ○ logo

Mi centro creó una (a) .... que es un sitio en Internet que sirve para que podamos acceder a recursos y servicios relacionados con la vida estudiantil. Puede incluir: enlaces, buscadores, libros, documentos, aplicaciones, compra electrónica. Así, el (b) ...., es decir, la persona que utiliza la web portal, podrá acceder a ella y ampliar información solo pinchando en un (c) .... Además, podemos conectar con otras páginas web, descargar ficheros o abrir ventanas a través de (d) .... Por suerte, no sufriremos los continuos anuncios porque no está permitido incluir ningún (e) .... Lo que no me gusta de la página es el (f) ...., vamos, la combinación de letras e imagen que representa el centro escolar.

INITIALS, ACRONYMS AND ABBREVIATIONS

6 **Escribe la abreviatura, el acrónimo o las siglas correspondientes.**

a. Unión Europea ➔ ....
b. Pequeña y Mediana Empresa ➔ ....
c. Organización de Naciones Unidas ➔ ....
d. Estados Unidos ➔ ....
e. Tercero izquierda ➔ ....
f. Juegos Olímpicos ➔ ....

CULTURA

7 **Contesta a las siguientes preguntas con la información que has aprendido en *¡Cómpralo ya!***

a. ¿Cuál es la estrategia de poner a un futbolista como Lionel Messi a vender productos?
b. ¿Qué producto promociona Shakira? ¿Crees que acertaron? ¿Por qué?
c. Según los datos presentados, ¿es suficiente tener a un personaje famoso para convencer al consumidor?
d. ¿Quién protagonizó la campaña más vista en la historia de la publicidad en España?
e. En el caso de los españoles, ¿cómo se les convence mejor para que compren algo?

AL FINAL DE LA UNIDAD PUEDO...

	☆	☆☆	☆☆☆
a. I can ask and give opinions using expressions of agreement and disagreement.	☐	☐	☐
b. I can make value judgements using indicative and subjunctive.	☐	☐	☐
c. I can organize the ideas of a text using transition words and sentence connectors.	☐	☐	☐
d. I can talk about Internet and advertising.	☐	☐	☐
e. I can read and understand *Historia de la publicidad*, Ricardo Ravelo.	☐	☐	☐
f. I can write an essay.	☐	☐	☐

MORE IN ELEteca | EXTRA ONLINE PRACTICE

La publicidad

la campaña *campaign*
el cartel *sign, poster*
el consumidor *consumer*
el derecho a la intimidad *right to privacy*
el estilo *style*
la encuesta *survey*
el anuncio espectacular *billboard*

la herramienta publicitaria *advertising tool*
la manipulación *manipulation*
la marca *brand*
la mercadotecnia / el mercadeo *marketing*
la novedad *fad, novelty*
la propaganda *advertising*
el público *public*

el punto de vista *point of view*
las rebajas *sales*

las redes sociales *social networks*
el valor *value*

Descripciones

anticonsumista *one who opposes consumerism*
leal *loyal*
machista *chauvinist*
preocupante *worrisome, alarming*

Verbos

abrir ventanas *to open a new window*
atacar *to attack*
confundir *to confuse*
consumir *to consume*

cumplir *to accomplish*
descargar *to download*
entrar y hacer clic *to login and click*
hacer caso *to pay attention to*
hacer deporte *to do sports*
indignar *to anger*
incentivar el consumo *to stimulate consumption*
provocar *to provoke*
tratar de *to try to (do something)*

utilizar *to use*
ver la televisión *to watch television*

Internet

la amistad virtual *virtual friend*
el anuncio de texto *text ad*
el *banner*, la banderola *the banner*
el botón *button*

la dirección web *web address*
el enlace *link*
el fichero / el archivo *computer file*
el foro *forum*
el inicio *home (page)*
el icono *icon*
el logo *logo, branding*
el navegador / buscador *search engine*
la página web *web page*

la piratería *piracy*

el portal *web portal*
el sitio (web) *(web) site*
el usuario *user*
las ventanas emergentes *pop-up windows*

EN RESUMEN: GRAMÁTICA

EXPRESSING OPINION

(See page 202 and 203)

- To **ask opinion**:
  ¿Qué piensas / crees / opinas de / sobre...?
  ¿(A ti) qué te parece...?
  ¿En tu opinión / Desde tu punto de vista / Según tú + question sentence?

- To **express opinion**:
  En mi opinión / Desde mi punto de vista... + opinion
  Me parece que / Creo que / Pienso que + indicative
  No me parece que / No creo que + subjunctive

- To **express agreement** and **disagreement** with an opinion:

(No) estoy	**a favor de** **en contra de** **(del todo) de acuerdo con**	+ noun + infinitive *(same subject)* + **que** + present subjunctive *(different subjects)*

MAKING VALUE JUDGEMENTS

(See page 204)

- To **ask for evaluation or value judgements** we use:
  ¿**Te parece bien** / **mal** + noun/infinitive/**que** + present subjunctive?

- To **make value judgements**:

Me parece **Es**	bueno / malo triste / increíble / cómico / justo ridículo / exagerado / preocupante... una tontería / una vergüenza	***que haya*** *tanta publicidad en Internet.*
Me parece **Está**	bien / mal	
Está claro **Es obvio** / **verdad**	**que** + indicative	
¡Qué bien / **interesante**	noun/infinitive/**que** + subjunctive!	

TRANSITION WORDS AND PHRASES TO ORGANIZE THE IDEAS OF A TEXT

(See page 211)

- To **distinguish** two arguments: en primer lugar... / en segundo lugar...
- To **set out** two arguments: por un lado / por una parte... por otro (lado) / por otra (parte)...
- To **add** arguments: y / además / también / asimismo...
- To **explain and give examples**: por ejemplo / es decir / o sea...
- To **mention a previously raised theme**: (con) respecto a (eso de / eso) / sobre (eso)...

OTHER SENTENCE CONNECTORS

(See page 212)

- To **add reasons** in strength-raising order: incluso.
- To **oppose reasons**: bueno / pero / sin embargo / no obstante / en cambio.
- To **express consequence**: así que / de modo que / de manera que / de ahí que / así pues / pues.
- To draw **conclusions**: entonces / total que / por lo tanto / en resumen / en conclusión / para terminar.

UNIDAD 8

¿QUÉ DICE?

- Fíjate en la imagen. Representa un juego muy popular, El teléfono descompuesto o roto, ¿sabes en qué consiste?
- ¿Jugaste alguna vez? ¿Te parece divertido?
- ¿Es popular este juego en tu país?

Jugando al teléfono descompuesto.

IN THIS UNIT, YOU WILL LEARN TO:

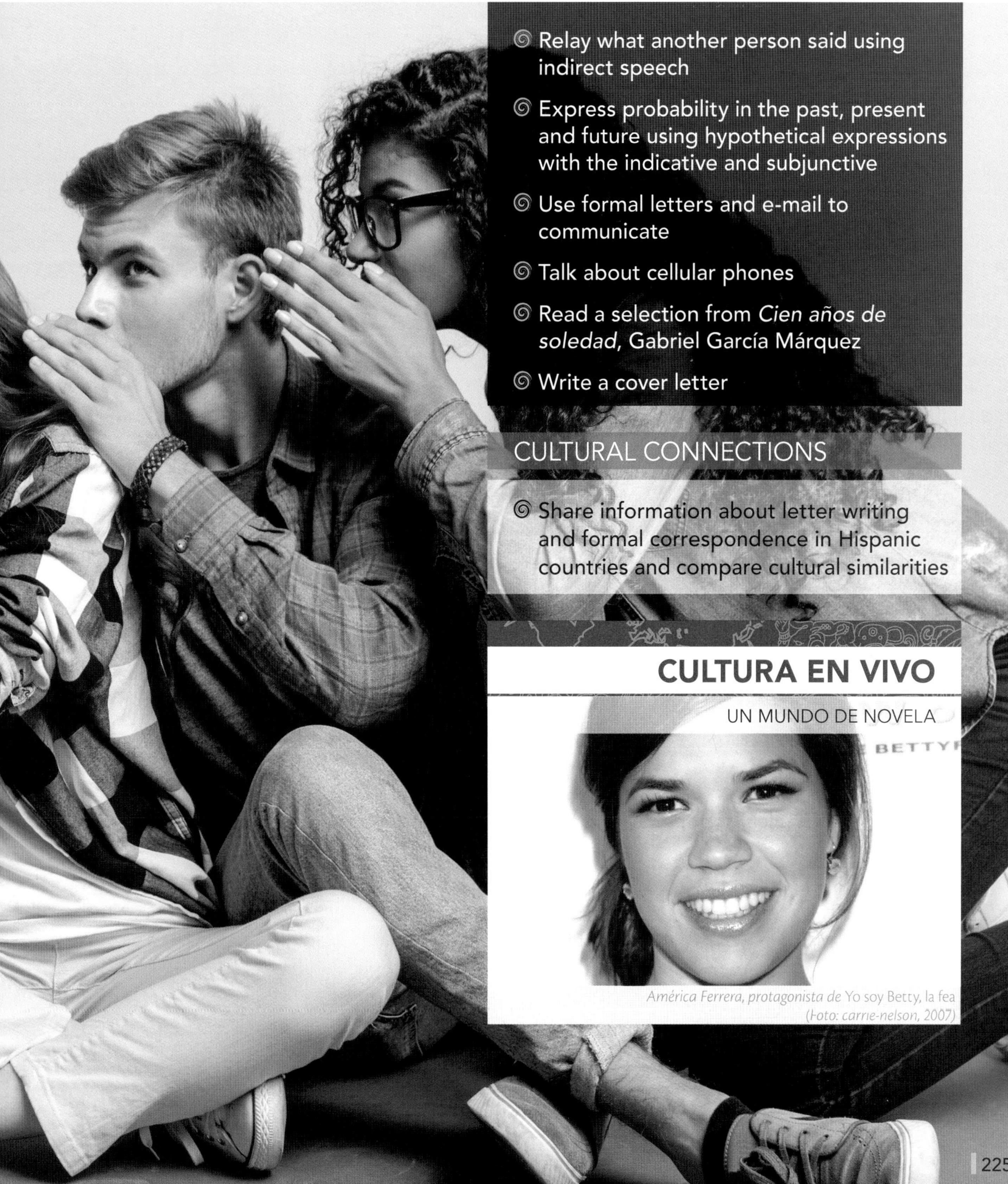

- Relay what another person said using indirect speech
- Express probability in the past, present and future using hypothetical expressions with the indicative and subjunctive
- Use formal letters and e-mail to communicate
- Talk about cellular phones
- Read a selection from *Cien años de soledad*, Gabriel García Márquez
- Write a cover letter

CULTURAL CONNECTIONS

- Share information about letter writing and formal correspondence in Hispanic countries and compare cultural similarities

CULTURA EN VIVO

UN MUNDO DE NOVELA

América Ferrera, protagonista de Yo soy Betty, la fea
(Foto: carrie-nelson, 2007)

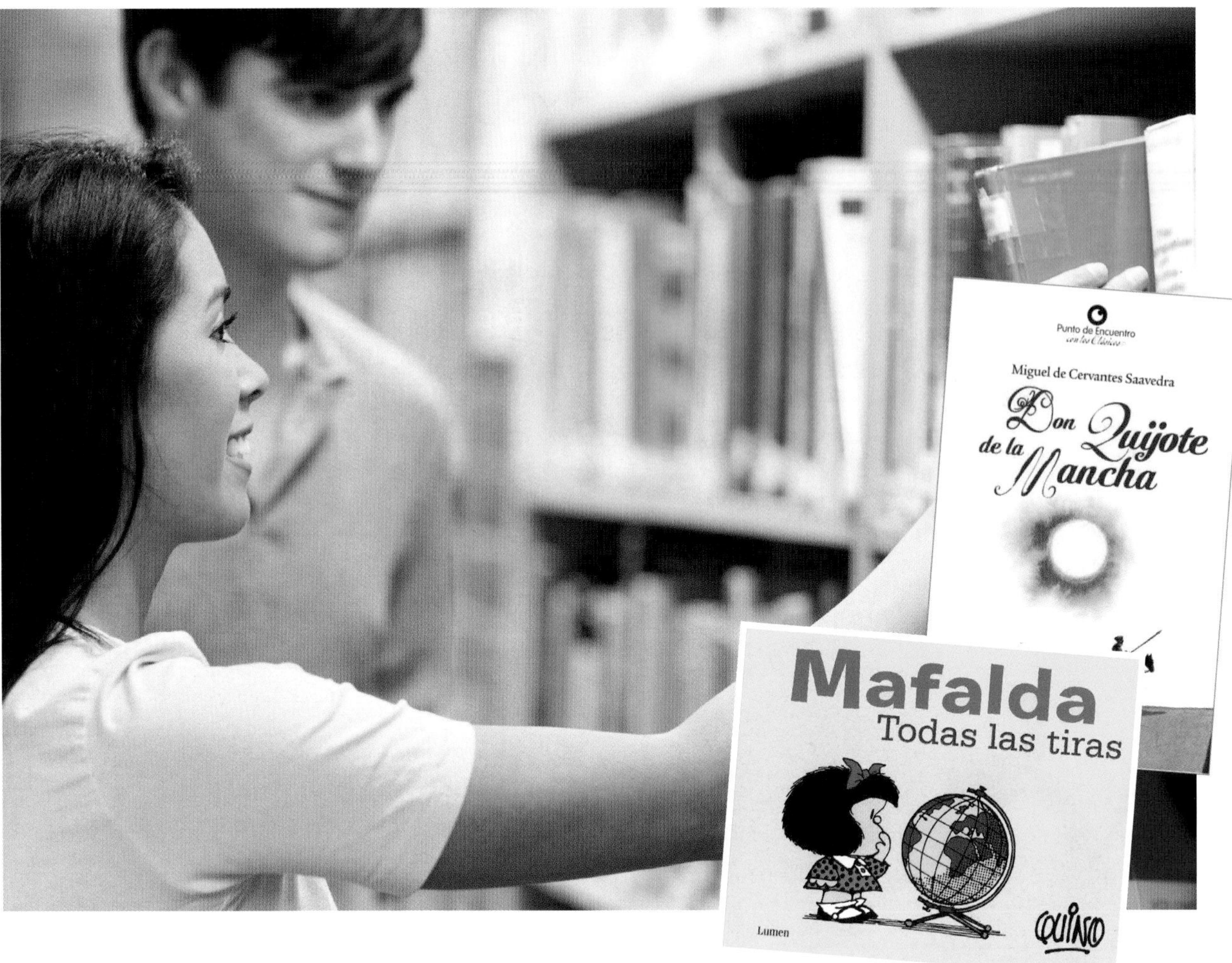

1 **Observa la imagen y debate estas cuestiones con un compañero/a.**

a. ¿Dónde están estos jóvenes?
b. ¿Cuál de los dos libros piensas que es más adecuado para un joven de tu edad?
c. ¿Cuál comprarías tú?
d. ¿Cuál es el último libro que compraste o leíste?

2 **En la imagen salen las portadas de dos libros. Relaciónalos con la siguiente información.**

	El Quijote	Mafalda
a. Es del año 1964.	☐	☐
b. Es del año 1605.	☐	☐
c. Su autor es Cervantes.	☐	☐
d. Su autor es Quino.	☐	☐
e. Otros personajes son Felipe, Miguelito y Susanita.	☐	☐
f. Otros personajes son Dulcinea, Sancho y Rocinante.	☐	☐
g. Es de origen español.	☐	☐
h. Es de origen argentino.	☐	☐

3 59 **Escucha y contesta verdadero (V) o falso (F).**

	V	F
a. Daniela quiere comprar dos libros.	☐	☐
b. Felipe lee solo novelas modernas.	☐	☐
c. Daniela disfrutaba mucho con los cómics de Mafalda cuando era pequeña.	☐	☐
d. A José el cómic no le parece un buen regalo.	☐	☐

4 Lee la conversación y comprueba tus respuestas en la actividad 3.

Daniela: No sé qué libro comprarle a Felipe por su cumpleaños, ¡estoy hecha bolas!

José: La verdad es que es bastante complicado, tienes razón.

D.: Creo que finalmente voy a regalarle uno de estos dos, pero no sé por cuál decidirme. Son muy diferentes.

J.: Me parece que a Felipe le gusta leer novelas. Pero quizás no le guste *El Quijote*, es un poco antiguo para él.

D.: Es verdad que es un poco antiguo, pero Felipe lee toda clase de libros. En su casa tiene una colección enorme de novelas de todas las épocas. Es increíble que a un muchacho de diecisiete años le guste tanto leer.

J.: ¿Y sabes si también lee cómics? A lo mejor el libro de Mafalda es un poquito infantil.

D.: ¿Infantil? Todo lo contrario. En mi opinión deberían leerlo los adultos, hace pensar... En estas historietas, la protagonista es una niña preocupada por la paz del mundo, por la humanidad, por la condición de la mujer... Yo, cuando era pequeña, tenía un montón de libros de Mafalda, pero no los entendí del todo hasta que fui adulta.

J.: Pues quizás sea esa una buena opción. Me parece que es más atractivo y más original como regalo. Además, es posible que si le gusta tanto leer, Felipe ya tenga *El Quijote*, ¿no te parece?

D.: Tienes razón. Pues ya está decidido. ¡Me lo llevo! Le voy a decir al dependiente que me lo envuelva para regalo. Oye, ¿y tú qué le vas a comprar?

J.: Ni idea, voy a darme una vuelta por aquí a ver si encuentro algo.

5 Lee el cuadro de estrategias, completa la ficha de las obras que se mencionan en el diálogo y comparte la información con tu compañero/a.

Search the Internet for answers to the questions on the cards below. Enter the title of the work and some key words from the question. Compare and discuss with your classmates the information you find in order to familiarize yourself with the vocabulary and be precise with your searches in Spanish.

EL QUIJOTE

a. ¿Por qué es la obra más importante de la literatura en español?
b. ¿Qué puesto ocupa en el *ranking* mundial de libros más leídos en la historia?
c. ¿Por qué fue tan especial en su época?

MAFALDA

a. ¿Se ha publicado solo en Latinoamérica?
b. ¿A cuántas lenguas se ha traducido?
c. ¿Qué tipo de valores hay en el cómic?
d. ¿Qué temas trata?

6 Mafalda es un ejemplo de cómic que lee el público infantil, juvenil y adulto. ¿Crees en el estereotipo de que los cómics son para gente a la que no le gusta leer? ¿Hay ejemplos en tu cultura de cómics que leen personas de todas las edades?

RELAYING WHAT ANOTHER PERSON SAID OR ASKED

DIRECT SPEECH		INDIRECT SPEECH
"**Eres** lo mejor de **mi** vida".	➡	***Dice* que soy** lo mejor de **su** vida.
"**Estuve aquí** comiendo con Ana".	➡	***Dice* que estuvo allí** comiendo con Ana.
"**Creo** que **tenemos este** libro".	➡	***Dice* que cree** que **tienen ese** libro.
"**Compra** pan".	➡	***Me ordena*** que **compre** pan.
"**¿Hicieron** la tarea?".	➡	El profesor ***pregunta*** (que) **si hicimos** la tarea.
"¿Cuándo **harán** la tarea?".	➡	El profesor ***nos pregunta*** (que) **cuándo haremos** la tarea.

- To report what was said, use verbs like: **decir**, **comentar** or **confesar** (e ➡ ie).
- To repeat an order or request, use verbs like **ordenar**, **aconsejar**, **sugerir** (e ➡ ie) or **recomendar** (e ➡ ie) plus the **present subjunctive**.
- To report what was asked, use **preguntar**.

1 **Marta visitó esta mañana a Elena, su mejor amiga, y le cuenta a Pedro lo que dijo. Con tu compañero/a, completa la conversación con las palabras del cuadro.**

recomendó o dijo o ayer o confesó o que o dice o si o dijo

Marta: Elena me (a) .... que se va a cambiar de casa. Que está muy contenta porque (b) .... encontró trabajo.

Pedro: Vaya, qué suerte.

M.: Me (c) .... que realmente no está enamorada de su novio y (d) .... quiere dejarlo.

P.: La verdad es que no hacen buena pareja.

M.: Tienes razón. Por lo visto el otro día discutieron en el cine... Por cierto, me (e) .... la película que vio, (f) .... que es muy buena.

P.: Pues si quieres, vamos a verla este viernes.

M.: Bueno... ¡Ah! Y también me (g) .... que cree que el mes que viene va a Ámsterdam a visitar a su hermano y a su cuñada, y me preguntó (h) .... quiero ir con ella.

2 60 **Escucha la conversación y comprueba tus respuestas.**

3 **En grupos de tres, pregúntale algo a un compañero/a y cuéntale la respuesta al otro.**

Modelo: E1: ¿Cuál es tu libro favorito?

E2: *El señor de los anillos.*

E1: Luis dice que *El señor de los anillos* es su libro favorito.

EXPRESSING PROBABILITY IN PRESENT, PAST AND FUTURE

Conozco la información		Imagino la información
Está *enfermo.* (Present)	➡	**Estará** enfermo. (Future)
No durmió anoche porque ***estaba*** *nervioso.* (Imperfect)	➡	*No durmió porque* ***estaría*** *nervioso.* (Conditional)
Ayer ***fue*** *a una fiesta.* (Preterite)	➡	*Ayer* ***iría*** *a una fiesta.* (Conditional)

- Para hacer preguntas:

Sabemos que la persona que escucha la pregunta sabe la respuesta		Sabemos que nadie conoce la respuesta o estamos solos
¿Qué hora ***es****?* (alguien tiene reloj)	➡	*¿Qué hora* ***será****?* (nadie tiene reloj)
¿Quién ***rompió*** *el cristal ayer?*	➡	*¿Quién* ***rompería*** *el cristal ayer?*
¿Cuánta gente ***había*** *ayer en la fiesta?*	➡	*¿Cuánta gente* ***habría*** *ayer en la fiesta?*

4 **Este perro está muy triste. Transforma las frases para hacer suposiciones.**

a. Le **duele** el estómago. ➡ ....

b. **Está buscando** a su dueño. ➡ ....

c. Ayer lo **llevaron** al veterinario porque no **se encontraba** bien. ➡ ....

d. Se **perdió**. ➡ ....

5 **Túrnate con tu compañero/a para hacer preguntas y respuestas sobre el perro de la actividad 4. ¿Qué puedes adivinar sobre su situación?**

a. ¿Cómo (llamarse)? ➡ ....

b. ¿(Comer, hoy)? ➡ ....

c. ¿(Tener) dueño? ➡ ....

d. ¿(Escaparse, ayer) de la perrera *(dog pound)*? ➡ ....

e. ¿(Estar, ayer) con sus dueños *(owners)* y los (perder) de vista? ➡ ....

f. ¿Sus dueños le (abandonar, hoy) para irse de vacaciones? ➡ ....

6 **Con tu compañero/a, inventa posibles explicaciones para las siguientes imágenes. Describe lo que crees que está pasando ahora y lo que debió haber ocurrido antes.**

a.

b.

c.

d.

e.

f.

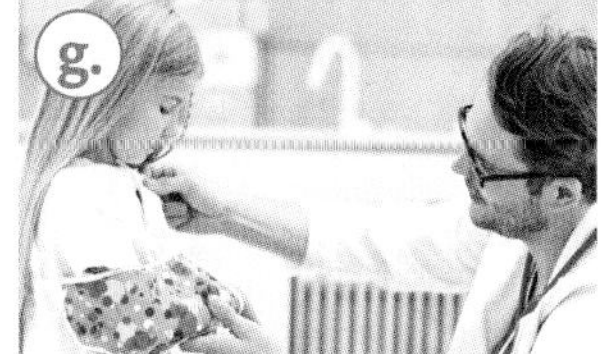
g.

h.

MORE IN **ELEteca** | EXTRA ONLINE PRACTICE

¡ACCIÓN! ¡HASTA SIEMPRE, MIS AMIGOS!

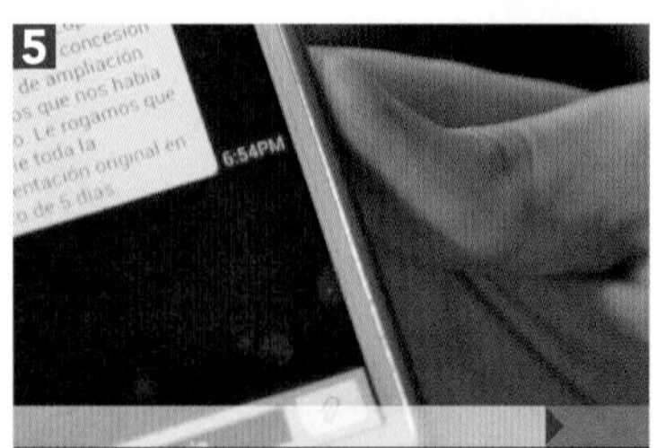

ANTES DEL VIDEO

1 **Observa las imágenes y contesta a las preguntas expresando hipótesis. Basa tus respuestas en lo que crees que puede ocurrir. Usa tu imaginación. Luego, compara tus hipótesis con tu compañero/a.**

a. ¿Por qué crees que están todos los amigos reunidos? Creo que...

b. Imagen 1. ¿De qué crees que hablan Alba y Sebas? Quizás...

c. Imagen 2. ¿Qué le cuenta Eli sobre su nuevo trabajo? Imagino que...

d. Imagen 3. ¿Qué le dice que recibió? Supongo que...

e. Imagen 4. ¿Qué va a hacer Juanjo a partir de ahora? Quizás...

f. Imagen 5. ¿Por qué le muestra el mensaje? Supongo que...

g. Imagen 6. ¿Qué están haciendo? Creo que...

DURANTE EL VIDEO

2 **Mira la escena y contesta a las preguntas. Compara con tu compañero/a.**

00:47 - 01:29

a. ¿Qué le gusta hacer a Alba?

b. ¿De quién hablan Sebas y Alba?

c. ¿Qué cree Sebas que le ha pasado a Felipe?

3 **Mira la escena y completa las frases que dice Eli.**
01:39 - 02:35

a. Me dijeron si estaba dispuesta a irme ....
b. Me dijeron que .... y hoy mismo he recibido la carta.
c. ¡Me dicen que ....!

4 **Mira la escena y copia la carta que recibe Eli, palabra por palabra.**
02:15 - 02:27

....

....

5 **Mira la escena, ordena las siguientes frases y marca las que dice Lorena.**
03:01 - 04:00

a. ☐ ¡Espero que puedas un día invitarme a conocer la capital!
b. ☐ Es probable entonces que tú también te vayas de la ciudad.
c. ☐ Seguro que vas a tener una experiencia fantástica.
d. ☐ Es probable que aquí no haya cobertura.
e. ☐ ¡Por supuesto, eso sería genial!

6 **Mira la escena y anota las palabras relacionadas con el celular. Luego, compara con tu compañero/a. ¿Entendiste las cuatro expresiones que mencionan?**
03:15 - 03:35

....

DESPUÉS DEL VIDEO

7 **Habla con tu compañero/a sobre las siguientes cuestiones.**

a. ¿Alguna vez fuiste a una fiesta de final de curso? ¿Dónde fue?
b. ¿Alguna vez cambiaste de escuela y tuviste que despedirte de tus amigos? ¿Cómo fue?
c. ¿Estarías dispuesto a dejar a tu familia y amigos por un buen trabajo?

8 **Lee las siguientes opiniones. ¿Con cuál de ellas te identificas más? ¿Por qué? Discútelo con tus compañeros/as.**

Opinión 1

La amistad es lo más importante para ti. Vivir en la misma ciudad y rodeado de amigos te hace feliz. No te gustan los cambios. Las oportunidades de trabajo no son más importantes que la amistad.

Opinión 2

La amistad es fundamental, pero no lo más importante. Los cambios son muy positivos. El trabajo es esencial porque es el futuro.

1 Relaciona las partes de una carta formal con su lugar correcto.

a. ☐ motivo
b. ☐ dirección del destinatario
c. ☐ firma
d. ☐ saludo
e. ☐ dirección del remitente
f. ☐ despedida
g. ☐ fecha

(1.) (2.) (3.) (4.) (5.) (6.) (7.)

! Remember, the sender's address always goes first in a formal letter, followed by the date.

2 Ordena la siguiente carta de un cliente a su compañía de telefonía celular. Después, escribe, siguiendo el ejemplo, a qué parte de la carta corresponde cada fragmento.

[ ] ☐ Bogotá, 13 de enero de 2019

[ ] ☐ Movilindo
Paseo de la Antena, 33
110988 Bogotá

[ ] ☐ Atentamente,

[Dirección del remitente] ☐ Juan Mora
C/ Cliente, 130
117592 Bogotá

[ ] ☐ Les escribo esta carta porque llevo varios días teniendo problemas con mi teléfono celular. Hace cinco meses me regalaron un nuevo **aparato** por llevar como cliente en su empresa más de tres años. Pues bien, este **celular** no deja de darme problemas. A continuación les explico punto por punto cada uno de ellos.
La **pantalla táctil** no funciona bien. Cada vez que intento marcar un número, el teléfono se apaga.
En muchos lugares no **tiene cobertura**. Es decir, que cuando salgo de la ciudad tengo muy poca señal y no puedo ni **llamar** ni **recibir llamadas**.
Cuando puedo llamar, **se corta** la **conversación** después de dos minutos.
Además, cuando intento **cargar el teléfono**, la **batería** solo dura cinco horas y después tengo que cargarlo otra vez. Al principio pensé que era problema del **cargador**, pero probé con otro y sigo teniendo el mismo problema.
Debido a todos estos inconvenientes, espero que me cambien el **celular** o me regalen uno nuevo. En caso contrario cambiaré de compañía telefónica.

[ ] ☐ Estimados señores:

[ ] ☐ (firma)

3 **¿Qué problema tiene el cliente con el servicio? ¿Qué quiere obtener de su compañía? Coméntalo con tu compañero/a.**

4 **Las palabras resaltadas en amarillo en la carta anterior son formas de saludo y despedida propias de una carta o correo formal. Clasifica estos otros recursos formales en saludos o despedidas. Luego compáralos con saludos y despedidas formales en inglés.**

Distinguido señor/a o Se despide atentamente o Muy señor/a mío/a
Reciba un cordial saludo o Señor/a o En espera de sus noticias o Cordialmente

Saludos	Despedidas

5 **Relaciona cada expresión con su definición.**

1. el aparato
2. la pantalla táctil
3. cobertura
4. recibir llamadas
5. se corta
6. cargar
7. el cargador
8. la batería

a. Acumula electricidad.
b. Instrumento que conecta la electricidad con la batería.
c. Instrumento o mecanismo que tiene una función determinada.
d. Acción de recuperar la batería.
e. Una de las funciones principales de un celular.
f. Extensión geográfica de los servicios de telecomunicaciones.
g. Cuando se pierde una llamada.
h. Parte de algunos aparatos electrónicos que funciona con el contacto del dedo.

6 **Comenta con tu compañero/a las siguientes situaciones. Incluye descripciones detalladas.**

a. ¿Has tenido problemas con tu teléfono celular? ¿Cuáles?
b. ¿Los solucionaste? ¿Cómo?
c. ¿Cuáles son algunas otras quejas *(complaints)* que tienes con tu celular o el servicio que recibes?
d. ¿Cómo sería tu celular ideal?

7 **Habla con tu compañero/a de las soluciones que ofrecerían ustedes al cliente. Después comparen sus propuestas con las de otras parejas.**

8 **Lee la respuesta de *Movilindo* a su cliente y responde a las preguntas.**

Asunto: Nuevo celular

De: movilindo@mundoreal.es Para: juanmora@edimail.com

Estimado cliente:

Nos dirigimos a usted con la finalidad de expresarle nuestras disculpas por los problemas causados.

Comprendemos perfectamente las molestias que puede haber tenido con el último celular que recibió y, por esa razón, ponemos a su disposición un nuevo modelo.

Por favor, para recibir este nuevo aparato mándenos un correo electrónico con la dirección donde quiere recibirlo a *movilindo-aparatos@mundoreal.es*. Si desea ver el modelo que le ofrecemos, puede hacer clic en el siguiente enlace: *www.movilesmovilindo/nuevos*.

Atentamente,

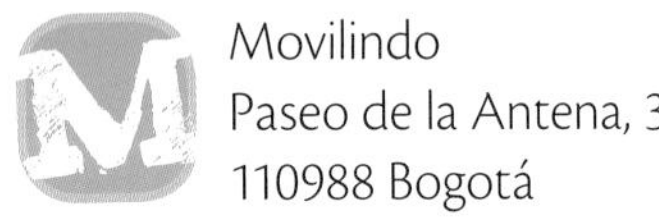

Movilindo
Paseo de la Antena, 33
110988 Bogotá

a. ¿Qué solución propone la compañía?
b. ¿Coincide con tu solución o con la de alguno de tus compañeros/as?
c. ¿Aceptarías esa solución?

9 **Relaciona cada símbolo con su significado.**

1. @ **a.** guion *(hyphen)*
2. / **b.** punto com
3. : **c.** arroba
4. - **d.** triple doble ve
5. _ **e.** barra
6. .com **f.** dos puntos
7. www **g.** guion bajo

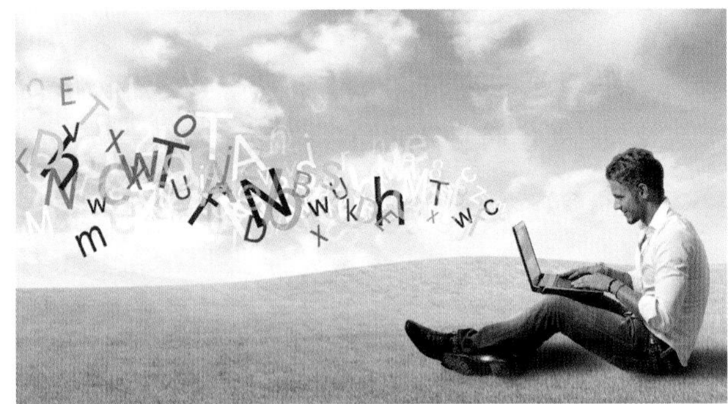

10 **Imagina que eres el director de *Movilindo*. Fíjate en el modelo de la actividad 8 y en los símbolos de la actividad 9 y escribe en tu cuaderno un correo con una respuesta diferente para el cliente.**

11 **Intercambia tu correo con el de tu compañero/a, responde a estas preguntas y reflexionen juntos/as.**

a. ¿Usa saludos y despedidas formales?
b. ¿Sigue la estructura del modelo?
c. ¿Qué solución propone? ¿Coincide con la tuya?
d. ¿Emplea los símbolos de la actividad 9?

12 **Lee el correo electrónico de tu compañero/a e informa a la clase de lo que dice.**

Modelo: *El director de Movilindo dice que...*

1. HYPOTHETICAL EXPRESSIONS WITH THE INDICATIVE

- Other ways to express hypothesis or probability using the indicative:

Creo / **Me parece** **Me imagino** / **Supongo** **Para mí** / **Yo diría**	**que**	*ese modelo de celular no* ***es*** *uno de los mejores.* *si está en la sierra no* ***tendrá*** *cobertura; llámalo mañana.* ***llovió*** *anoche, las calles están mojadas.*

A lo mejor / **Lo mismo** / **Igual** (maybe) | ***es*** *un problema de tu compañía porque yo sí tengo cobertura.*

Suponer (to suppose) is conjugated like the verb **poner**.

1 **Edu encontró una foto de una casa que le gustaría comprar, pero no tiene ninguna información sobre ella. Lee el texto y completa con la forma correcta de los siguientes verbos.**

vivir ○ poder ○ querer ○ tener ○ haber ○ costar ○ pertenecer

Me encantaría comprar esta casa, pero antes me gustaría tener información sobre ella. **Supongo que** (a) .... muchísimo dinero, pero **creo que** mis padres (b) .... ayudarme. Parece una casa grande, **me imagino que** (c) .... más de tres habitaciones y al menos dos baños. **Lo mismo** en algún baño (d) .... un *jacuzzi*, sería genial. **Yo diría que** antes (e) .... una familia numerosa; **a lo mejor** la (f) .... vender para irse a vivir a otra ciudad. **Igual** la parte de atrás (g) .... también a la casa y hay una piscina y todo, quién sabe.

2 **Observa las siguientes imágenes y escribe tres explicaciones para cada situación usando las expresiones que acabas de aprender. Luego, en grupos de tres, discutan sus impresiones usando detalles de las imágenes para justificarlas.**

1. ¿Por qué no hay nadie?

a. ....
b. ....
c. ....

2. ¿Por qué está llorando?

a. ....
b. ....
c. ....

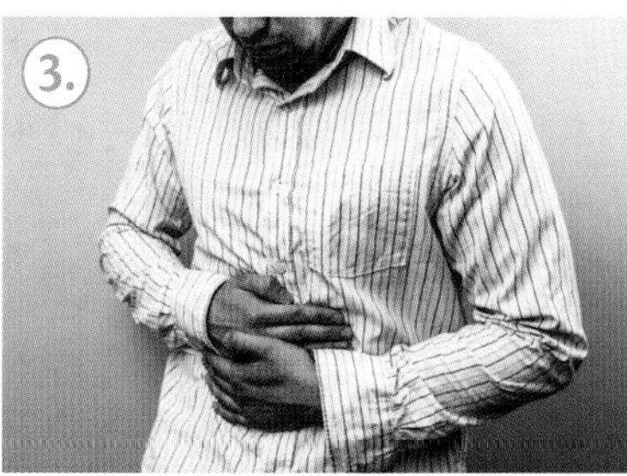

3. ¿Qué le pasa?

a. ....
b. ....
c. ....

3 61 Escucha el final de tres discusiones y, con tu compañero/a, hagan una hipótesis sobre el motivo que las origina. Después, escucha la conversación completa y comprueben.

a. ....

b. ....

c. ....

2. HYPOTHETICAL EXPRESSIONS WITH THE INDICATIVE AND THE SUBJUNCTIVE

4 62 **Escucha las siguientes conversaciones y completa con las expresiones que faltan.**

Probablemente / .... **Seguramente** / .... **Tal vez**		*la compañía telefónica* ***se pone*** */* ***se ponga*** *en contacto conmigo después de mi reclamación.* (indicativo / subjuntivo)
.... / **Es probable** **Puede ser** /	**que**	*mi celular* ***tenga*** *algún defecto de fábrica. Me lo compré hace poco y no me dura nada la batería.* (subjuntivo)

- With the first group of expressions, the use of the indicative or the subjunctive depends on how certain the speaker feels that the action will take place:
  - ***Probablemente*** *la compañía telefónica* ***se pone*** *en contacto conmigo.*
  (Speaker feels there's a strong likelihood the company will contact him/her = indicative.)
  - ***Probablemente*** *la compañía telefónica* ***se ponga*** *en contacto conmigo.*
  (Speaker feels there is less likelihood that the company will contact him/her = subjunctive.)

5 **Elige la opción correcta para cada frase. En algunas casos las dos opciones son válidas.**

a. Es probable que mañana **llueve** / **llueva**.
b. Seguramente **tiene** / **tenga** más de veinte años.
c. Tal vez **viene** / **venga** mi hermana conmigo.
d. Es posible que **consigue** / **consiga** el trabajo.
e. Quizás no **quiere** / **quiera** trabajar con nosotros.
f. Puede ser que **necesitan** / **necesiten** nuestra ayuda.
g. No le hagas caso, posiblemente lo **hace** / **haga** para molestarte.
h. Puede que mañana **vamos** / **vayamos** a la playa.

6 **Termina las siguientes frases.**

a. ¡Qué raro que no haya llegado Juan! Él es muy puntual. Es posible que...
b. La compañía telefónica me está cobrando un servicio que no utilizo. Seguramente...
c. Me dijo que me iba a llamar esta tarde pero no lo ha hecho todavía. Tal vez...
d. Le escribí un correo electrónico y no le llegó aún. Puede que...
e. Salí de casa y cuando entré en el metro no llevaba el monedero. Probablemente...
f. No encuentro mis gafas por ningún sitio. Quizás...

7 **Según lo que aprendiste para expresar hipótesis y probabilidad, completa las siguientes frases.**

a. Es probable que (ser) .... su cumpleaños porque invitó a cenar a todos sus amigos.

b. Igual (mudarse, él) .... Hace mucho tiempo que quería cambiar de casa.

c. Quizás (comprarse, yo) .... un teléfono celular nuevo. Este ya no funciona.

d. A lo mejor Juan (ser) .... alérgico a los gatos. No para de estornudar *(sneeze)*.

e. Posiblemente yo (organizar) .... la fiesta. Soy su mejor amigo.

f. Yo diría que Carmen y Sonia (estar) .... enfadadas. Ya nunca van juntas.

g. Seguramente (ganar) .... el premio. Está haciendo un buen trabajo.

h. Me parece que Carlos no (estar) .... contento con su nuevo trabajo.

i. Puede que (saber) .... hablar italiano. Vivió un tiempo en Roma.

j. » ¡Qué raro que Pepe no esté todavía aquí! Es muy puntual.
» Oye, lo mismo (pasarle) .... algo. ¿Lo llamamos al celular?

8 **Escribe sobre tus planes de futuro que todavía no son seguros relacionados con las siguientes situaciones o eventos. Luego, habla con tu compañero/a y pregúntale por los suyos.**

Tu próximo cumpleaños	Tus próximas vacaciones	Tus próximos estudios

9 **Prepara una breve descripción de cómo crees que será la vida de tu compañero/a cuando tenga cincuenta años. Incluye información sobre: profesión, familia, lugar de residencia, aspecto físico, etc. Después, oralmente, intercambia la descripción con tu compañero/a. ¿Estás de acuerdo con lo que dice? ¿Te sorprende?**

Modelo: *Cuando tengas 50 años, es probable que / seguramente...*

3. HYPOTHETICAL EXPRESSIONS WITH THE IMPERFECT SUBJUNCTIVE

10 Lee la conversación entre el director de Movilindo y su secretaria. Después, extrae las estructuras que se usan para expresar hipótesis y contesta a las preguntas.

¿Cómo está?
Lo veo muy, muy
preocupado.

Es que el doctor me dijo que necesito hacer algo para combatir el estrés del trabajo. Me dijo que **si no trabajara tanto, no estaría siempre de mal humor**. Y yo pienso que **si no estuviera de mal humor, saldría más con mis amigos**. Y **si saliera más, necesitaría más dinero** para gastar. Y **si gastara mucho dinero, tendría que trabajar más** y… ¡volvería a sufrir estrés!

Y **si yo aprendiera a no preguntar tanto**… ¡no tendría que escuchar todo esto!

Frases que expresan hipótesis:	¿Se produce la acción? Sí	No
Si		
Si		
Si		
Si		

11 Contesta a las preguntas sobre la conversación de la actividad 10.

a. En la conversación, cuando el director habla de las cosas que tendría que hacer (pero no las hace), usa un nuevo tiempo verbal que se llama imperfecto de subjuntivo. Escribe las formas.

b. Cuando el director describe el posible resultado (de estas acciones que no hace), usa un tiempo verbal que ya conoces. Escribe las formas. ¿Cómo se llama?

4. FORMS AND USES OF THE IMPERFECT SUBJUNCTIVE

	–AR	–ER	–IR
yo	practic**ara**	beb**iera**	sal**iera**
tú	practic**aras**	beb**ieras**	sal**ieras**
usted/él/ella	practic**ara**	beb**iera**	sal**iera**
nosotros/a	practic**áramos**	beb**iéramos**	sal**iéramos**
vosotros/as	practic**arais**	beb**ierais**	sal**ierais**
ustedes/ellos/ellas	practic**aran**	beb**ieran**	sal**ieran**

- The imperfect subjunctive is formed using the **ellos** form of the preterite. Drop the **–ron** and add the appropriate endings. This is true for all regular and irregular verbs. Note, the verb **haber** (**hay**) becomes **hubiera**.
- One of the uses of the imperfect subjunctive is in if-clauses to say what would happen if a certain condition was met. These are also known as contrary-to-fact statements because the action never actually took place. Look at some of the examples from Activity 10.

  *Si no **estuviera** de mal humor, saldría más.* *If I were not always in a bad mood, I would go out more. (But in reality, I'm always in a bad mood.)*

  *Y si **saliera** más, necesitaría más dinero para gastar.* *And if I went out more, I would need more money to spend. (But in reality, I don't go out.)*
- Contrary-to-fact statements have the following constructions:

  Si + imperfect subjunctive, + conditional
  Conditional + **si** + imperfect subjunctive

12 **Completa la tabla de verbos irregulares en imperfecto de subjuntivo.**

INFINITIVO	PRETÉRITO DE INDICATIVO	IMPERFECTO DE SUBJUNTIVO
querer	quisieron	quisiera
hacer	hicieron	hiciera
poder	pudieron	pudiera
tener		
ser / ir		
estar		

Si no hubiera tantos colores, sería más fácil.

13 **Relaciona las ideas con sus conclusiones. Compara tus respuestas con un compañero/a.**

1. Si tuviera gato,
2. Si todos los jóvenes leyeran más,
3. Si hubiera menos leyes *(laws)*,
4. Si escribiera una novela,
5. Si mis padres fueran generosos,
6. Si todas las clases estuvieran en línea,

a. pasarían menos tiempo en Internet.
b. no iría nunca a la escuela.
c. me comprarían el último modelo de Iphone.
d. lo llamaría Minifus.
e. habría más criminales.
f. sería de ciencia ficción.

14 **Usa la primera parte de las frases de la actividad 13 para hablar de ti mismo. Comparte tus hipótesis con tus compañeros/as en grupos. ¿Cuál de ustedes tiene las frases más originales?**

15 **Pregúntale a tu compañero/a qué haría en las siguientes situaciones.**

Estudiante 1

¿Qué harías si...?
- conocer a Shakira
- visitar el Polo Norte
- ganar el concurso de *La voz*

Estudiante 2

¿Qué harías si...?
- ser el profesor/la profesora de la clase
- no haber videojuegos
- ver un zombi

MORE IN **ELEteca** | EXTRA ONLINE PRACTICE  GRAMMAR TUTORIALS 15 AND 16

1 **Con tu compañero/a, busca información en Internet para completar esta ficha sobre la novela *Cien años de soledad* y su autor.**

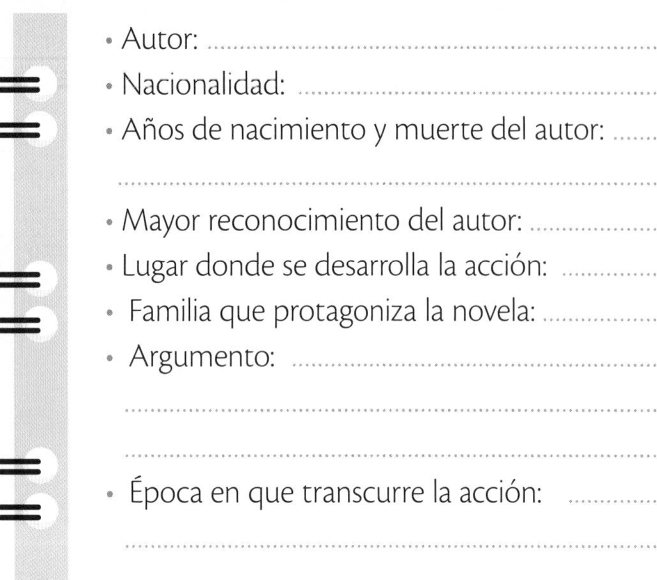

- Autor: ....
- Nacionalidad: ....
- Años de nacimiento y muerte del autor: ....
....
- Mayor reconocimiento del autor: ....
- Lugar donde se desarrolla la acción: ....
- Familia que protagoniza la novela: ....
- Argumento: ....
....
....
- Época en que transcurre la acción: ....
....

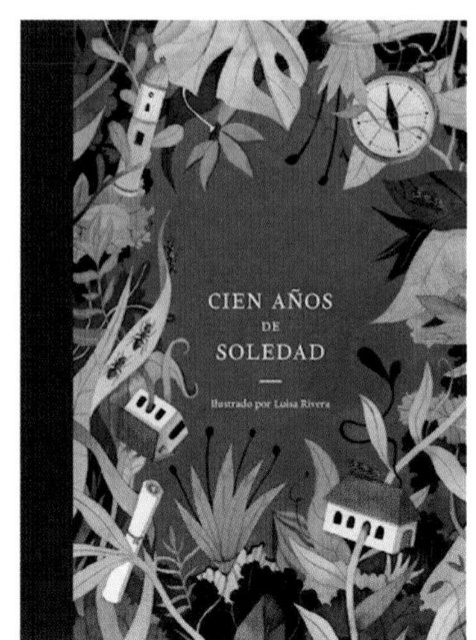

2 **Comparte la información con tus compañeros/as, contrástala y complétala si es necesario.**

3 **Fíjate en las palabras del recuadro y marca las que no comprendas.**

indignarse ○ comerciante ○ proyectar ○ taquilla ○ sepultar ○ desgracia
derramar ○ burla ○ inaudito/a ○ silletería ○ bando ○ desbordamiento

4 63 **Lee ahora este fragmento de *Cien años de soledad*.**

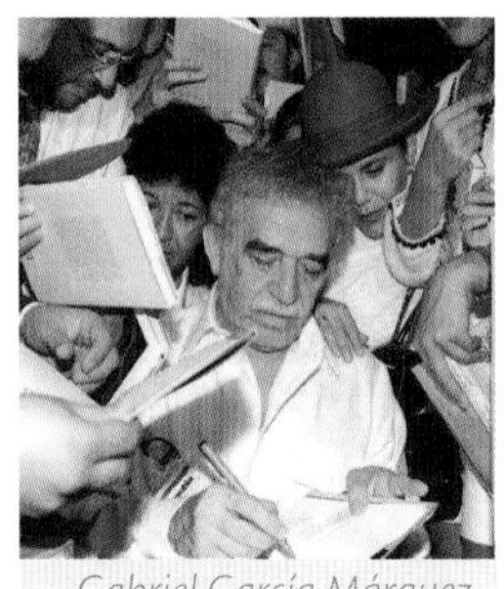

Gabriel García Márquez (1927-2014) firmando una copia de Cien años de soledad *en La Habana (Cuba)*

Se indignaron con las imágenes vivas que el próspero comerciante don Bruno Crespi proyectaba en el teatro con taquillas de bocas de león, porque un personaje muerto y sepultado en una película, y por cuya desgracia se derramaron lágrimas de aflicción, reapareció vivo y convertido en árabe en la película siguiente. El público, que pagaba dos centavos para compartir las vicisitudes de los personajes, no pudo soportar *(endure)* aquella burla inaudita y rompió la silletería.

El alcalde *(mayor)*, a instancias *(as the request)* de don Bruno Crespi, explicó mediante un bando que el cine era una máquina de ilusión que no merecía los desbordamientos pasionales del público.

Escritor colombiano que ganó el Premio Nobel de Literatura en 1985.

5 **Después de leer el fragmento, ¿crees que comprendes el significado de alguna de las palabras que marcaste en la actividad 3? ¿Cuáles? Escríbelas.**

6 Vamos a comprobarlo. Anota cada verbo debajo de la imagen correspondiente.

indignarse ○ proyectar ○ sepultar ○ derramar

a.

b.

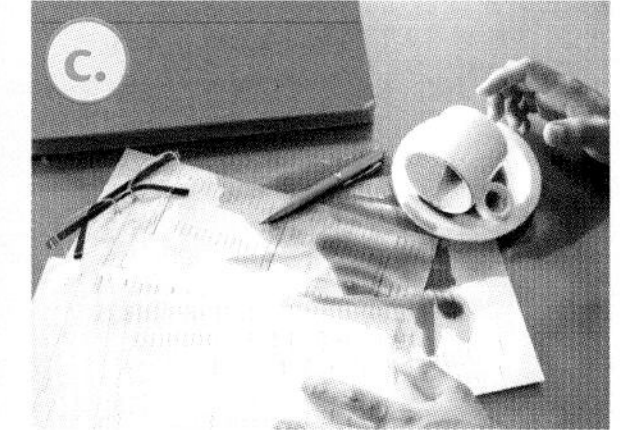

c.

d.

....

7 Relaciona ahora cada palabra con su significado.

1. comerciante
2. taquilla
3. desgracia
4. burla
5. inaudito
6. silletería
7. bando
8. desbordamiento

a. Suceso que produce dolor o pena.
b. Acción para poner en ridículo a alguien.
c. Lugar donde se venden entradas o billetes.
d. Notificación pública de la autoridad.
e. Persona que vende algo o tiene una tienda.
f. Descontrol.
g. En Colombia, asientos que forman filas.
h. Sorprendente, increíble.

8 Con tu compañero/a, lee estos tres resúmenes del fragmento, decide cuál expresa mejor la idea central del mismo y amplía el resumen con otros detalles relacionados. ¿Qué aportan al texto?

a. El alcalde de Macondo tuvo que publicar un bando para decirle a la gente que no se debía apasionar tanto con las historias que veía en el teatro porque se trataba solo de actores.

b. Un comerciante llevó el cine a Macondo por primera vez, pero la gente no entendía que los personajes eran actores y cuando descubrió que las historias no eran reales, se enfadó y destruyó buena parte del cine.

c. Cuando el cine llegó a Macondo, a la gente no le interesó porque prefería ver a los actores en vivo en el teatro. En señal de protesta, el público destrozó las sillas del cine.

9 Según este fragmento, los habitantes de Macondo se sorprendían mucho con cada nuevo invento. Con tu compañero/a, imagina cómo reaccionó la sociedad cuando llegó el celular, la televisión, las computadoras, etc., y escribe un relato describiendo sus reacciones.

10 Lee el relato a tus compañeros/as. Luego voten el más imaginativo y divertido.

1 **Lee las siguientes ofertas de trabajo en prácticas y responde a las preguntas utilizando estructuras de hipótesis.**

ANUNCIO A

Escuela de idiomas busca un **becario/a** para su departamento comercial

- **Requisitos:** edad 16-18 años, nivel intermedio de español.
- **Periodo de prácticas:** solo mes de julio.
- **Funciones:** atención al público, gestión de correos y bases de datos de clientes.

Interesados escribir carta de motivación a: javier@todomail.com

ANUNCIO B

Te ofrecemos **trabajo en prácticas** en nuestro refugio de animales

- **Requisitos:** edades entre 15 y 20 años, verdadero interés por los animales y el trabajo al aire libre.
- **Tareas:** limpieza y mantenimiento del recinto y cuidado de los animales.

Envía una carta de motivación explicando por qué eres bueno/a para este trabajo. Correo electrónico: vicky@elrefugio.com

a. ¿Por qué en el anuncio A se buscan estudiantes que hablen español?

b. ¿A qué se refiere en anuncio B con "verdadero interés en los animales y el trabajo al aire libre"?

2 **Lee el cuadro de estrategias, elige uno de los dos anuncios, completa el esquema y escribe el borrador de una carta de motivación solicitando el trabajo de prácticas.**

Follow these steps to write **a cover letter**:

1. **Choose a formal greeting** first: *Estimados señores:, Muy señores míos:*. Use formal style and usted / ustedes throughout the letter.
2. In the first paragraph **introduce yourself** and explain your reason for writing. Also give a brief description of yourself.
3. In the main section of your letter talk about your **training** and a **personal quality** relevant to the work being offered. Use an indirect style to include something positive that others say about you. For example: *Mi profesor dice que soy trabajador y muy ordenado.*
4. Use the last paragraph to **request an interview** and **close formally**: *Me gustaría poder ampliar todos estos datos personalmente en una entrevista. Hasta entonces, les envío un cordial saludo / me despido atentamente...*
5. Sign your first and last name.

Saludo y despedida:	
Mis cualidades:	
Mi formación:	
Por qué soy bueno para el trabajo:	
Algo positivo que los demás dicen de mí:	

3 PEER REVIEW **Intercambia con tu compañero/a el borrador de la carta que escribiste, responde a estas preguntas y reflexionen juntos.**

a. ¿Cuál de las dos prácticas solicita?
b. Cuenta y marca los párrafos.
c. Subraya las palabras del texto que indican que utilizó un lenguaje formal.
d. Rodea con un círculo las cualidades de tu compañero/a que se mencionan. ¿Empleó el estilo indirecto?
e. Subraya la parte del último párrafo en la que solicita el puesto.

4 **Ahora escribe la versión definitiva de la carta y entrégasela a tu profesor/a.**

ORTOGRAFÍA Y PRONUNCIACIÓN Palabras similares con diferente significado

1 **Lee las conversaciones y después completa los cuadros.**

1. » *¿**A dónde** / **adónde** podemos ir a almorzar?* » ***A donde** / **adonde** tú quieras.* » *¿**Dónde** decías que hacían esas quesadillas tan buenas?* » *¡Ah! Te refieres al sitio **donde** fui con Marcos.*	**(a) dónde / adónde o (a) donde / adonde** • Usamos el adverbio (a) .... para indicar lugar y (b) .... o (c) .... indistintamente cuando indicamos también dirección o destino mediante la preposición ***a***. • Usamos (d) ...., (e) .... o (f) .... cuando las formas anteriores son exclamativas o interrogativas.
2. » *No entiendo el **porqué** de su reacción, no me lo explico.* » *Pues yo creo que actuó así **porque** no podía más y al final explotó.* » *Pero, ¿**por qué** no le dijo a nadie que necesitaba ayuda?* » *Es que es muy orgulloso y le da vergüenza reconocerlo.* » *Yo voto **por que** hablemos con él y le ofrezcamos nuestra ayuda.*	**porque / porqué / por que / por qué** • Usamos (a) .... para expresar la causa o motivo de lo que se expresa a continuación y (b) .... para preguntar por esa causa o motivo. • Usamos (c) .... cuando nos referimos al sustantivo que significa "la causa, el motivo o la razón". • Usamos (d) .... para referirnos a la preposición ***por*** seguida del pronombre ***que***.
3. » *Su **sino** no es quedarse quieta viendo la vida pasar, **sino** llegar muy lejos.* » *Tienes razón, no solo es muy decidida, **sino** que también es muy trabajadora.* » ***Si no** cambia, será alguien muy importante en el futuro, tal vez una política.*	**sino / si no** • Usamos (a) .... como sustantivo que significa "destino"; además sirve para introducir una información que sustituye a la negada en la oración precedente. • Usamos (b) .... para referirnos a la conjunción condicional ***si*** seguida del adverbio negativo ***no***.

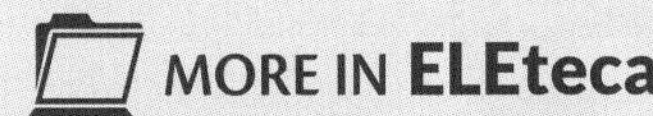
MORE IN **ELEteca** | EXTRA ONLINE PRACTICE

UN MUNDO DE NOVELA

La telenovela es un género de ficción televisivo que explica una historia por capítulos.

Antes de leer

¿Qué programas de televisión te gustan? ¿Por qué? ¿Sueles ver alguna telenovela norteamericana? ¿Has visto alguna en español? ¿Qué sabes de estas telenovelas?

64 **La telenovela es una forma de expresión cultural típica del mundo hispano. En estos programas de televisión no faltan dramas, villanos... ¡ni capítulos!**

Las telenovelas son programas de televisión dramáticos. Pero no son cualquier programa: están estrechamente* conectadas con la forma de ser de los países hispanos. Las historias de las telenovelas reflejan las tradiciones, las aspiraciones y, muchas veces, los temas de actualidad de la sociedad que las mira. "Las telenovelas son exitosas porque generan emoción y entretenimiento", explica Nora Mazziotti, investigadora argentina estudiosa de las telenovelas.

Aunque cada telenovela cuenta una historia diferente, hay elementos comunes que están presentes en todas ellas: suelen tener entre cien y doscientos capítulos; hay un galán* (normalmente rico), y una heroína (normalmente pobre) y una villana que hace todo lo posible por separarlos; y hay varios personajes secundarios que aportan* historias divertidas, para equilibrar* el melodrama de la historia central.

Cada país latinoamericano produce telenovelas con un estilo propio. "Las telenovelas mexicanas son las más tradicionales: son muy conservadoras. Las brasileñas tienen elementos modernos. Las colombianas tienen historias muy creativas. Las argentinas suelen tener toques de comedia", dice Mazziotti.

Además de entretener, una importante función de las telenovelas es educar. Muchas de las historias incorporan personajes que atraviesan* enfermedades graves o viven situaciones serias como la decisión de adoptar un hijo o la pérdida* de un trabajo.

Fuentes: *La expansión de la telenovela*, Nora Mazziotti; *La industria de la telenovela, la producción de ficción de América Latina*, Nora Mazziotti, Buenos Aires, 1997.

Las telenovelas son famosas por sus escenas dramáticas.

Yo soy Betty, la fea en Nueva York

Telemundo anuncia el estreno de una versión contemporánea y bilingüe de la exitosa* novela *Yo soy Betty, la fea*.

Es la primera serie que se produce en los estudios de **última tecnología** Telemundo Center, en Miami.

La actriz protagonista se escogió entre **300 aspirantes**.

Betty, una muchacha mexicana muy inteligente que vive en Nueva York, tiene que aceptar un empleo por debajo de sus capacidades.

La telenovela original se rodó en **20 idiomas** y hasta se fabricaron... ¡30 000 muñecas* Betty!

Fuentes: *La Opinión*, noviembre de 2018; todotvnews.com, noviembre de 2018; www.mundohispanico.com, Alberto Brown Rodríguez, marzo de 2019; www.canalrcn.com, febrero de 2019.

Miami y las telenovelas

Telemundo y **Univisión** son cadenas de televisión competidoras orientadas a los hispanos en EE. UU.

Univisión tiene un canal por cable que transmite telenovelas **24 horas** al día.

Telemundo tiene una aplicación que permite seguir **en directo** sus telenovelas.

La mayoría de telenovelas de EE. UU. se producen en el sur del estado de **Florida** por su clima tropical, los bajos impuestos, el paisaje y la diversidad de población hispana.

Algunos actores y actrices no están de acuerdo en interpretar con **acento "neutro"**, como les piden las productoras en Miami. Opinan que no refleja a todos los hispanos residentes en EE. UU.

Fuentes: www.prnewswire.com, noviembre de 2018; www.cnet.com, Claudia Cruz, enero de 2018; surflorida.com, junio de 2012; www.telemundo51.com, agosto de 2015; *Diario Las Américas*, Héctor Alejandro González y Ania Liste, marzo de 2017.

Erick Elias, protagonista de *Betty en N. Y.*
(Foto: Kobby Dagan, Las Vegas, noviembre de 2015)

¿COMPRENDISTE?

Decide si las siguientes frases son verdaderas (V) o falsas (F).

1. Las telenovelas son solamente dramáticas. V ☐ F ☐
2. Muchas telenovelas incorporan elementos de actualidad. V ☐ F ☐
3. Cada país latinoamericano produce telenovelas diferentes. V ☐ F ☐
4. La versión de *Yo soy Betty, la fea* en N. Y. se podrá ver en dos lenguas diferentes. V ☐ F ☐
5. La mayoría de telenovelas en EE. UU. se filman en Chicago. V ☐ F ☐

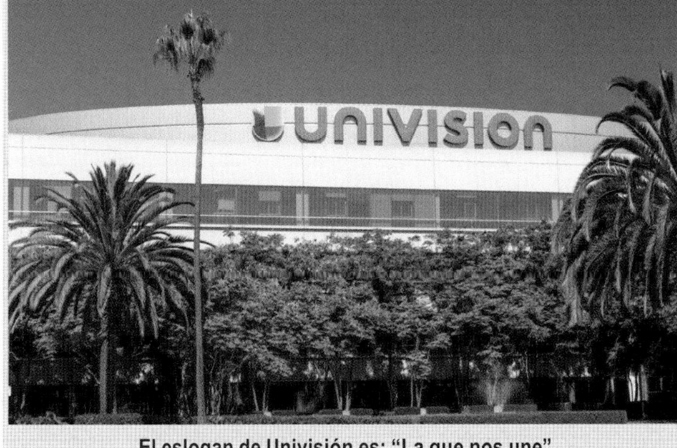

El eslogan de Univisión es: "La que nos une".
(Foto: Ken Wolter, 11 de septiembre de 2016)

AHORA TÚ

¿Qué opinas? Contesta a las siguientes preguntas y comenta tus ideas con tus compañeros/as.

1. Enumera los cargos, puestos de trabajo u oficios que piensas que intervienen en un rodaje.
2. ¿Qué programas en la televisión norteamericana tienen la función de entretener y educar? Da dos ejemplos.
3. Piensa en tu género televisivo favorito y haz un listado de los elementos que lo componen, según el ejemplo del texto.
4. ¿Qué diferencias crees que hay entre un rodaje de telenovelas y un rodaje cinematográfico?
5. ¿Por qué crees que las antagonistas de las telenovelas suelen ser mujeres?

VOCES LATINAS — LAS TELENOVELAS EN ARGENTINA

Glosario

aportar – to add
atravesar – to go through
equilibrar – to balance
estrechamente – closely
exitoso/a – successful
el galán – leading man
la muñeca – doll
la pérdida – loss

RELAYING WHAT ANOTHER PERSON SAID OR ASKED

1 Transforma las siguientes frases al estilo indirecto.

a. Tengo frío y necesito un abrigo. Si no me sirve uno tuyo, voy a comprarme uno.
Me dice ....
b. ¿Dónde tengo que ir? ¿Qué tengo que hacer? ¿Cuándo debo volver?
Me pregunta ....
c. No tengo ganas de estudiar.
Me confiesa ....
d. ¿Está muy lejos la casa de tu primo? Es que estoy un poco cansado de caminar.
Me pregunta ....
e. Dime la verdad.
Me pide ....

HYPOTHETICAL EXPRESSIONS WITH THE INDICATIVE AND THE SUBJUNCTIVE

2 Relaciona para formar frases con sentido.

1. ¡Muchas gracias por el regalo de cumpleaños!
2. (¡Riiinnnggg!) Son las doce de la noche y no espero ninguna llamada.
3. No encuentro las llaves de casa por ningún sitio.
4. No sé por qué se escuchan tantas sirenas de policía.
5. Sara me dice que el abrigo que se compró la semana pasada ahora está mucho más barato.

a. ¿Qué habrá pasado?
b. ¿Qué será?
c. ¿Cuánto costaría antes?
d. ¿Dónde las habré puesto?
e. ¿Quién será?

3 Elige la opción correcta en cada frase.

a. **Lo mismo / Es posible que** está en la recámara.
b. **Es probable que / Probablemente** sabe dónde trabaja.
c. **Me parece que / Puede ser que** diga la verdad.
d. **Quizás / A lo mejor** haga el pastel para tu cumpleaños.
e. **Igual / Es posible que** cambie de casa en los próximos días.
f. **Es probable que / Quizás** puede llevarte en su carro.

CARTAS FORMALES

4 Relaciona para formar saludos y despedidas.

1. se despide
2. muy
3. reciba
4. en espera
5. estimado

a. de sus noticias
b. un cordial saludo
c. atentamente
d. señor
e. señor mío

CORREOS ELECTRÓNICOS

5 **Completa el siguiente correo electrónico con los símbolos estudiados.**

Mensaje nuevo

De: carol.sanz@gmail.com   Para: Laural.a@hotmail.com

Hola Laura (dos puntos) ....
Te envío la dirección de correo electrónico de Pepe para que le envíes las fotos.
Es (Pepe, guion bajo, Cruz, arroba, hotmail, punto, com) ....
Un besito, Carolina.

WORDS WITH DIFFERENT MEANINGS

6 **Elige la opción correcta.**

a. **¿Dónde** / **A dónde** estás? Ven aquí, no quiero que juegues **adonde** / **donde** / **dónde** no hay valla.
b. No fue Pedro quien me lo dijo, **sino** / **si no** Juan.
c. Déjalo **asimismo** / **así mismo**, ya está bien.
d. » **¿Porqué** / **Por qué** / **Porque** me pasarán estas cosas a mí?
» **Porque** / **Porqué** / **Por qué** eres un despistado y no te fijas en lo que haces.

CULTURA

7 **Contesta a las siguientes preguntas con la información que has aprendido en *Un mundo de novela*.**

a. ¿Qué importancia tienen las telenovelas en los países de América Latina?
b. ¿Cuáles son algunos de los elementos que tienen en común las telenovelas de los países latinoamericanos? ¿Hay algo que las diferencia?
c. Además de entretener, ¿qué intentan hacer las telenovelas?
d. ¿Cuáles son las características del personaje Betty de la telenovela *Yo soy Betty, la fea*? ¿Piensas que es una exageración u ocurre así en la vida real?
e. ¿Dónde se producen la mayoría de telenovelas de EE. UU.? ¿Por qué razón?

AL FINAL DE LA UNIDAD PUEDO...

	☆	☆☆	☆☆☆
a. I can relay what another person said using indirect speech.	☐	☐	☐
b. I can express probability in the past, present, and future using hypothetical expressions with the indicative and the subjunctive.	☐	☐	☐
c. I can use formal letters and e-mail to communicate.	☐	☐	☐
d. I can talk about cellular phones.	☐	☐	☐
e. I can read and understand a selection of *Cien años de soledad*, Gabriel García Márquez.	☐	☐	☐
f. I can write a cover letter.	☐	☐	☐

MORE IN **ELEteca** | EXTRA ONLINE PRACTICE

EN RESUMEN: VOCABULARIO Y GRAMÁTICA

Cartas formales

a continuación *following*
la despedida *closing (of a letter)*
destinatario *addressee, recipient of letter*
las disculpas *apologies*
la fecha *date*
la finalidad *purpose*
la firma *signature*
la molestia *bother*
el motivo *motive, subject*
la queja *complaint*
el remitente *sender (of a letter)*
el saludo *greeting*

Telecomunicaciones

el aparato *mechanical device*
la arroba *at, @*

la barra *slash*
la batería *battery*
el cargador *charger*

cargar *to charge*
dos puntos *colon*
el guion *hyphen*
el guion bajo *underscore*
hacer clic *to click*

la pantalla táctil *touch screen*

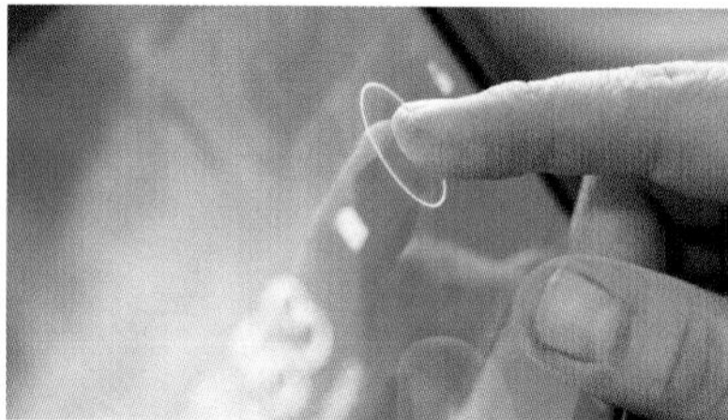

punto com *dot com*
se corta *to be cut, dropped (as in a call)*
la señal *signal*
tener cobertura *to have coverage*
la triple doble ve *www*

Verbos

aconsejar *to advise*

comentar *to comment*
confesar (e > ie) *to confess*
defender *to defend*
durar *to last*
ordenar *to order*
recomendar (e > ie) *to recommend*
suponer *to suppose*

Expresiones para expresar hipótesis

a lo mejor *maybe*
es probable *it's possible*
igual *maybe*
lo mismo *maybe*
posiblemente *possibly*
probablemente *probably*
puede ser / puede que *it can be that*
seguramente *surely*
tal vez *maybe*

REPORTED SPEECH

(See page 228)

- To relate some information we use the verbs **decir**, **comentar** or **confesar** in present tense:
  *"**Eres** lo mejor de **mi** vida".* ➜ ***Dice que soy** lo mejor de **su** vida.*
  *"**Estuve aquí** comiendo con Pedro".* ➜ ***Dice que estuvo allí** comiendo con Pedro.*
  *"**Creo** que **tenemos** este libro".* ➜ ***Dice que** cree que tienen ese libro.*
- In these cases there are no changes in the verb tenses, but there are changes in:
  - **Personal pronouns**: *"**Yo** quiero ir".* ➜ *Dice que **él** / **ella** quiere ir.*
  - **Demonstrative adjectives** and **pronouns**: *"Te daré **este** libro".* ➜ *Dice que me dará **ese** libro.*
  - **Possessive adjectives** and **pronouns**: *"Este es **mi** coche".* ➜ *Dice que ese es **su** coche.*

- When we relate questions:

  "¿Hicieron la tarea?". ➔ *El profesor* ***pregunta*** *si hicimos la tarea.*
  "¿Cuándo harán la tarea?". ➔ *El profesor nos* ***pregunta cuándo*** *haremos la tarea.*

VERBS AND EXPRESSIONS TO EXPRESS HYPOTHESIS OR PROBABILITIES

(See pages 229 and 235-238)

Creo / Me parece **Me imagino / Supongo** **Para mí / Yo diría**	**que**	*ese modelo de celular no* ***es*** *uno de los mejores.* *si está en la sierra no* ***tiene*** *cobertura; llámalo mañana.* ***llovió*** *anoche, las calles están mojadas.*
A lo mejor / Lo mismo / Igual (*maybe*)		***es*** *un problema de tu compañía porque yo sí tengo cobertura.*
Probablemente / Posiblemente **Seguramente / Quizás** **Tal vez**		*la compañía telefónica* ***se pone*** */* ***se ponga*** *en contacto conmigo después de mi reclamación.* (indicativo / subjuntivo)
Es posible / Es probable **Puede ser / Puede**	**que**	*mi celular* ***tenga*** *algún defecto de fábrica, me lo compré hace poco y no me dura nada la batería.* (subjuntivo)

- We can also express probability using some tenses:

  Present ➔ Simple Future — *Javier no ha llegado,* ***estará*** *todavía en el metro.*
  Simple Past ➔ Conditional — *Si Javier no vino ayer,* ***tendría*** *algún motivo.*

- We use the imperfect subjunctive in *if*-clauses to express actions that are contrary to fact, meaning the actions are purely hypothetical and did not occur.
- Forms of the imperfect subjunctive:

Preterite of *ellos*, drop **–ron**, add endings: **–ra** **–ramos** **–ras** **–rais** **–ra** **–ran**	**–AR / –ER / –IR** viajar ➔ viajaron beber ➔ bebieron vivir ➔ vivieron	**IRREGULARS** tener ➔ tuvieron ser ➔ fueron poder ➔ pudieron
yo	viaj**ara**, bebi**era**, viv**iera**	tuvi**era**, fu**era**, pudi**era**
tú	viaj**aras**, bebi**eras**, vivi**eras**	tuvi**eras**, fu**eras**, pudi**eras**
usted/él/ella	viaj**ara**, bebi**era**, vivi**era**	tuvi**era**, fu**era**, pudi**era**
nosotros/as	viaj**áramos**, bebi**éramos**, vivi**éramos**	tuvi**éramos**, fu**éramos**, pudi**éramos**
vosotros/as	viaj**arais**, bebi**erais**, vivi**erais**	tuvi**erais**, fu**erais**, pudi**erais**
ustedes/ellos/ellas	viaj**aran**, bebi**eran**, vivi**eran**	tuvi**eran**, fu**eran**, pudi**eran**

- Contrary-to-fact statements have the following constructions:

Si + imperfect subjunctive, + conditional	Conditional + **si** + imperfect subjunctive

1 65 **Escucha el siguiente anuncio sobre el musical *El rey León (The Lion King)* y contesta a las preguntas.**

a. ¿Dónde puedes ver *El rey León*?
b. ¿Cómo puedes llegar?
c. ¿Dónde y cómo puedes comprar los boletos?
d. ¿Qué es la "butaca de oro"?
e. ¿Cuál es el eslogan?

2 **Completa la conversación entre Nélida y Silvia con las siguientes expresiones.**

creo que ○ además ○ desde luego ○ es asombroso que ○ no creo que ○ impresionante ○ qué te parece ○ pero qué dices

Nélida: ¿(a) .... ir a ver el musical de *El rey León*? Vi la película cuando era pequeña y me parece (b) .... poder ver ahora el musical en Madrid.
Silvia: ¡(c) .... ! No me gustan nada los musicales.
Nélida: ¿No viste su anuncio en la tele? Creo que (d) .... estén tan bien caracterizados los actores para parecer animales. Ya solo eso me parece increíble… Y las canciones fueron escritas por Elton John y el letrista Tim Rice, que ganaron un Óscar y un Tony.
Silvia: (e) .... sea el tipo de espectáculo para mí; prefiero una película. (f) ...., el teatro es carísimo.
Nélida: ¡(g) .... que es caro! Pero lo vale la emoción del directo, los actores cantando y bailando delante de ti, los efectos de iluminación… Es tan espectacular que (h) .... es imposible verla y que no se te pongan los pelos de punta.
Silvia: ¡¿Imposible?! Hum…

3 **Relaciona los elementos de las tres columnas y construye frases para descubrir el argumento de *El rey León*.**

a. Simba es un cachorro y sucesor al trono,
b. Scar organiza la muerte de Mufasa, el padre de Simba, y le hace creer a Simba que fue culpa suya,
c. Simba tiene dos nuevos amigos que le adoptan y,
d. Su tío Scar toma el trono,

1. por eso
2. incluso
3. además,
4. sin embargo

A. le enseñan la filosofía de vivir sin preocupaciones: el *Hakuna Matata*.
B. su tío Scar quiere ser el próximo rey y prepara un plan para ocupar el trono.
C. llega a hacer pensar a todos los animales que Simba murió. ¿Volverá a recuperar su reino?
D. se siente culpable y escapa a la selva.

4 **Completa la siguiente conversación entre dos amigos. Ninguno de los dos conoce la obra. Lee las respuestas y escribe la pregunta. La primera ya está hecha.**

Sandra: ¿Cuánto costarán los boletos?
Mateo: Ni idea, pero imagino que serán caros.
Sandra: (a) ....
Mateo: Imagino que en la taquilla del teatro o por Internet, pero no estoy seguro.
Sandra: (b) ....
Mateo: Creo que está por el centro de Madrid. Lo podemos mirar en la página web del teatro.
Sandra: (c) ....
Mateo: Me imagino que sí ha ganado muchos premios.
Sandra: (d) ....
Mateo: Supongo que más de dos horas, como todos los musicales.
Sandra: (e) ....
Mateo: Tal vez. Si no, pues buscamos un estacionamiento.
Sandra: (f) ....
Mateo: Ya sabes que yo tampoco lo sé, pero normalmente las funciones son sobre las ocho de la tarde, ¿no?
Sandra: (g) ....
Mateo: Seguramente. La están representando en muchos países, entonces supongo que sí, que la vieron muchas personas.

5 **En la historia de *El rey León* salen muchos animales. Relaciona estas imágenes con el animal al que crees que corresponden. Trabaja con tu compañero/a.**

1.
a. ☐ toro
b. ☐ rinoceronte
c. ☐ jabalí

2.
a. ☐ elefante
b. ☐ ciervo
c. ☐ cerdo

3.
a. ☐ pingüino
b. ☐ oso panda
c. ☐ cebra

4.
a. ☐ loro
b. ☐ águila
c. ☐ tucán

6 **Escribe tu hipótesis usando diferentes palabras y los conectores aprendidos.**

1.	2.	3.	4.
....	....	....	....
....	....	....	....

¿Quieres conseguir el Sello de Alfabetización Bilingüe? ¿No sabes cómo mejorar tu comprensión del español? Sigue a un/a bloguero/a latino/a sobre algún tema que te interese: belleza, cocina, videojuegos... También puedes buscar videojuegos en español para jugar o recetas de cocina que puedes intentar hacer en casa.

NUESTRO PROYECTO

COMERCIO JUSTO

How do our values impact our consumer decisions?

Have you heard of fair trade? Have you seen a fair trade logo on the goods you buy or at restaurants? Fair trade ensures fair prices, living wages, and community benefits for farmers, workers, and their families in developing countries. Fair trade bring improvements in education, health care, working conditions, and environmental sustainability.

Do you know how fair trade works? How and why did it come about? What countries are involved in fair trade? In this project, you will research two Latin American countries who participate in fair trade in order to create both a multimedia presentation and a blog post.

FIRST STEP

Research (Interpretative task)

1 **Break into groups. With your group, choose two Latin American countries to research.**

- Argentina
- Bolivia
- Colombia
- Costa Rica
- Guatemala
- Honduras
- México
- Nicaragua
- Paraguay
- Perú
- República Dominicana

2 **Find primary and secondary sources to answer the following questions. If possible, use audio and video sources in Spanish, as well as written sources.**

a. ¿Cómo funciona el comercio justo en cada país?

b. ¿Cuál es la historia del comercio justo en estos países?

c. Compara y contrasta el comercio justo en los dos países latinoamericanos que elegiste.

d. ¿Conoces algún estereotipo sobre los trabajadores en otros países? ¿Qué estereotipos se desmontan con tu investigación?

Granjero cosechando granos de café en Salento (Foto: javarman, Colombia, 2009)

Mujer vendiendo en el mercado de Chichicastenango (Foto: Tati Nova photo Mexico, Guatemala, 2013)

! In your bibliographic sources, the authors are important. Who are the authors? Are they respected and well-known in the field? Are they easily identifiable? Have they written about other similar topics? What are their credentials?

3 **Once you have collaboratively set clear roles, goals, and deadlines, begin your research. Divide the research sources between team members and then write a summary of the key ideas found in your sources. Based on your research, work together to write an informative blog post comparing and contrasting fair trade in these countries, including historical and current events. Turn in your bibliography, summaries, and blog post to your teacher.**

SECOND STEP

Presentation to the class (Presentational task)

4 **Using your research, prepare a multimedia presentation. In your presentation include formatting (e.g. headings), graphics (such as infographics), and images to enhance your presentation and aid in comprehension. Each team member should present on some aspect of fair trade in these two countries.**

5 **Give your presentation to the class. Ask and answer questions about each presentation in order to request clarification or give additional information.**

THIRD STEP

Debate and reach a consensus (Interpersonal task)

6 **After the presentations, brainstorm ideas of how your class can become involved in the fair trade movement. What can YOU do? Try to reach at least one of the goals you set.**

FOURTH STEP

Community outreach

7 **With your parents' and teacher's permission, post your blog online. Keep track of any responses you receive and share them with your class.**

8 REFLECTION **Reflect on this project and discuss these questions with your class.**

a. ¿Cuál fue el mayor reto que afrontaste en este proyecto?
b. ¿Qué parte del proyecto te gustó más?
c. ¿Cuál fue la información más reveladora *(eye-opening)* que encontraste?
d. ¿De qué modo disipó esta información los estereotipos en los que creías antes del proyecto?

APÉNDICES

- Resumen y expansión gramatical
- Tabla de verbos
- Glosario

UNIDAD 1

THE FUTURE TENSE

- Regular verbs:

	-AR VIAJAR	-ER COMER	-IR VIVIR
yo	viajar**é**	comer**é**	vivir**é**
tú	viajar**ás**	comer**ás**	vivir**ás**
usted/él/ella	viajar**á**	comer**á**	vivir**á**
nosotros/as	viajar**emos**	comer**emos**	vivir**emos**
vosotros/as	viajar**éis**	comer**éis**	vivir**éis**
ustedes/ellos/ellas	viajar**án**	comer**án**	vivir**án**

- Irregular verbs:

IRREGULAR VERBS			
caber ➔ **cabr–**	poner ➔ **pondr–**	decir ➔ **dir–**	**é**
haber ➔ **habr–**	salir ➔ **saldr–**	hacer ➔ **har–**	**ás**
poder ➔ **podr–**	tener ➔ **tendr–**		**á**
querer ➔ **querr–**	valer ➔ **valdr–**		**emos**
saber ➔ **sabr–**	venir ➔ **vendr–**		**éis**
			án

The future is often used with the following temporal expressions:

El año / mes / la semana / primavera ***que viene***
Dentro de dos años / un rato / unos días
El/la próximo/a semana / mes / año
Mañana / ***Pasado mañana***

SI + PRESENT + FUTURE

- To talk about future actions that will occur if a certain condition is met, use the following:

• **Si**	+	present	+	future
Si		*no **llueve**,*		***iremos** a la playa.*

UNIDAD 2

AFFIRMATIVE COMMANDS

- Affirmative commands are used to give an order, to invite, give advice, make recommendations, or give permission to someone.
- Verbs ending in **–ar** will use the **–e/–en** endings in **usted** and **ustedes** commands. Verbs ending in **–er/–ir** will use the **–a/–an** endings in **usted** and **ustedes** commands:

REGULAR VERBS			
	COMPRAR	**COMER**	**SUBIR**
tú	compr**a**	com**e**	sub**e**
usted	compr**e**	com**a**	sub**a**
ustedes	compr**en**	com**an**	sub**an**

IRREGULAR VERBS				
	DECIR	**HACER**	**PONER**	**TENER**
tú	**di**	**haz**	**pon**	**ten**
usted	**diga**	**haga**	**ponga**	**tenga**
ustedes	**digan**	**hagan**	**pongan**	**tengan**

AFFIRMATIVE COMMANDS + PRONOUNS

- Direct, indirect, and reflexive pronouns are attached to affirmative commands to form one word:
  Pon el queso en la nevera. ➡ ***Ponlo.*** *Dime el secreto.* ➡ ***Dímelo.***

EXPANSIÓN GRAMATICAL

Other irregular verbs:

	VENIR	**IR**	**SER**	**SALIR**
tú	**ven**	**ve**	**sé**	**sal**
usted	**venga**	**vaya**	**sea**	**salga**
ustedes	**vengan**	**vayan**	**sean**	**salgan**

Stem-changing verbs in the command form maintain their stem change:

	CERRAR	**DORMIR**	**JUGAR**	**PEDIR**	**CONSTRUIR**
	e ➡ ie	**o ➡ ue**	**u ➡ ue**	**e ➡ i**	**i ➡ y**
tú	c**ie**rra	d**ue**rme	j**ue**ga	p**i**de	constru**y**e
usted	c**ie**rre	d**ue**rma	j**ue**gue	p**i**da	constru**y**a
ustedes	c**ie**rren	d**ue**rman	j**ue**guen	p**i**dan	constru**y**an

NEGATIVE COMMANDS

- Negative commands are used to tell someone what not to do.
- To form the negative commands:
  - For **usted/ustedes**, use the same form as the affirmative command:
    (usted) compre ➡ ***no compre*** *(ustedes) compren* ➡ ***no compren***
  - For **tú**, add **–s** to the negative command of **usted**:
    (usted) no compre ➡ *(tú)* ***no compres***

REGULAR VERBS			
	COMPRAR	**COMER**	**SUBIR**
tú	no compr**es**	no com**as**	no sub**as**
usted	no compr**e**	no com**a**	no sub**a**
ustedes	no compr**en**	no com**an**	no sub**an**

	IRREGULAR VERBS			
	DECIR	**HACER**	**PONER**	**TENER**
tú	no **digas**	no **hagas**	no **pongas**	no **tengas**
usted	no **diga**	no **haga**	no **ponga**	no **tenga**
ustedes	no **digan**	no **hagan**	no **pongan**	no **tengan**

NEGATIVE COMMANDS AND PRONOUNS

- Direct, indirect, and reflexive pronouns are placed before negative commands:
  *No **lo** pongas en la estantería.* *No **se lo** digas a nadie.*

EXPANSIÓN GRAMATICAL

Other irregular verbs:

	VENIR	**IR**	**SER**	**SALIR**
tú	no **vengas**	no **vayas**	no **seas**	no **salgas**
usted	no **venga**	no **vaya**	no **sea**	no **salga**
ustedes	no **vengan**	no **vayan**	no **sean**	no **salgan**

Stem-changing verbs in the command form maintain their stem change:

	CERRAR	**DORMIR**	**JUGAR**	**PEDIR**	**CONSTRUIR**
	e → ie	**o → ue**	**u → ue**	**e → i**	**i → y**
tú	no c**ie**rres	no d**ue**rmas	no j**ue**gues	no p**i**das	no constru**y**as
usted	no c**ie**rre	no d**ue**rma	no j**ue**gue	no p**i**da	no constru**y**a
ustedes	no c**ie**rren	no d**ue**rman	no j**ue**guen	no p**i**dan	no constru**y**an

UNIDAD 3

THE PLUPERFECT (PAST PERFECT)

The pluperfect is formed with the imperfect of **haber** + past participle of the verb:

				Irregular past participles	
yo	había				
tú	habías			abrir → **abierto**	escribir → **escrito**
usted/él/ella	había	**–ado** (–ar verbs)	lleg**ado**	hacer → **hecho**	ver → **visto**
nosotros/as	habíamos	**–ido** (–er / ir verbs)	com**ido**	decir → **dicho**	poner → **puesto**
vosotros/as	habíais		viv**ido**	romper → **roto**	volver → **vuelto**
ustedes/ellos/ellas	habían				

EXPANSIÓN GRAMATICAL

- Uses:
  - To talk about an action that ended before another past action. Note the use of **todavía** and **ya**:
    *Cuando llegué al cine la película no **había comenzado** todavía / la película todavía no **había comenzado**.*
    (Llegué al cine a las cinco menos un minuto, la película comenzó a las seis).
    *Cuando llegué al cine la película **había comenzado** ya / la película ya **había comenzado**.*
    (Llegué al cine a las seis y cinco y la película comenzó a las seis).
  - To talk about an action that took place before another past action, but with a sense of immediacy:
    *Le compré un juguete y al día siguiente ya lo **había roto**.*
    *Para mi cumpleaños me regalaron una novela y a la semana siguiente ya la **había leído**.*
  - To talk about an action that we had never done before. Note the use of **nunca** and **nunca antes**:
    *Nunca / Nunca antes **había estado** aquí / No **había estado** aquí nunca / nunca antes.*
    *Nunca / Nunca antes **habíamos viajado** en globo / No **habíamos viajado** en globo nunca / nunca antes.*
  - To ask if a person had ever done something before. Note the use of **antes** and **alguna vez**:
    *¿**Habías estado** en Madrid alguna vez / antes?*
    *¿**Habías estado** alguna vez / antes en Madrid?*

UNIDAD 4

THE CONDITIONAL TENSE

- Regular verbs:

	HABLAR	COMER	ESCRIBIR
yo	hablar**ía**	comer**ía**	escribir**ía**
tú	hablar**ías**	comer**ías**	escribir**ías**
usted/él/ella	hablar**ía**	comer**ía**	escribir**ía**
nosotros/as	hablar**íamos**	comer**íamos**	escribir**íamos**
vosotros/as	hablar**íais**	comer**íais**	escribir**íais**
ustedes/ellos/ellas	hablar**ían**	comer**ían**	escribir**ían**

- Irregular verbs:

caber ➔ **cabr–**	poner ➔ **pondr–**	decir ➔ **dir–**		**ía**
haber ➔ **habr–**	salir ➔ **saldr–**	hacer ➔ **har–**		**ías**
poder ➔ **podr–**	tener ➔ **tendr–**			**ía**
querer ➔ **querr–**	valer ➔ **valdr–**		+	**íamos**
saber ➔ **sabr–**	venir ➔ **vendr–**			**íais**
				ían

- Uses:
  - To **give advice** or recommendations:
    *Yo / yo que tú / yo en tu lugar, **le diría** la verdad, seguro que lo entiende.*
    ***Deberías** comer menos dulces, no son muy saludables.*
    ***Podrías** presentarte al casting para el programa de baile, lo haces muy bien.*
  - To **ask for permission** and favors:
    *¿**Te importaría** acercarme la chaqueta? Es que yo no alcanzo.*
  - To express **probability** or **hypothesize** in the past:
    ***Tendría** veinte años cuando empezó a cantar.*

UNIDAD 5

THE PRESENT SUBJUNCTIVE

- Regular verbs:

To form the present subjunctive, start with the **yo** form of the present indicative, drop the **o** and switch to the opposite endings. For **–ar** verbs use: **–e**, **–es**, **–e**, **–emos**, **–éis**, **–en**. For **–er** / **–ir** verbs use: **–a**, **–as**, **–a**, **–amos**, **–áis**, **–an**:

	HABLAR	COMER	ESCRIBIR
yo	habl**e**	com**a**	escrib**a**
tú	habl**es**	com**as**	escrib**as**
usted/él/ella	habl**e**	com**a**	escrib**a**
nosotros/as	habl**emos**	com**amos**	escrib**amos**
vosotros/as	habl**éis**	com**áis**	escrib**áis**
ustedes/ellos/ellas	habl**en**	com**an**	escrib**an**

- Irregular verbs:

Almost all verbs that are irregular in the present indicative will be irregular in the present subjunctive.

Stem-changing verbs

	QUERER	VOLVER	JUGAR	PEDIR
	e → ie	**o → ue**	**u → ue**	**e → i** (en todas las personas)
yo	quiera	vuelva	juegue	pida
tú	quieras	vuelvas	juegues	pidas
usted/él/ella	quiera	vuelva	juegue	pida
nosotros/as	queramos	volvamos	juguemos	pidamos
vosotros/as	queráis	volváis	juguéis	pidáis
ustedes/ellos/ellas	quieran	vuelvan	jueguen	pidan

- The verbs **dormir** and **morir** have two stem changes in the present subjunctive: **o → ue** and **o → u**:
  - d**ue**rma, d**ue**rmas, d**ue**rma, d**u**rmamos, d**ur**máis, d**ue**rman.
  - m**ue**ra, m**ue**ras, m**ue**ra, m**u**ramos, m**u**ráis, m**ue**ran.

Verbs with irregular *yo* forms

caer	→ **caig–**	poner	→ **pong–**	**a**
conocer	→ **conozc–**	salir	→ **salg–**	**as**
decir	→ **dig–**	tener	→ **teng–**	**a**
hacer	→ **hag–**	traer	→ **traig–**	**amos**
oír	→ **oig–**	venir	→ **veng–**	**áis**
				an

Verbs that are completely irregular

DAR	ESTAR	HABER	IR	SABER	SER	VER
dé	**esté**	**haya**	**vaya**	**sepa**	**sea**	**vea**
des	**estés**	**hayas**	**vayas**	**sepas**	**seas**	**veas**
de	**esté**	**haya**	**vaya**	**sepa**	**sea**	**vea**
demos	**estemos**	**hayamos**	**vayamos**	**sepamos**	**seamos**	**veamos**
deis	**estéis**	**hayáis**	**vayáis**	**sepáis**	**seáis**	**veáis**
den	**estén**	**hayan**	**vayan**	**sepan**	**sean**	**vean**

- Uses:
  - To express **wishes** or **desires**. If there is only one subject in the sentence, use an infinitive. If there are different subjects, use the subjunctive:
    (Yo) Quiero (yo) ***hablar*** *contigo. / (Yo) Quiero que (nosotros)* ***hablemos****.*
    (Yo) Espero (yo) ***verte*** *pronto. / (Yo) Espero que (nosotros) nos* ***veamos*** *pronto.*
  - To express **purpose** or **goals in the future**. If there is only one subject in the sentence or a subject that is not specified, use an infinitive. If there are different subjects, use the subjunctive:
    Hice una tortilla para ***cenar****. / Hice una tortilla para que* ***cenéis*** *Carla y tú.*
  - To express **future actions** after **adverbial conjunctions**:
    » ¿Cuándo volverá Ana? *» Cuando* ***salga*** *de trabajar.*

EXPANSIÓN GRAMATICAL

Other verbs with irregular forms in the subjunctive:

e → ie (except in the **nosotros** and **vosotros** forms)

cerrar	→ ci**e**rre	encender	→ enc**ie**nda	mentir	→ m**ie**nta
comenzar	→ com**ie**nce	encerrar	→ enc**ie**rre	querer	→ qu**ie**ra
despertarse	→ se desp**ie**rte	entender	→ ent**ie**nda	recomendar	→ recom**ie**nde
divertirse	→ se div**ie**rta	goberna	→ gob**ie**rne	sentarse	→ se s**ie**nte
empezar	→ emp**ie**ce	manifestar	→ manif**ie**ste	sentir	→ s**ie**nta

o → ue (except in the **nosotros** and **vosotros** forms)

acordarse	→ se ac**ue**rde	rogar	→ **rue**gue
acostarse	→ se ac**ue**ste	soler	→ s**ue**la
contar	→ c**ue**nte	sonar	→ s**ue**ne
llover	→ ll**ue**va	soñar	→ s**ue**ñe
probar	→ pr**ue**be	volar	→ v**ue**le
resolver	→ res**ue**lva	volver	→ v**ue**lva

e → i (en todas las personas)

competir	→ comp**i**ta
despedir	→ desp**i**da
despedirse	→ se desp**i**da
impedir	→ imp**i**da
medir	→ m**i**da
repetir	→ rep**i**ta

UNIDAD 6

EXPRESSING FEELINGS AND EMOTIONS

- To express changing moods and feelings use the following structures:
  - Verb **estar** + adjective + **con** + noun.
    *Mi hermana **está muy contenta con su profesora** de música.*
  - Verb **estar** + adjective + **de** + infinitive (if the subject of both verbs is the same):
    ***Estamos encantadas de asistir** al estreno de la nueva película de Mario Casas.*
  - Verb **estar** + adjective + **de que** + subjunctive (if the subject of both verbs is different):
    ***Estoy encantada de que te quedes** unos días más con nosotros.*
  - Verbs **ponerse**, **sentirse** o **estar** + adjective + **cuando** / **si** + indicative:
    ***Yo me pongo furioso cuando dejo** un libro y no me lo devuelven.*
    ***Yo me siento mal si veo** una noticia triste.*
- Other verbs:

• **Odiar** • **No soportar** • **No aguantar** • **Adorar**	+ noun ***Odio** los lunes.* + infinitive (same subject) ***No soporto** madrugar.* + **que** + subjunctive (different subjects) ***No aguanto** que me **empujen** en el metro.*

- Verbs like **gustar**:
  - **Me**, **te**, **le**, **nos...** + **da rabia**, **vergüenza**, etc; **pone alegre/s**, etc; **molesta** + infinitive (if the person experiencing the emotion and carrying out the action is the same):
    ***A mí me da vergüenza hablar** en público.*
  - **Me**, **te**, **le**, **nos...** + **da rabia**, **vergüenza**, etc; **pone alegre/s**, etc; **molesta** + **que** + subjunctive (if the person experiencing the emotion and the person carrying out the action are different):
    ***A mí me da rabia que la gente toque los** cuadros en los museos.*
  - Remember that adjectives must agree with the subject in number and gender:
    *A mi **madre** le pone **enferma** que no recoja mi habitación.*

VERBS FOLLOWED BY INFINITIVES OR PRESENT PARTICIPLES

- In some of these constructions, the first verb, which is always conjugated, may be followed by a preposition.
  - **Empezar** / **ponerse a** + infinitive expresses the beginning of an action:
    ***Empecé a** leer una novela muy interesante.*
    *En cuanto llegué a casa **me puse a estudiar** para el examen del día siguiente.*
  - **Volver a** + infinitive expresses the repetition of an action:
    *El año pasado me apunté a clases de teatro y este año **volví a apuntarme**.*
  - **Seguir** / **continuar** + present participle expresses an action that continues:
    *Nos conocimos en la guardería y hoy todavía **seguimos siendo** amigas.*
    *Este verano **continuaré yendo** a clases de inglés, no quiero olvidar lo que aprendí.*

- **Acabar de** + infinitive expresses an action that just occurred:
  Si quieres pastel espera a que se enfríe un poco, que ***acabo de sacarlo*** *del horno.*
- **Dejar de** + infinitive expresses the interruption of an action (to stop doing something):
  Dejé de ir *a clases de guitarra porque este año no tengo tanto tiempo.*

VERBS THAT EXPRESS CHANGE

- To express **spontaneous** or **temporary changes** in a person, use:
  - **Ponerse** + adjective:
    Al hablar ***se puso muy nervioso****.* ***Se puso rojo*** *cuando le preguntaron.*
  - **Quedarse** + adjective (describes the end result):
    Se quedó *muy sorprendido por la noticia.* *¡Marta* ***se ha quedado embarazada****!*
    Quedarse can sometimes express permanent changes: *Mi abuelo* ***se quedó calvo****.*
- To express **permanent changes**, use:
  - **Volverse** + adjective/noun (not voluntary):
    Ganó a la lotería y ***se volvió un antipático****.* *Cuando vio el coche nuevo,* ***se volvió loco****.*
  - **Hacerse** + adjective/noun (gradual or voluntary change):
    Antes era abogada y ahora ***se ha hecho jueza****.*
    Hacerse *can be used with adjectives and nouns that express* **profession**, **religion** *and* **ideology**:
    Estudió Medicina y ***se hizo médico****.*
    Viajó al Tíbet y ***se hizo budista****.*
    Con esa situación ***se hizo fuerte****.*

UNIDAD 7

EXPRESSING OPINIONS

- To **ask for an opinion**:
  - **¿Qué piensas / crees / opinas de / sobre...?**:
    *¿**Qué piensas de** este periódico?*
  - **¿(A ti) qué te parece...?**:
    *¿**A ti qué te parece** lo que está pasando con la organización de la fiesta?*
  - **En tu opinión / Desde tu punto de vista / Según tú** + question:
    Desde tu punto de vista*, ¿cuál es el anuncio más inteligente?*
- To **give an opinion**:
  - **En mi opinión / Desde mi punto de vista...**:
    En mi opinión *el blog no es muy interesante.*
  - **Me parece que / Creo que / Pienso que** + indicative:
    Nos parece que *la marca* ***es*** *muy importante.*
  - **No me parece que / No creo que** + present subjunctive:
    No nos parece que *la marca* ***sea*** *tan importante.*

- To show agreement and disagreement:

• **(No) estoy a favor de** • **(No) estoy en contra de** • **(No) estoy (del todo) de acuerdo con**	+ noun + infinitive (same subject) + **que** + present subjunctive (different subjects)

No estoy de acuerdo con *todo* ***tipo*** *de anuncios.*
Estoy en contra de ser *manipulado por la publicidad.*

Estoy a favor de que nos pidan *opinión antes de vendernos sus productos.*

- Other ways to express:

AGREEMENT	SOFTEN A DISAGREEMENT	DISAGREEMENT
• **Sí, claro.** • **¡Desde luego!** • **¡Claro, claro!** • **Yo pienso lo mismo que tú.** • **Por supuesto.** • **¡Y que lo digas!** (coloquial)	• **Yo no diría eso...** • **Tienes razón, pero...** • **Sí, es una idea interesante, pero por otra parte...** • **A mi modo de ver, ese no es el problema / el tema...** • **Lo que pasa es que...**	• **¡No, no!** • **¡No, de ninguna manera!** • **¡Qué va!** • **¡(Pero) qué dices!** (coloquial) • **¡Anda ya!** (coloquial)

MAKING VALUE JUDGEMENTS

- To **ask**:
  - **¿Te parece bien / mal/...** + noun/infinitive/**que** + present subjunctive?:
    ¿Te parece mal el sueldo *de un publicista?*
    ¿Te parece bien poder *usar buscadores para hacer trabajos de clase?*
    ¿Te parece una tontería que *los publicistas* ***ganen*** *mucho dinero?*

- To **respond**:

• **Me parece bien / mal** • **Me parece / Es triste / increíble / cómico...** • **Me parece / Es una tontería / una vergüenza...** • **Es bueno / malo**	+ **que** + present subjunctive

Es increíble que se gasten *tanto en anunciar sus productos.*
Me parece bien que se entienda *como una inversión y no como un gasto.*
Creo que ***es una tontería que*** *siempre* ***veas*** *los anuncios.*

• **Está claro** • **Es obvio / verdad**	+ **que** + indicative

Está claro que la publicidad es creación.

- **¡Qué** + **bien / interesante...** + sentence!:
  ¡Qué interesante este artículo!
  ¡Qué bien poder compartir tanta información a través de Facebook!
  ¡Qué guay que nuestro instituto tenga una página web!

TRANSITION WORDS AND SENTENCE CONNECTORS

- To present a **series** of reasons or points in an **argument** ➜ *en primer lugar... en segundo lugar...*:
  La juventud es muy crítica. ***En primer lugar*** *no acepta cualquier cosa y* ***en segundo lugar*** *busca lo que quiere.*
- To present **opposing views** ➜ *por un lado / una parte... por otro (lado) / por otra (parte)...*:
  Comer bien es importante. ***Por un lado*** *es necesario,* ***por otro*** *un placer.*
- To **add points** or arguments ➜ *y / además / también / asimismo*:
  La creatividad está presente en la publicidad, ***además*** *de la originalidad por supuesto.*
- To provide **examples** and **explanations** ➜ *por ejemplo / es decir / o sea*:
  El alto nivel de competencia hace necesario invertir en publicidad, ***es decir****, hay muchos productos buenos y similares en el mercado, pero algo te hace elegir uno.*
- To refer to a topic **previously presented** ➜ *(con) respecto a (eso de / eso) / sobre (eso)...*:
  Con respecto a eso *que dijiste antes, siento no estar totalmente de acuerdo contigo.*
- To **add reasons** to an argument ➜ *incluso*:
  María trabaja todos los días, ***incluso*** *los domingos.*
- To **contrast reasons** ➜ *bueno / pero / sin embargo / no obstante / en cambio*:
  El rojo es mi color preferido, ***sin embargo*** *nunca llevo ropa de ese color.*
- To express **consequence** ➜ *así que / de modo que / de manera que / de ahí que / así pues / pues*:
  Me encantan las películas, ***así que*** *voy al cine siempre que puedo.*
- To draw **conclusions** ➜ *entonces / total que / por lo tanto / en resumen / en conclusión / para terminar*:
  Fuimos a la montaña sin botas ni ropa adecuada, ***total que*** *pasamos muchísimo frío.*

UNIDAD 8

INDIRECT SPEECH

- To repeat information use verbs like **decir**, **comentar** or **confesar** in the present or present perfect tenses:
  "Eres lo mejor de mi vida". ➜ *Dice / Ha dicho* ***que soy*** *lo mejor de* ***su*** *vida.*
  "Estuve aquí comiendo con Pedro". ➜ *Dice / Ha dicho* ***que estuvo allí*** *comiendo con Pedro.*
  "Cree que tenemos este libro". ➜ *Dice / Ha dicho* ***que*** *cree que* ***tienen ese*** *libro.*
- While the verb tenses in these cases do not change, other changes will take place in the following:
  - Subject Pronouns
    "**Yo** quiero ir". ➜ *Dice que* ***él/ella*** *quiere ir.*
    "**Tú** quieres hablar siempre". ➜ *Dice que* ***yo*** *quiero hablar siempre.*
  - Demonstrative Adjectives and Pronouns
    "**Te** daré **este** libro". ➜ *Dice que* ***me*** *dará* ***ese*** *libro.*
- When repeating questions, use the interrogative word in the question (**cómo**, **dónde**, **qué**, **cuándo...**) or **preguntar** + **si** (for questions without interrogatives):
  "¿Han hecho la tarea?". ➜ *El profesor nos ha preguntado si hemos hecho la tarea.*
  "¿Cuándo van a hacer la tarea?". ➜ *El profesor nos ha preguntado cuándo vamos a hacer la tarea.*

HYPOTHETICAL EXPRESSIONS WITH THE INDICATIVE AND THE SUBJUNCTIVE

• **Creo / me parece que** • **Me imagino / supongo que** • **Para mí / yo diría que**	+ indicative	*Creo que ese modelo de móvil **es** uno de los mejores.*

- **A lo mejor / lo mismo / igual** + indicative:
  ***Igual es** un problema de tu compañía.*
- **Probablemente / posiblemente / seguramente / quizás / tal vez** + indicative / subjunctive:
  ***Quizás** la compañía se **pone / ponga** en contacto conmigo después de mi reclamación.*
- **Es posible / es probable / puede (ser)** + **que** + subjunctive:
  *Puede que mi teléfono **tenga** algún defecto de fábrica; me lo compré hace poco y no me dura nada la batería.*

■ We can also express probability with the following verb tenses:

- Present ➜ future:
  » *¿Sabes dónde está Javier?*
  » *No sé, **estará** todavía en el metro.*
- Preterite ➜ conditional:
  » *¿Sabes cómo vino ayer a clase?*
  » *No lo sé. **Vendría** andando.*

■ We use the imperfect subjunctive in *if*-clauses to express actions that are contrary to fact, meaning the actions are purely hypothetical and did not occur.

■ Forms of the imperfect subjunctive:

Preterite of ***ellos***, drop **-ron**, add endings: **-ra** **-ramos** / **-ras** **-rais** / **-ra** **-ran**	-AR / -ER / -IR	IRREGULARS
	viajar ➜ viajaron	tener ➜ tuvieron
	beber ➜ bebieron	ser ➜ fueron
	vivir ➜ vivieron	poder ➜ pudieron
yo	viaj**ara**, bebi**era**, vivi**era**	tuvi**era**, fu**era**, pudi**era**
tú	viaj**aras**, bebi**eras**, vivi**eras**	tuvi**eras**, fu**eras**, pudi**eras**
usted/él/ella	viaj**ara**, bebi**era**, vivi**era**	tuvi**era**, fu**era**, pudi**era**
nosotros/as	viaj**áramos**, bebi**éramos**, vivi**éramos**	tuvi**éramos**, fu**éramos**, pudi**éramos**
vosotros/as	viaj**arais**, bebi**erais**, vivi**erais**	tuvi**erais**, fu**erais**, pudi**erais**
ustedes/ellos/ellas	viaj**aran**, bebi**eran**, vivi**eran**	tuvi**eran**, fu**eran**, pudi**eran**

■ Contrary-to-fact statements have the following constructions:

Si + imperfect subjunctive, + conditional	Conditional + **si** + imperfect subjunctive

Affirmative Commands

Regular verbs

CANTAR	COMER	VIVIR
cant**a**	com**e**	viv**e**
cant**e**	com**a**	viv**a**
cant**en**	com**an**	viv**an**

Irregular verbs

CAER	CONDUCIR	CONOCER	CONSTRUIR	CONTAR
cae	conduce	conoce	constru**ye**	c**ue**nta
caiga	condu**zc**a	cono**zc**a	constru**y**a	c**ue**nte
caigan	condu**zc**an	cono**zc**an	constru**y**an	c**ue**nten

DECIR	DORMIR	ELEGIR	EMPEZAR	HACER
di	d**ue**rme	eli**g**e	emp**ie**za	**haz**
diga	d**ue**rma	eli**j**a	emp**iec**e	**haga**
digan	d**ue**rman	eli**j**an	emp**iec**en	**hagan**

HUIR	IR	JUGAR	LLEGAR	OÍR
hu**y**e	**ve**	j**ue**ga	llega	**oye**
hu**y**a	**vaya**	j**uegu**e	lle**gu**e	**oiga**
hu**y**an	**vayan**	j**uegu**en	lle**gu**en	**oigan**

PEDIR	PENSAR	PONER	SABER	SALIR
p**i**de	p**ie**nsa	**pon**	sabe	**sal**
p**i**da	p**ie**nse	**ponga**	**sepa**	**salga**
p**i**dan	p**ie**nsen	**pongan**	**sepan**	**salgan**

SER	TENER	VENIR	VESTIR	VOLVER
sé	**ten**	**ven**	v**i**ste	v**ue**lve
sea	**tenga**	**venga**	v**i**sta	v**ue**lva
sean	**tengan**	**vengan**	v**i**stan	v**ue**lvan

Future Tense

Regular verbs

CANTAR	COMER	VIVIR
cantar**é**	comer**é**	vivir**é**
cantar**ás**	comer**ás**	vivir**ás**
cantar**á**	comer**á**	vivir**á**
cantar**emos**	comer**emos**	vivir**emos**
cantar**éis**	comer**éis**	vivir**éis**
cantar**án**	comer**án**	vivir**án**

Irregular verbs

CABER	DECIR	HABER	HACER
cabré	diré	habré	haré
cabrás	dirás	habrás	harás
cabrá	dirá	habrá	hará
cabremos	diremos	habremos	haremos
cabréis	diréis	habréis	haréis
cabrán	dirán	habrán	harán

PODER	PONER	QUERER	SABER
podré	pondré	querré	sabré
podrás	pondrás	querrás	sabrás
podrá	pondrá	querrá	sabrá
podremos	pondremos	querremos	sabremos
podréis	pondréis	querréis	sabréis
podrán	pondrán	querrán	sabrán

SALIR	TENER	VALER	VENIR
saldré	tendré	valdré	vendré
saldrás	tendrás	valdrás	vendrás
saldrá	tendrá	valdrá	vendrá
saldremos	tendremos	valdremos	vendremos
saldréis	tendréis	valdréis	vendréis
saldrán	tendrán	valdrán	vendrán

The pluperfect (past perfect)

yo	había		
tú	habías		llegado
usted/él/ella	había	**–ado** (–ar verbs)	comido
nosotros/as	habíamos	**–ido** (–er / ir verbs)	vivido
vosotros/as	habíais		
ustedes/ellos/ellas	habían		

Irregular past participles	
abrir → **abierto**	escribir → **escrito**
hacer → **hecho**	ver → **visto**
decir → **dicho**	poner → **puesto**
romper → **roto**	volver → **vuelto**

The conditional

Regular verbs

	HABLAR	COMER	ESCRIBIR
yo	hablar**ía**	comer**ía**	escribir**ía**
tú	hablar**ías**	comer**ías**	escribir**ías**
usted/él/ella	hablar**ía**	comer**ía**	escribir**ía**
nosotros/as	hablar**íamos**	comer**íamos**	escribir**íamos**
vosotros/as	hablar**íais**	comer**íais**	escribir**íais**
ustedes/ellos/ellas	hablar**ían**	comer**ían**	escribir**ían**

Irregular verbs

caber ➜ **cabr–**	poner ➜ **pondr–**	decir ➜ **dir–**		**ía**
haber ➜ **habr–**	salir ➜ **saldr–**	hacer ➜ **har–**		**ías**
poder ➜ **podr–**	tener ➜ **tendr–**			**ía**
querer ➜ **querr–**	valer ➜ **valdr–**		+	**íamos**
saber ➜ **sabr–**	venir ➜ **vendr–**			**íais**
				ían

The present subjunctive

Regular verbs

	HABLAR	COMER	ESCRIBIR
yo	habl**e**	com**a**	escrib**a**
tú	habl**es**	com**as**	escrib**as**
usted/él/ella	habl**e**	com**a**	escrib**a**
nosotros/as	habl**emos**	com**amos**	escrib**amos**
vosotros/as	habl**éis**	com**áis**	escrib**áis**
ustedes/ellos/ellas	habl**en**	com**an**	escrib**an**

Irregular verbs

Stem-changing verbs

	QUERER	VOLVER	JUGAR	PEDIR
	e ➜ ie	**o ➜ ue**	**u ➜ ue**	**e ➜ i** (en todas las personas)
yo	quiera	vuelva	juegue	pida
tú	quieras	vuelvas	juegues	pidas
usted/él/ella	quiera	vuelva	juegue	pida
nosotros/as	queramos	volvamos	juguemos	pidamos
vosotros/as	qucráis	volváis	juguéis	pidáis
ustedes/ellos/ellas	quieran	vuelvan	jueguen	pidan

■ The verbs **dormir** and **morir** have two stem changes in the present subjunctive: **o** ➜ **ue** and **o** ➜ **u**:
- d**ue**rma, d**ue**rmas, d**ue**rma, d**u**rmamos, d**u**rmáis, d**ue**rman.
- m**ue**ra, m**ue**ras, m**ue**ra, m**u**ramos, m**u**ráis, m**ue**ran.

Verbs with irregular **yo** forms

caer	➜ **caig–**	poner	➜ **pong–**	**a**
conocer	➜ **conozc–**	salir	➜ **salg–**	**as**
decir	➜ **dig–**	tener	➜ **teng–**	**a**
hacer	➜ **hag–**	traer	➜ **traig–**	**amos**
oír	➜ **oig–**	venir	➜ **veng–**	**áis**
				an

Verbs that are completely irregular

DAR	ESTAR	HABER	IR	SABER	SER	VER
dé	**esté**	**haya**	**vaya**	**sepa**	**sea**	**vea**
des	**estés**	**hayas**	**vayas**	**sepas**	**seas**	**veas**
dé	**esté**	**haya**	**vaya**	**sepa**	**sea**	**vea**
demos	**estemos**	**hayamos**	**vayamos**	**sepamos**	**seamos**	**veamos**
deis	**estéis**	**hayáis**	**vayáis**	**sepáis**	**seáis**	**veáis**
den	**estén**	**hayan**	**vayan**	**sepan**	**sean**	**vean**

Other verbs with irregular forms in the subjunctive

e ➜ ie (except in the **nosotros** and **vosotros** forms)

cerrar	➜ ci**e**rre	encender	➜ enc**ie**nda	mentir	➜ m**ie**nta
comenzar	➜ com**ie**nce	encerrar	➜ enc**ie**rre	querer	➜ qu**ie**ra
despertarse	➜ se desp**ie**rte	entender	➜ ent**ie**nda	recomendar	➜ recom**ie**nde
divertirse	➜ se div**ie**rta	gobernar	➜ gob**ie**rne	sentarse	➜ se s**ie**nte
empezar	➜ emp**ie**ce	manifestar	➜ manif**ie**ste	sentir	➜ s**ie**nta

o ➜ ue (except in the **nosotros** and **vosotros** forms)

acordarse	➜ se ac**ue**rde	rogar	➜ r**ue**gue
acostarse	➜ se ac**ue**ste	soler	➜ s**ue**la
contar	➜ c**ue**nte	sonar	➜ s**ue**ne
llover	➜ ll**ue**va	soñar	➜ s**ue**ñe
probar	➜ pr**ue**be	volar	➜ v**ue**le
resolver	➜ res**ue**lva	volver	➜ v**ue**lva

e ➜ i (en todas las personas)

competir	➜ comp**i**ta
despedir	➜ desp**i**da
despedirse	➜ se desp**i**da
impedir	➜ imp**i**da
medir	➜ m**i**da
repetir	➜ rep**i**ta

The imperfect subjunctive

Regular verbs

	PRACTICAR	BEBER	SALIR
yo	practic**ara**	beb**iera**	sal**iera**
tú	practic**aras**	beb**ieras**	sal**ieras**
usted/él/ella	practic**ara**	beb**iera**	sal**iera**
nosotros/as	practic**áramos**	beb**iéramos**	sal**iéramos**
vosotros/as	practic**arais**	beb**ierais**	sal**ierais**
ustedes/ellos/ellas	practic**aran**	beb**ieran**	sal**ieran**

Irregular verbs

INFINITIVO	PRETERITE	IMPERFECT SUBJUNCTIVE
conducir	**condujeron**	**condujera**
construir	**construyeron**	**construyera**
dormir	**durmieron**	**durmiera**
estar	**estuvieron**	**estuviera**
haber	**hubieron**	**hubiera**
hacer	**hicieron**	**hiciera**
oír	**oyeron**	**oyera**
pedir	**pidieron**	**pidiera**
poder	**pudieron**	**pudiera**
poner	**pusieron**	**pusiera**
querer	**quisieron**	**quisiera**
ser / ir	**fueron**	**fuera**
tener	**tuvieron**	**tuviera**

GLOSARIO

A

a continuación (3)	*next*
a continuación (8)	*following*
a la plancha (4)	*grilled*
a lo mejor (8)	*maybe*
abrir (3)	*to open*
abrir ventanas (7)	*to open a new window*
aburrirse (0, 1)	*to be bored*
(el) aceite de girasol (4)	*sunflower oil*
(el) aceite de oliva (4)	*olive oil*
aceptar (2)	*to accept*
aconsejar (8)	*to advise*
acostumbrarse (0)	*to get used to*
(el) acueducto (6)	*aqueduct*
adelgazar (4)	*to lose weight*
adorar (6)	*to adore*
(el) aeropuerto (3, 5)	*airport*
agarrar (0)	*to take*
agotado/a (6)	*sold out, exhausted*
agradecer (2)	*to thank*
al (5)	*upon*
al parecer... (3)	*apparently . . .*
al principio (3)	*in the beginning*
(el) alcalde (1)	*mayor*
(la) alfombra de Hollywood (3)	*the red carpet*
aliñar (4)	*to dress (salad)*
(la) amistad virtual (7)	*virtual friend*
¡Anda ya! (3)	*Go on now!*
anticonsumista (7)	*one who opposes consumerism*
(el) anuncio de texto (7)	*text ad*
(el) anuncio espectacular (7)	*billboard*
añadir (4)	*to add*
(el) aparato (8)	*mechanical device*
apetecer (6)	*to feel like*
(el) aplauso (3)	*applause*
aprobar (o > ue) (1)	*to pass (a test, a course)*
(el) argumento (3)	*plot, story line*
(la) arroba (8)	*at, @*
asignar tareas (2)	*to assign tasks*
(la) aspiradora (2)	*vacuum cleaner*
atacar (7)	*to attack*
atender (5)	*to attend to*
atento/a (6)	*attentive*
atreverse (6)	*to dare*
(las) aventuras (6)	*adventures*
(el) avión (0)	*plane*
(la) ayuda desinteresada (5)	*selfless aid*

B

(el) bailarín / la bailarina (6)	*dancer*
(el) balón (2)	*ball*
(el) banner / (la) banderola (7)	*banner*
bañarse (0)	*to swim*
(la) barra (8)	*slash*
barrer (2)	*to sweep*
(la) basura (1)	*garbage*
(la) basura (2)	*trash*
(la) batería (8)	*battery*
(la) berenjena (4)	*eggplant*
(el) bistec (4)	*steak*
(el) bizcocho (4)	*cake*
(el) boleto / billete (0)	*ticket*
botar (2)	*to throw away, to bounce*
(el) botón (7)	*button*

C

caber (1)	*to fit*
(el) calabacín (4)	*zucchini*
(la) calefacción (1)	*heating*
(el) calentamiento global (1)	*global warming*
(el) cámara (3)	*cameraman*
(la) cámara (3)	*camera*
(el) cambio climático (1)	*climate change*
(el) campamento de verano (0)	*summer camp*
(la) campaña (1, 7)	*campaign*
(la) campaña de sensibilización (5)	*awareness campaign*
(el) campo (2)	*field*
(la) cancha (2)	*court*
(el) candidato (1)	*candidate*
(el) cargador (8)	*charger*
cargar (8)	*to charge*
(la) carne picada (4)	*ground beef*
(el) cartel (7)	*sign, poster*
castigar (1)	*to punish*
(la) catástrofe natural (5)	*natural disaster*
(las) cerezas (4)	*cherries*
(los) chícharos / guisantes (4)	*peas*
(el) chorizo (4)	*sausage*
(la) chuleta de cerdo (4)	*pork chop*
chutar (2)	*to kick*
(el) cineasta (3)	*filmmaker*
(la) climatización (1)	*heating and cooling sytems*
cocer (4)	*to boil, cook*
colgar (o > ue) (6)	*to hang, to post online*
(la) comedia (3)	*comedy*
comentar (8)	*to comment*
(el) comercio justo (5)	*fair trade*
componer (6)	*to compose*
(el) compositor (6)	*composer*
conceder (2)	*to grant*
confesar (e > ie) (8)	*to confess*
(el) conflicto bélico (5)	*armed conflict*
confundir (7)	*to confuse*
congelar (4)	*to freeze*
(el) conjunto local (6)	*local band*
conocer (0)	*to know*
construir (0)	*to build*
(el) consumidor (7)	*consumer*
consumir (1, 4, 7)	*to consume*
(la) contaminación (1)	*pollution*
(el) corto (3)	*short film*
crear (6)	*to create*
Creo que... (1)	*I believe that . . .*
crudo (4)	*raw*
(el) cuadro (6)	*painting*
cuando (5)	*when*
Cuídate. (5)	*Take care.*
cumplir (7)	*to accomplish*

D

(la) danza (6)	*dance*
dar igual (1, 6)	*to care less*
dar lástima / pena (6)	*to feel pity*
dar lo mismo (6)	*to be ambivalent*
dar permiso (2)	*to give permission*
dar popularidad (3)	*to make popular*
dar rabia (6)	*to infuriate*
dar vergüenza (6)	*to feel embarrassed*
de cine (3)	*Awesome, amazing*
¡De ninguna manera! (2)	*No way!*
Deberías... (4)	*You should . . .*
decepcionado/a (2, 4)	*disappointed*
decidir (0)	*to decide*
(el) decorado (3)	*set*
(el) decorador (3)	*set designer*
defender (e > ie) (7)	*to defend*
(la) deforestación (1)	*deforestation*
denegar (e > ie) (2)	*to refuse*
dentro de... (periodo de tiempo) (5, 7)	*within a (period of time)*
(el) deporte (2, 6)	*sport*
(los) derechos humanos (5)	*human rights*
desarrollar (1)	*to develop*
desatender (e > ie) (5)	*to neglect*
desayunar (0)	*to have breakfast*
descansar (0)	*to rest*
descargar (7)	*to download*
descubrir (0)	*to discover*
desear (5)	*to wish, desire*
(el) deshielo (1)	*melting*
desnatado/a (4)	*skimmed*
(la) despedida (8)	*closing (of a letter)*
despertarse (e > ie) (0)	*to wake up*
después (3)	*after*
destinatario (8)	*addressee, recipient of letter*
¿De veras? (3)	*Tell me, tell me . . .*
Dime, dime... (3)	*Really?*
(la) dirección web (7)	*web address*
(el/la) director/a de cine (3)	*film director*
(el/la) director/a de orquesta (6)	*orchestra conductor*
(los) discapacitados (5)	*handicapped people*
(las) disculpas (8)	*apologies*
diseñar (6)	*to design*
distribuir las tareas (2)	*to distribute the tasks*
divertirse (e > ie / e > i) (0)	*to have fun*
(el) donativo (5)	*donation*
dormir (o > ue / o > u) (0)	*to sleep*
dormir la siesta (0)	*to take a nap*
dos puntos (8)	*colon*
(el) drama (3)	*drama*
(los) dulces (4)	*sweets*
durar (8)	*to last*

E

(el) efecto invernadero (1)	*greenhouse effect*
(los) efectos especiales (3)	*special effects*
egoísta (6)	*selfish*
(las) elecciones (1)	*elections*
eliminar (1)	*to eliminate*
(los) embutidos (4)	*cold cuts*
en cuanto (5)	*as soon as*
en ese momento (3)	*at that time*
¿En serio? (3)	*Are you serious?*
encontrar (o > ue) (0)	*to find*
(la) encuesta (1, 7)	*survey*
(la) energía renovable (1)	*renewable energy*
engordar (4)	*to gain weight*
Enhorabuena. (5)	*Congratulations.*
(el) enlace (7)	*link*

ensayar (6)	*to rehearse*
entero/a (4)	*whole*
entonces (3)	*then*
entrar (0)	*to come in*
entrar y hacer clic (7)	*to login and click*
equitativo/a (2)	*equitable, fair*
es probable (8)	*it's possible*
es que... (4)	*it's just that . . .*
(la) escena (4, 7)	*scene*
(el) escenario (3, 5)	*stage*
escribir (3)	*to write*
(el) escritor (3)	*writer*
escuchar música (0)	*to listen to music*
(la) escultura (6)	*sculpture*
escurrir (4)	*to drain*
(el) esfuerzo (5)	*effort*
(el) espectador (3)	*spectator*
esperar (5)	*to hope, to wait for*
(las) espinacas (4)	*spinach*
estar en forma (1)	*to be in shape*
estar enamorado/a de (4)	*to be in love with*
(la) estatua (6)	*statue*
(el) estilo (4, 7)	*style*
Estoy intrigadísimo/a. (3)	*I'm so intrigued.*
estrenar (3)	*to release*
(el) estreno (3)	*premiere*
estricto/a (2, 4)	*strict*
evitar (1)	*to avoid*
(el) extranjero (0, 1)	*foreigner*

F

falso/a (6)	*fake*
(la) falta (2)	*fault*
fatal (2)	*awful*
(la) fecha (8)	*date*
Felicidades. (5)	*Congratulations.*
(el) fichero / archivo (7)	*computer file*
fijarse en (3)	*to take notice of*
filmar (3)	*to shoot*
(el) filme / (la) película de aventuras (3)	*adventure*
(el) filme / (la) película de ciencia ficción (3)	*science fiction*
(el) filme / (la) película de denuncia social (3)	*social protest*
(el) filme / (la) película de terror (3)	*horror movie*
(el) filme / (la) película histórica (3)	*historical film*
(el) filme / (la) película independiente (3)	*indie*
(la) finalidad (8)	*purpose*
(la) financiación (5)	*founding*
(la) firma (8)	*signature*
flexible (6)	*flexible, adaptable*
flotar (2)	*to float*
(la) formación musical (6)	*musical training*
(el) foro (7)	*forum*
(los) frijoles / las judías (4)	*beans*
furioso/a, enojado/a, enfadado/a (6)	*angry*

G

(la) galería de arte (6)	*art gallery*
(los) garbanzos (4)	*chick peas*
(el) género (6)	*genre, style*
generoso/a (6)	*generous*
golpear (2)	*to hit*
gran (6)	*great*
(el) guion (3, 8)	*hyphen*
(el) guion bajo (8)	*underscore*
(el) guionista (3)	*scriptwriter*
(la) guitarra (6)	*guitar*
(el) guitarrista (6)	*guitarist*

H

hace unos días / meses / años... (3)	*days / months / years ago . . .*
hacer caso (7)	*to pay attention to*
hacer clic (8)	*to click*
hacer deporte (7)	*to do sports*
hacer la cama / tender la cama (2)	*make the bed*
hacer la comida (2)	*to cook lunch*
hacer senderismo (0)	*to hike*
hacer surf (0)	*to surf*
hacer un cuadro de tareas (2)	*to make a chore chart*
hasta (que) (5)	*until*
(la) herramienta publicitaria (7)	*advertising tool*
histérico/a (6)	*crazy*
histórico/a (6)	*historic*
horario rotativo (2)	*rotating schedule*
(el) hotel (0)	*hotel*

I

(el) ícono (7)	*icon*
igual (8)	*maybe*
(el) incendio forestal (1)	*forest fire*
incentivar el consumo (7)	*to stimulate consumption*
indignar (7, 8)	*to anger*
(el) inicio (7)	*home page*
intentar (0)	*to try*
(la) interpretación (7)	*interpretation*
interpretar (3)	*to perform*
ir a museos o a eventos culturales (2)	*to go to museums or cultural events*
ir al cine (0)	*to go to the movies*
ir de compras (0)	*to go shopping*

J

jugar (u > ue) a los videojuegos (0)	*to play videogames*
jugar al fútbol (0)	*to play soccer*

L

(la) labor social (5)	*social work*
(las) labores humanitarias (5)	*humanitarian relief*
(la) lanzar (2)	*to throw*
lavar (4)	*to rinse*
lavar los trastes / fregar (e > ie) los platos (2)	*wash the dishes*
leal (7)	*loyal*
leer el periódico (0)	*to read the newspaper*
leer un libro (0)	*to read a book*
(las) lentejas (4)	*lentils*
levantarse (0)	*to get up*
limpiar (2)	*to clean*
(la) llave (0)	*key*
Lo haré sin falta. (1)	*I'll be sure to do it.*
lo mismo (8)	*maybe*
Lo siento mucho. (5)	*I'm so sorry.*
(el) logo (7)	*logo, branding*
luchar (por, en, a favor de, contra) (5)	*to fight (for, in, in favor of, against)*
luego (3)	*then*

M

machista (7)	*chauvinist*
(la) magdalena (4)	*muffin*
(la) maleta (0)	*suitcase*
malgastar (1)	*to waste*
(la) manipulación (7)	*manipulation*
(la) mantequilla (4)	*butter*
(la) marca (7)	*brand*
marcar un gol (2)	*to score*
más tarde (3)	*later*
¿Me dejas...? (4)	*Will you allow me to . . . ?*
Me imagino que... (1)	*I imagine that . . .*
(la) melodía (6)	*melody*
(la) mercadotecnia / el mercadeo (7)	*marketing*
(el) mes que viene (1)	*next month*
mientras (que) (5)	*while*
mixto/a (4)	*mixed*
molestar (6)	*to bother*
(la) molestia (8)	*bother*
(la) montaña (0)	*mountain*
montar en bici (0)	*to ride a bicycle*
montar un drama (3)	*to make a fuss*
(el) motivo (8)	*motive, subject*
(la) música clásica (6)	*classical music*
(el) músico (6)	*musician*

N

(el) navegador / buscador (7)	*search engine*
¡Ni hablar! (2)	*Don't even mention it!*
No, lo siento, es que... (2)	*No, I'm sorry, it's just that . . .*
¡No me digas! (3)	*You must be kidding!*
¡No me lo puedo creer! (3)	*I can't believe it!*
(la) novedad (7)	*fad, novelty*
(el) novelista (6)	*novelist*

O

(la) obra (3, 6)	*work*
(la) obra de teatro (2, 3)	*play (theater)*
odiar (6)	*to hate*
ofrecer (5)	*to offer*
Oí que... (3)	*I heard that . . .*
ojalá (5)	*I hope, let's hope (that)*
ordenar (0)	*to clean up*
ordenar (8)	*to order*
organizarse por horas (2)	*to schedule*
(la) orientación laboral (5)	*workforce readiness*
(la) orquesta (6)	*orchestra*
(la) orquesta juvenil (6)	*youth orchestra*
(la) orquesta sinfónica (6)	*symphony orchestra*
(el) otro día (3)	*(the) other day / another day*

P

pagar con tarjeta	*to pay by credit card*
(la) página web (7)	*web page*
(el) paisaje (6, 8)	*landscape*
(la) pantalla táctil (8)	*touch screen*
(el) partido político (1)	*political party*
pasado mañana (1)	*day after tomorrow*
(el) pasaporte (0)	*passport*
pasar la aspiradora (2)	*to vacuum*
pasar tiempo con la familia (0)	*to spend time with family*
(el) pase (2)	*pass*
pasear (0, 2)	*to walk*

pasear al perro (2)	*to take the dog out for a walk*
(la) pechuga de pollo (4)	*chicken breast*
pedir (e > i) (0)	*to ask for*
Perdone / Perdona, ¿para...? (2)	*Excuse me, how do I . . . ?*
(el) perfil (5)	*profile*
pintar (6)	*to paint*
(la) pintura (6)	*painting*
(la) piña (4)	*pineapple*
(la) piratería (7)	*piracy*
planchar (2)	*to iron*
planificar un horario (2)	*to organize/plan one's time (hour by hour)*
¿Podría / Podrías...? (4)	*Could I/you . . . ?*
(el) poema (6)	*poem*
(el) poeta (6)	*poet*
(el) polvo (2)	*dust*
poner en remojo (4)	*to soak*
poner la lavadora (2)	*to do the laundry*
poner la mesa (2)	*set the table*
ponerse (6)	*to become*
ponerse moreno/a (0)	*to get a tan*
por cierto (3)	*by the way*
¿Por qué no...? (2)	*Why don't you . . . ?*
(el) portal (7)	*web portal*
(la) portería (2)	*goal*
(el) portero (2)	*goal keeper*
posiblemente (8)	*possibly*
(el) premio (3)	*award*
preocupado/a (6)	*worried*
preocupante (7)	*worrisome, alarming*
(el) presidente (1)	*president*
probablemente (8)	*probably*
(el) programa (1)	*platform*
prometer (1)	*to promise*
¡Prometido! (1)	*Promised!*
(la) propaganda (7)	*advertising*
(la) propina (0)	*tip*
(la) propuesta (1)	*proposal*
(el) protagonista (3)	*leading actor*
protagonizar (3)	*to have the leading role*
(la) protección del medioambiente (5)	*environmental protection*
provocar (7)	*to provoke*
(el) público (7)	*public*
puede ser / puede que (8)	*it can be that*
¿Puedes / Podrías decirme cómo...? (2)	*Can / Could you tell me how . . . ?*
¿Puedo / Podría...? (2, 4)	*Can / Could I . . . ?*
Pues parece que... (3)	*Well, it seems that . . .*
punto com (8)	*dot com*
(el) punto de vista (7)	*point of view*

Q

Que aproveche. (5)	*Enjoy your meal, Bon appétite.*
Que disfrutes. (5)	*Have fun.*
Que duermas bien. (5)	*Sleep well.*
¡Qué fuerte! (3)	*pretty rough*
¡Qué guay! (3)	*cool*
Que lo/la pases bien. (5)	*Have a good time.*
¿Qué puedo hacer? (4)	*What can I do?*
¡Qué raro / extraño! (3)	*How weird /strange!*
Que te mejores. (5)	*Get well.*
Que tengas buen viaje. (5)	*Have a good trip.*
Que tengas suerte. (5)	*Good luck.*
quedarse (1)	*to stay*
(la) queja (8)	*complaint*
quejarse (2)	*to complain*
¿Quieres...? (2)	*Do you want . . . ?*

R

(la) raqueta (2)	*racket*
(las) rebajas (7)	*sales*
rebotar (2)	*to bounce*
recaudar fondos (5)	*to raise money*
rechazar (2)	*to reject*
reciclar (1)	*to recycle*
recomendar (e > ie) (8)	*to recommend*
(los) recursos naturales (1)	*natural resources*
(la) red (2)	*net*
(las) redes sociales (7)	*social networks*
reducir (1)	*to reduce*
(la) reforma (1)	*reform*
relajarse (6)	*to relax*
(el) remitente (8)	*sender (of a letter)*
(el) respeto (8)	*respect*
respirar (0)	*to breathe*
(las) responsabilidades del hogar (2)	*household responsibilities*
(el) retrato (6)	*portrait*
reutilizar (1)	*to reuse*
(la) risa (7)	*laughter*
robar el balón (2)	*to steal the ball*
(el) rodaje (7)	*film shoot*
rodar (o > ue) (3)	*to shoot*

S

(las) sábanas (2)	*bed sheets*
(el) sabor (4)	*taste, flavor*
(la) sal (4)	*salt*
(el) salchichón (4)	*salami*
(la) salsa (4)	*sauce*
saludable (4)	*healthy*
(el) saludo (8)	*greeting*
sano/a (4)	*healthy*
se corta (8)	*to be cut, dropped (as in a call)*
Según dicen... (3)	*According to what they are saying . . .*
seguramente (8)	*surely*
seguro/a (6)	*assured*
sentir (0)	*to feel*
sentirse (e > ie / e > i) (6)	*to feel*
(la) señal (8)	*signal*
(la) sequía (1)	*drought*
ser cómica (3)	*to be funny*
ser muy protagonista (3)	*to be self centered*
ser nominado a (3)	*to be nominated for*
ser peliculero/a (3)	*to be a show off*
ser toda una experiencia (0)	*to be quite an experience*
¿Sería tan amable de...? (4)	*Would you be so kind as to . . . ?*
sin ánimo de lucro (5)	*non-profit*
sincero/a (6)	*sincere*
Sí, mira, toma / ve... (2)	*Yes, look, take / go . . .*
(el) sitio (web) (7)	*(web) site*
sociable (6)	*sociable*
sonreír (e > i) (6)	*to smile*
soso/a (4)	*bland*
suponer (8)	*to suppose*
Supongo que... (1)	*I guess that . . .*

T

tal vez (8)	*maybe*
(la) tala de árboles (1)	*felling of trees*
(el) taller de teatro (3)	*performing arts workshop*
(la) taquilla (3)	*box office*
(las) tareas diarias / semanales (2)	*daily/weekly tasks*
(la) tarjeta de crédito (0)	*credit card*
Te doy mi palabra. (1)	*I give you my word.*
¿Te enteraste de...? (3)	*Did you notice / realize that . . . ?*
¿Te/Le importa si...? (2, 4)	*Do you mind if . . . ?*
¿Te/Le importaría...? (4)	*Would you mind . . . ?*
Te juro que... (1)	*I promise you that . . .*
Te prometo que... (1)	*I promise you that . . .*
(el) técnico de cámara (3)	*cameraman*
(el) telón (3)	*curtain*
tender (e > ie) la ropa (2)	*hang out clothes*
Tendrías que / Deberías... (2)	*You should . . .*
tener (0)	*to have*
tener cobertura (8)	*to have coverage*
tener la intención de (1)	*to intend to*
tierno/a (6)	*tender*
tirar la basura (2)	*take out the trash*
tocar un instrumento (0)	*to play an instrument*
tolerante (6)	*tolerant*
tomar el sol (0)	*to sunbathe*
trabajar como voluntario (0)	*to work as a volunteer*
tranquilo/a (6)	*calm*
(el) transporte ecológico (1)	*ecologically friendly transportation*
trapear el piso (2)	*to mop the floor*
tratar de (7)	*to try to (do something)*
(la) trayectoria (3)	*career*
(la) triple doble ve (8)	*www*
triturar (4)	*to grind*
(el/la) trompetista (6)	*trumpet player*
(el) trozo de (4)	*piece of*
¿Tú qué harías? (4)	*What would you do?*
(el/la) turista (0)	*tourist*

U

un día (3)	*one day*
una vez (3)	*once*
único/a (6)	*one-of-a-kind*
unos momentos después (3)	*moments later*
(el) usuario (7)	*user*
utilizar (7)	*to use*

V

valer (1)	*to be worth*
(el) valor (7)	*value*
(las) ventanas emergentes (7)	*pop-up windows*
ver la televisión (0, 4, 6, 7)	*to watch television*
vestirse (e > i) (0)	*to get dressed*
vestirse de gala (3)	*to dress for a special event*
(el) vinagre (4)	*vinegar*
(el) violín / violinista (6)	*violin / violinist*
volver (o > ue) (0)	*to go back*
(el) voto (1)	*vote*

Y

¿Y eso? (3)	*What's that about?*
Yo que tú / Yo en tu lugar... (4)	*If I were you . . .*

CREDITS

The authors wish to thank to many peoples who assisted in the photography used in the textbook. Credit is given to photographers and agencies below.

We have made every effort to trace the ownership of all copyrighted material and to secure permission from copyright holders. In the event of any question arising as to the use of any material, please let as now and we will be pleased to make the corresponding corrections in future printings.

Page 18 (Rido. Col. Shutterstock.com) | **Page 20** (Zarya Maxim Alexandrovich. Col. Shutterstock.com / Robert CHG. Col. Shutterstock.com) | **Page 21** (tiger_barb. Col. iStock) | **Page 22** (Vadmary. Col. iStock / Janaka Dharmasena. Col. Hemera) | **Page 23** (Mike Watson Images. Col. moodboard / Tim Pannell/ Fuse. Col.) | **Page 24**, (Purestock. Col. Purestock) | **Page 25** (Ljupco. Col. iStock) | **Page 27** (Robert CHG. Col. Shutterstock.com) | **Page 28** (Suprijono Suharjoto. Col. iStock) / (Ingram Publishing. Col. Ingram Publishing / Zoonar RF. Col. Zoonar / Lesyy. Col. iStock) | **Page 29** (JR2. Col. iStock / Col. iStock/ tyler olson. Col. iStock / LuminaStock. Col. iStock) | **Page 30** (Morenovel. Col. Shutterstock.com / The Visual Explorer. Col. Shutterstock.com) | **Page 31** (twillll. Col. Shutterstock.com / Matyas Rehak. Col. Shutterstock.com) | **Page 32** (Mo:ses. Col. iStock / scanrail. Col. iStock / Jupiterimages. Col. Pixland / monticelllo. Col. iStock / Leonid Tit. Col. iStock / Warren Goldswain. Col. iStock / Fuse. Col. / Amit Somvanshi. Col. / Cathy Yeulet. Col. Hemera / Wavebreakmedia Ltd. Col. Wavebreak Media / Jupiterimages. Col. Creatas) | **Page 34** (Monkey Business Images. Col. Shutterstock.com) | **Page 35** (bimserd. Col. Shutterstock.com) | **Page 36** (Juanmonino. Col. istock / william87. Col. istock) | **Page 37** (fazon1. Col. istock / Francisco Javier Gil Oreja. Col. istock / Francisco Javier Gil Oreja. Col. istock / Warren Goldswain. Col. iStock) | **Page 38** (MM Productions. Col. Photodisc) | **Page 39** (Cathy Yeulet. Col. Hemera / Yuri Arcurs. Col. Hemera) | **Page 40** (wavebreakmedia. Col. Shutterstock.com / VladimirFLoyd. Col. iStock / Col. Purestock / Col. Fuse) | **Page 41** (Jodi Matthews. Col. istock / photka. Col. istock / Aidon. Col. Photodisc) | **Page 44** (corund. Col. Shutterstock.com / Sergei25. Col. Shutterstock.com) | **Page 45** (LightField Studios. Col. Shutterstock.com / KYNA STUDIO. Col. Shutterstock.com / connel. Col. Shutterstock.com / Witthaya IOvE. Col. Shutterstock.com) | **Page 46** (Milan Ilic Photographer. Col. Shutterstock.com / Suti Stock Photo. Col. Shutterstock.com / Aaron Amat. Col. Shutterstock.com / Dejan Stanisavljevic. Col. Shutterstock.com / PicturePerfekt. Col. Shutterstock.com / Konstantin Gushcha. Col. istock / LuminaStock. Col. istock) | **Page 48** (dimamorgan12. Col. iStock) | **Page 49** (Thinkstock. Col. Stockbyte) | **Page 50** (Anton_Ivanov. Col. Shutterstock.com / TravelStrategy. Col. Shutterstock.com) | **Page 51** (titoOnz. Col. Shutterstock.com) | **Page 52** (wellphoto. Col. Shutterstock.com) | **Page 54** (michal kodym. Col. iStock / pedrosala. Col. Shutterstock.com) | **Page 55** (Tetiana Vitsenko. Col. iStock) | **Page 58** (Marcin Sadłowski. Col. iStock) | **Page 60** (Elena Nichizhenova. Col. Shutterstock.com) | **Page 61** (ESB Professional. Col. Shutterstock.com) | **Page 62** (Tomas del amo. Col. Shutterstock.com / Olena Yakobchuk. Col. Shutterstock.com / Phovoir. Col. Shutterstock.com) | **Page 64** (Polka Dot Images. Col. Polka Dot / massimofusaro. Col. iStock) | **Page 66** (senai aksoy. Col. iStock / Feverpitched. Col. iStock / CREATISTA. Col. iStock) | **Page 68** (KatarzynaBialasiewicz. Col. iStock / David Sacks. Col. Digital Version / macniak. Col. iStock / MIXA next. Col. / kzenon. Col. iStock) | **Page 69** (ArtFamily. Shutterstock.com / BOKEH STOCK. Col. Shutterstock.com / Africa Studio. Col. Shutterstock.com / I Can't Fly. Col. Shutterstock.com / Alohaflaminggo. Col. Shutterstock.com / LightField Studios. Col. Shutterstock.com) | **Page 70** (Roka Pics. Shutterstock.com / Africa Studio. Col. Shutterstock.com) | **Page 73** (Jack Hollingsworth. Col. Photodisc) | **Page 76** (catwalker. Col. Shutterstock.com / Rawpixel.com. Col. Shutterstock.com | **Page 78** (Ruslan Galiullin. Col. Shutterstock.com / B-D-S Piotr Marcinski. Col. Shutterstock.com) | **Page 80** (ESB Professional. Col. Shutterstock.com) | **Page 81** (Nestor Rizhniak. Col. Shutterstock.com / Monkey Business Images. Col. Shutterstock.com) | **Page 83** (Michael Blann. Col. Photodisc | **Page 84** (XiXinXing. Col. iStock / omgimages. Col. iStock / XiXinXing. Col. iStock / C-You. Col. iStock / Jason Yoder. Col. Hemera / Andrey Milkin. Col. iStock / ATIC12. Col. iStock / Igor Bulgarin / Shutterstock.com) | **Page 88** (guruXOX. Col. Shutterstock.com) | **Page 90** (RicardoKuhl. Col. iStock) | **Page 91** (Antonio Díaz. Col. Shutterstock.com / WAYHOME studio. Col. Shutterstock.com) | **Page 92** (DragonImages. Col. iStock / Col. Purestock / Picturenet. Col. Blend Images / Daisy Daisy. Col. Shutterstock.com) | **Page 93** (KatarzynaBialasiewicz. Col. iStock / Анастасия Сухоносова. Col. iStock) | **Page 94** (Purestock. Col.) | **Page 95** (David Woolley. Col. Photodisc / danielvfung. Col. / Fuse. Col. / BananaStock. Col. BananaStock / ESB Professional. Col. Shutterstock.com / Alexander Novikov. Col. iStock / sirtravelalot. Col. Shutterstock.com) | **Page 98** (Ryan McVay. Col. Photodisc / Jupiterimages. Col. BananaStock / Jakez. Col. Shutterstock.com) | **Page 103** (Africa Studio. Col. Shutterstock.com / sebra. Col. Shutterstock.com) | **Page 105** (Denis Makarenko. Col. Shutterstock.com) | **Page 114** (Monkey Business Images. Col. Shutterstock.com) | **Page 115** (goodluz. Col. Shutterstock.com) | **Page 116** (Iryna Inshyna. Col. Shutterstock.com) | **Page 117** (adriaticfoto. Col. Shutterstock.com) | **Page 118** (Creatas Images. Col. Creatas) | **Page 120** (DamonCarter. Col. iStock / Joe Biafore. Col. iStock / karelnoppe. Col. iStock) | **Page 125** (svetlana foote. Col. iStock / Magone. Col. iStock / matthewennisphotography. Col. iStock / Igor Mojzes. Col. iStock) | **Page 126** (Howard Shooter. Col. / Ivonn e Wierink-vanWetten. Col. iStock / mareciok. Col.) | **Page 127** (WAYHOME studio. Col. Shutterstock.com) | **Page 128** (Iryna Inshyna. Col. Shutterstock.com / WAYHOME studio. Col. Shutterstock.com / DamonCarter. Col. iStock) | **Page 129** (Polka Dot Images. Col. Polka Dot / Fuse. Col.) | **Page 130** (Hans Geel. Col. Shutterstock / Diego Zalduondo. Col. Shutterstock) | **Page 131** (oneinchpunch. Col. Shutterstock) | **Page 135** (Ryzhkov Photography Col. Shutterstock) | **Page 136** (Africa Studio. Col. Shutterstock.com / pcruciatti. Col. iStock / Ron Chapple Stock. Col. Ron Chapple Studios / Ramon Espelt Photography. Col. Shutterstock.com) | **Page 138** (Petro Feketa. Col. iStock) | **Page 140** (Monkey Business Images. Col. Shutterstock.com) | **Page 142** (Rawpixel.com. Col. Shutterstock.com / Aleksandr and Lidia. Col. Shutterstock.com / Marlinde. Col. Shutterstock.com) | **Page 143**

(Sergey Novikov. Col. Shutterstock.com / Ivonne Wierink. Col. Shutterstock.com) | **Page 145** (Rawpixel.com. Col. Shutterstock.com) | **Page 144** (michaeljung. Col. iStock) | **Page 146** (ColorBlind Images. Col. Blend Images / Lisa F. Young. Col. iStock) | **Page 147** (DragonImages. Col. iStock / Filippo Arbinolo. Col. iStock) | **Page 148** (Petr Malyshev. Col. iStock) | **Page 153** (Tatiana Popova. Col. iStock / borgogniels. Col. istock) | **Page 154** (fizkes. Col. Shutterstock.com / leungchopan. Col. Shutterstock.com) | **Page 155** (Dan Jamieson. Col. Shutterstock.com / Andrey Popov. Col. istock / YAKOBCHUK VIACHESLAV. Col. Shutterstock.com) | **Page 157** (Wavebreakmedia Ltd. Col. Wavebreak Media) | **Page 160** (inLite studio. Col. Shutterstock.com) | **Page 161** (Gray Kotze. Col. Shutterstock.com / Aranami. Col. Shutterstock.com / Irina Fischer. Col. Shutterstock.com) | **Page 162** (kojihirano. Col. Shutterstock.com) | **Page 168** (Maria Teijeiro. Col. Photodisc / Photick / Laurence Mouton. Col. Photick / Chunumunu. Col. istock / Fuse. Col. / Creatas. Col. Creatas / Juan Monino. Col. istock / Ingram Publishing. Col. / Doug Menuez. Col. Photodisc | **Page 170** (kojihirano. Col. Shutterstock.com / Dmytro Surkov. Col. Shutterstock) | **Page 178** (Wavebreakmedia Ltd. Col. Wavebreak Media) | **Page 179** (karelnoppe. Col. Shutterstock.com / Rawpixel.com. Col. Shutterstock.com / Monkey Business Images. Col. Shutterstock.com / PR Image Factorys. Col. Shutterstock.com / vilax. Col. Shutterstock.com / Keith Levit. Col. Shutterstock.com / specnaz. Col. Shutterstock.com / Robert Przybysz. Col. Shutterstock.com / YusufOzluk. Col. Shutterstock.com / Pixel-Shot. Col. Shutterstock.com) | **Page 180** (LUISMARTIN. Col. iStock / Everett Historical. Col. Shutterstock.com) | **Page 183** (NiarKrad. Col. Shutterstock.com / Comstock. Col. Stockbyte / Purestock. Col.) | **Page 184** (Wavebreakmedia Ltd. Col. Wavebreak Media) | **Page 188** (ESB Professional. Col. Shutterstock.com) | **Page 191** (Mihai Blanarul. Col. Shutterstock.com) | **Page 194** (malyugin. Col. iStock / VioletaStoimenova. Col. iStock / ATIC12. Col. iStock / Cameron Whitman. Col. iStock / shadrin_andrey. Col. iStock / Fuse. Col. / AnnaSivak. Col. iStock) | **Page 198** (Digital Vision. Col. Photodisc) | **Page 199** (Peshkova. Col. Shutterstock.com) | **Page 200** (Maria Teijeiro. Col. Digital Vision / feedough. Col. iStock) | **Page 203** (Pixel-Shot. Col. Shutterstock.com / Gorodenkoff. Col. Shutterstock.com) | **Page 204** (Olena Yakobchuk. Col. Shutterstock.com | **Page 205** (BravissimoS. Col. Shutterstock.com / imtmphoto. Col. Shutterstock.com / mimagephotography. Col. Shutterstock.com / Getty Images. Col. Digital Vision / yuriyzhuravov. Col. iStock) | **Page 211** (WeStudio. Col. Shutterstock.com / MITstudio. Col. Shutterstock.com / PH888. Col. Shutterstock.com) | **Page 213** (Galina Peshkova. Col. iStock / dmilovanovic. Col. iStock) | **Page 214** (Georgejmclittle. Col. Shutterstock.com / Africa Studio. Col. Shutterstock.com / Andrey_Popov. Col. Shutterstock.com / Borislav Bajkic. Col. Shutterstock.com) | **Page 215** (Jacob Lund. Col. Shutterstock.com) | **Page 216** (Art_Photo. Col. Shutterstock.com / paulaphoto. Col. Shutterstock.com) | **Page 219** (Rido. Col. Shutterstock.com / bbernard. Col. Shutterstock.com) | **Page 222** (venimo. Col. Shutterstock.com / Martin Allinger. Col. Shutterstock.com / Pressmaster. Col. Shutterstock.com / Josep Suriar. Col. Shutterstock.com / Benoit Daoust. Col. Shutterstock.com) | **Page 224** (Dean Drobot. Col. Shutterstock.com) | **Page 226** (Wavebreakmedia Ltd. Col. Wavebreak Media) | **Page 228** (Goodluz. Col. iStock) | **Page 229** (prudkov. Col. iStock / The_Molostock. Col. Shutterstock.com / fizkes. Col. Shutterstock.com / Brian A Jackson. Col. Shutterstock.com / MAD_Production. Col. Shutterstock.com / Kamil Macniak. Col. Shutterstock.com / Dmitry Kalinovsky. Col. Shutterstock.com) | **Page 230** (George M Muresan. Col. iStock / Oleksiy Mark. Col. iStock) | **Page 233** (SIAvramova. Col. iStock) | **Page 234** (Federico Caputo. Col. iStock) | **Page 235** (Andy Dean Photography. Col Shutterstock.com / Fsolipa. Col Shutterstock.com / Lolostock. Col Shutterstock.com) | **Page 237** (ariwasabi. Col. iStock / robuart. Col. Shutterstock.com) | **Page 241** (zieusin. Col. Shutterstock.com / Alzbeta. Col. Shutterstock.com / aleknext. Col. Shutterstock.com / nakaridore. Col. Shutterstock.com) | **Page 244** (gnepphoto. Col. Shutterstock.com / Martin Allinger. Col. Shutterstock.com) | **Page 248** (DamianPalus. Col. iStock / keerati1. Col. iStock / Ingram Publishing. Col. / Mihai Simonia. Col. iStock / Hemera Technologies. Col. AbleStock.com)

NOTAS

NOTAS